GENSCHOREK
AXEL MUNTHE

Humanisten der Tat

Hervorragende Ärzte im Dienste des Menschen

Herausgegeben von Wolfgang Genschorek und Albrecht Gläser

Axel Munthe

Der Menschen- und Tierfreund von San Michele

VON DR. SC. WOLFGANG GENSCHOREK

Mit 53 Abbildungen

1988

S. HIRZEL VERLAG LEIPZIG
BSB B. G. TEUBNER VERLAGSGESELLSCHAFT

Genschorek, Wolfgang:
Axel Munthe: d. Menschen- u. Tierfreund von San Michele/
Wolfgang Genschorek .– Leipzig : S. Hirzel ;
BSB Teubner, 1988.
(Humanisten der Tat)
NE: GT

ISBN 3-7401-0114-8

© S. Hirzel Verlag Leipzig 1988
VLN 267 · 245/10/88 · LSV 2008
Lektor: Dr. Hans Dietrich
Gesamtgestaltung: Egon Hunger, Leipzig
Printed in the German Democratic Republic
Gesamtherstellung: INTERDRUCK Graphischer Großbetrieb Leipzig,
Betrieb der ausgezeichneten Qualitätsarbeit, III/18/97
Bestell-Nr. 796 876 4
01400

Inhaltsverzeichnis

Jahre des Werdens 7

Familie und Kindheit 8
Stud. med. 11
Freund der Künste und der Künstler 15
Von der Frauenheilkunde zur Psychiatrie 18
Nutzen und Gefahren des Spezialistentums 19
Dem Geheimnis auf der Spur 21
Heilung durch Hypnose? 27
Die Salpêtrière 28
Napoleon der Neurosen oder Columbus der Psychiatrie? 30
Wissenschaft oder Schau? 33
Guy de Maupassant 36
Hypnose und Autosuggestion 38

Ärztliche Praxis 43

Schwerer Anfang 43
Eingebildete Kranke und Simulanten? 44
Hysterie – eine Frauenkrankheit? 47
Sigmund Freud 56
Freund der Lappen 59
Zwischen Leben und Tod 64
Fest in Agatas Hand 70
Arzt oder Geschäftsmann? 71
Dr. med. Clemenceau 74
Begeisterter Alpinist 77
„Modearzt" 81
Leitbild Pasteur 85
Freund und Helfer der Tiere 88
Ehrfurcht vor dem Leben 91
Tierschutz und Tierexperiment 92

Erlebniswelt Italien 102

Erfüllung eines Jugendtraumes 102
Auf historischem Boden 105
In der „Ewigen Stadt" 110
Schrecken von Messina 117
San Michele 122
Unbeschwerte Lebensfreude 125
Das Geheimnis der Blauen Grotte 128
Insel der Musen 130
Leibarzt Munthe 140
„Rotes Kreuz und Eisernes Kreuz" 144
Schweres Augenleiden 152
Materita – Kloster und Festung zugleich 153
Schriftsteller Munthe 158
Neue höfische Pflichten 163

Rückzug in die Einsamkeit 166

Eremit im Schloß 166
Mors certa hora incerta 172

Literaturauswahl 176

Personenregister 180

Jahre des Werdens

Weltgeltung und menschliche Wertschätzung verliehen dem schwedischen Arzt und Schriftsteller Axel Munthe zeitweilig einen solchen Nimbus, daß sogar Vermutungen laut wurden, der legendenumwobene Bewohner von San Michele und Materita habe gar nicht existiert, sondern sei vielmehr eine jener sakrosankten Erscheinungen, erfunden, die sündige Menschheit zu erbauen.

Legendenbildungen haben ihre eigenen Gesetze, sie sind umso wirksamer, wenn der mit einer Gloriole Versehene durch die Art seiner Lebensweise und mit eindrucksvollen Allüren zu ihrer Verbreitung beiträgt. Ungewollt förderte Axel Munthe diese Neigungen, und er geriet schließlich in einen Sog der Bewunderung, der ihn als Touristenattraktion nur noch das Heil in der Flucht suchen ließ.

Kein Sterblicher ist ein Heiliger, auch Axel Munthe nicht. Zum Glück gab es bereits zu seinen Lebzeiten kritische Stimmen, die sich den Blick nicht trüben ließen, auch nicht durch Munthes faszinierendes, der „ewigen Schönheit" verpflichtetes Bekenntniswerk, mit dem er eine Traumwelt schuf, in der sich jeder Leser zu Hause fühlen kann. Und Millionen in aller Welt dürsteten nach jenem Zauberspiegel. Haben sie dabei aber auch die Bitte des Autors „Ich wünsche nichts mehr, als daß man mir nicht immer glaubt", beherzigt?

Das schönheitstrunkene, umschwärmte Idol von San Michele ist nicht Axel Munthe – wer aber war er?

Nicht die humanitäre Grundhaltung seines zweifellos auch literarisch bedeutenden schriftstellerischen Werkes war es in erster Linie, die uns veranlaßte, ihn in die Reihe „Humanisten der Tat" einzureihen. Axel Munthe hatte sich vor allem als Arzt in selbstlosem Einsatz bei der Bekämpfung der Cholera und Diphtherie besonders in den Armenvierteln von Paris und

Neapel sowie durch seine spontane Hilfsbereitschaft als Humanist erwiesen.

Auch als er zum Mode- und Leibarzt der mondänen Kreise „avancierte", blieb er seinem Grundanliegen treu. Wenn Axel Munthe auch nicht mit wissenschaftlichen Leistungen zum Erkenntnisfortschritt der Medizin beitrug, berechtigen seine Einsatzbereitschaft, Popularität und Güte, aber auch sein Streben, die neuesten wissenschaftlichen Erkenntnisse in der Praxis anzuwenden, durchaus, ihn als „Humanist der Tat" zu charakterisieren.

Familie und Kindheit

Über seine Schulzeit ist kaum etwas zu berichten, was nicht auch den Lebensweg der Altersgenossen in ähnlicher Weise geprägt haben könnte. Doch versäumen wir nicht, einen Umstand hervorzuheben: Axel überflügelte mit seiner Intelligenz die Klassenkameraden, eine Eigenschaft, die ihn allzusehr dazu verleitete, sich seinen Hobbys hinzugeben, ohne zu merken, wann es auch für ihn wieder Ernst wurde. So kam es, daß trotz aller Klugheit die Versetzung in die Unterprima am seidenen Faden hing.

Die aus einem kleinen Ort bei Gent im Flandrischen stammende Familie der Munthes hatte, um dem Druck der spanischen Fremdherrschaft und den inquisitorischen Verfolgungen zu entrinnen, ihre Zuflucht im 16. Jahrhundert in jenem Teil Deutschlands gesucht, in dem das Kaufmannskapital bereits über feste politische und ökonomische Positionen verfügte. Ludwig Munthe konnte sich in der Hansestadt Lübeck als angesehener Kaufherr etablieren. Sein Sohn studierte in Lund Theologie und begründete die schwedische Linie der Familie, in der Gelehrte, Militärs und Beamte dominierten. Ihre vom bürgerlichen Selbstbewußtsein geprägten Charakterzüge ließen sie in ihrem Widerwillen gegen angemaßte Adelsprivilegien mit der feudalen Obrigkeit in Konflikte geraten.

Axel Munthes Urgroßvater – angesehener Bürgermeister und Richter in Eksjö – wurde als Widersacher Gustavs III. nach dessen Staatsstreich (1772), mit dem er vom Reichstag Hilfeleistungen zur Belebung der zerbröckelnden Feudalmacht erzwingen wollte, festgenommen. 1786 legte er seine Ämter nieder und zog sich auf einen kleinen Landsitz in Kvarnap bei Eksjö zurück, wo er im Auftrag der kurz zuvor gegründeten Schwedischen Akademie seine Erfahrungen in einem Lehrbuch für Landwirte niederlegte.

Axel Munthes Großvater, Jakob Ludwig Munthe, mußte 1789 als Neunzehnjähriger kurioserweise als Kavallerist auf einem Schiff in den Krieg ziehen. Obwohl sich die militärischen Aktionen Schwedens während der napoleonischen Kriege nur auf kleinere Aktionen beschränkten, hatte Munthe einige Zeit bei der Armee Gustavs IV. in Pommern seinen Dienst zu tun.

Als dem in einem Staatsstreich abgesetzten König 1809 dessen alter kinderloser Onkel Karl XIII. auf den Thron folgte, bestimmte man im Falle seines Ablebens, Komplikationen vorbeugend, Prinz Karl-August von Holstein-Augustenberg zum Kronprinzen. Nach dem plötzlichen Tode des Prätendenten wurde wenige Monate später 1810 der französische Marschall Jean Baptiste Bernadotte zum Anwärter der uralten Königskrone des Hauses Wasa gewählt.

Zu dieser Zeit hatte Munthes Großvater bereits seinen Armeedienst quittiert und sich mit weitaus größerem Engagement der Forstwirtschaft gewidmet. Bei seinem Tode hinterließ er seiner Witwe jedoch wenig mehr als zehn unversorgte Kinder. Das jüngste von ihnen, kaum sechs Jahre alt, Martin Arnold Friedrich Munthe, wurde Axel Munthes Vater.

Begabung und außergewöhnliches Interesse für die Naturwissenschaften konnten nicht abwenden, daß die Mutter gezwungen war, ihn von der Schule zu nehmen und bei einem Apotheker in die Lehre zu geben. Die harten Lehrjahre hinderten Friedrich Munthe nicht, mit autodidaktischen Studien sein Wissen zu bereichern. Dabei hatte er das Glück, daß der bedeutendste Chemiker seiner Zeit, Jöns Jakob von Berzelius (1779–1848), der auch den Vorsitz bei der Apothekerprüfung führte, sein Lehrer war.

Zielstrebigkeit und Fleiß ermöglichten es Apotheker Munthe, sich 1851 selbständig zu machen und schließlich in Stockholm die „Weiße Bärenapotheke" zu erwerben. Als er sich 1877 aus gesundheitlichen Gründen vorzeitig zur Ruhe setzen mußte, galt er als wohlhabender Mann.

Nach einer Anfang der 50er Jahre geschlossenen kurzen ersten Ehe hatte er Aurora Ugarph geheiratet. Zur Familie gehörten drei Kinder: als Älteste wurde 1854 die Tochter Anna geboren, ihr folgte der Sohn Arnold, und am 31. Oktober 1857 kam in Okarshamn Axel Munthe zu Welt.

Entsagungsvolle Kindheit und Jugend hatten den Vater geformt und wirkten sich auf die Erziehung der Kinder ebenso aus wie die elterliche Religiosität. Als Anhänger des Schartauanismus, einer schwedischen Richtung des Pietismus, aber war ihnen jedwedes Frömmlertum zuwider. Glaubwürdiges Christentum war für sie tätiges, aufrichtiges Wirken für die Allgemeinheit.

Ehrlichkeit, Disziplin und ein streng geregelter Tagesablauf hatten in der Familie hohen Stellenwert. Die nahezu grenzenlose Sammelleidenschaft des Jüngsten stellte die ausgeprägte väterliche Ordnungsliebe zuweilen auf eine harte Probe. Zum Glück teilte Friedrich Munthe die naturwissenschaftlichen Interessen des Sohnes, so daß er ihm manches nachsah.

Axels Verhältnis zu den Tieren ging weit über einen sachlichen Wissensdurst hinaus. Ob Insekt, Schlange oder Säugetier, jedes Lebewesen konnte seiner kindlichen Liebe gewiß sein, eine Eigenschaft, die er mit seiner Schwester Anna teilte. Hunde und Pferde waren die erklärten Lieblinge des unzertrennlichen Geschwisterpaares.

Offensichtlich hatte Axel zu viel Zeit und Energie in seine Liebhaberei investiert, denn plötzlich erklangen aus der Schule dringende Alarmrufe in das Elternhaus. Nachhaltige väterliche Mahnungen und intensive Privatstunden machten das zu stranden drohende Schiff wieder flott, ja Axel konnte in kurzer Zeit solche Fortschritte erzielen, daß er mit knapp 17 Jahren eine glänzende Reifeprüfung absolvierte. Längst hatte er sich zum jungen Mann gemausert – aus dem zum Lispeln neigenden rundlichen Kerlchen war ein ansehnlicher Bursche geworden.

Die Mutter war liebevoll um das Wohl ihrer Familie besorgt. Ihre ängstliche Zurückhaltung aber mag dazu beigetragen haben, die Kinder in einer naiven Lebenseinstellung zu halten, die ihnen in der nicht ausbleibenden harten Konfrontation mit den Realitäten manches Problem aufbürdete. Bereits zwei Jahre vor ihrem Tode richtete sie an die Kinder einen Abschiedsbrief: „Verzeiht mir, wenn ich mit meinen Ermahnungen zu streng gegen Euch gewesen bin, und versteht, daß alles aus Liebe geschah. Mir ist so bange um Euch, und die Berichte über die Versuchungen des Lebens, von denen ich reden hörte, haben mich so erschreckt; macht keinen je unglücklich, Ihr straft Euch selbst damit, seid sanft und niemals heftig, prüft Euch zuerst selber. Seht nie gleich Sturm bei kleinen Wolken. Und Ihr Geschwister, lebt miteinander in Frieden, gebt einander gute Ratschläge und nehmt sie dankbar an. Trachtet danach, Eure Pflicht zu tun."

Stud. med.

Axel Munthe ließ sich 1874 an der medizinischen Fakultät der Universität Uppsala immatrikulieren. Von dem bereits zu Beginn des Studiums ausgeprägten Interesse für Psychologie abgesehen, scheint sich sein studentischer Eifer zunächst in Grenzen gehalten zu haben, wobei sein sehr labiler Gesundheitszustand dem Studium allerdings kaum förderlich war. Eine Erholungsreise an die sonnige Riviera vermittelte ihm den ersten überwältigenden, unauslöschlichen Eindruck vom Mittelmeer, dem zeitlebens seine Sehnsucht galt.

Doch noch ein weiteres Urlaubserlebnis war von Bedeutung: In dem an der Côte d'Azur gelegenen Kurort Menton lernte er den Gynäkologieprofessor Courty kennen, dessen persönliche Ausstrahlungskraft dazu beitrug, daß der begeisterungsfähige Axel Munthe sein Studium künftig an der berühmten medizinischen Fakultät von Montpellier forsetzte und sich darüber hinaus für die Frauenheilkunde als Berufsziel entschied.

Weitere klinische Lehrer in Montpellier waren u. a. der Chirurg Alphonse Dubruel (1835–1901) und der Physiologe Charles Rouget (1824–1904). Mit besonderem Interesse aber widmete er sich der Gynäkologie und bereitete auf diesem Fachgebiet schließlich seine Dissertation vor.

Dazu hatte er wiederum die Universität gewechselt und trat in Paris den Endspurt zum Studium an. Er gönnte sich keine Ruhe. Bereits am frühen Morgen konnte man ihn in den Krankensälen der Salpêtrière oder des Hôtel Dieu antreffen. Nachmittags saß er in den Hörsälen der École de Médicine, praktizierte in der Anatomie und abends, wenn die Geräte frei waren, mikroskopierte er im Pasteur-Institut. Dann schloß sich noch so manche „Nachtwache" in seinem kleinen Studentenzimmer im Hôtel de L'Avenir an. Völlig zurückgezogen bereitete er sich auf sein Examen vor und nahm eine schwierige Prüfungshürde nach der anderen.

Als ihm nach dem Tode der Mutter im April 1880 eine kleine Erbschaft zufiel, kaufte er sich vor allem Bücher und ärztliche Instrumente: „Ich habe mich in Augenoperationen geübt und mir lange gewünscht, meine Instrumente für dieses Gebiet zu ergänzen, aber nie das Geld dazu gehabt. Nun bekomme ich für die Hälfte der Kaufsumme ein Jahr lang Kredit; da ich auch andere, besonders gynäkologische Instrumente brauche, möchte ich bei Dir [dem Erbschaftsverwalter – W.G.] anfragen, inwieweit mir die Mittel hierfür aus meinem Gelde ausbezahlt werden können."

Im August 1880 legte er seine Dissertation zu dem Thema „Prophylaxe und Behandlung der Blutungen nach der Geburt" vor. Bei der Verteidigung sah er sich unvermutet einer heftigen Kontroverse ausgesetzt. Die Prüfungskommission beanstandete, daß sich seine Darlegungen zu einseitig auf deutsche Autoritäten wie Spiegelberg und Friedrich Wilhelm Scanzoni (1821–1891) stützten. Als Schwede hatte Munthe die Antagonismen nicht wahrgenommen, die nahezu zehn Jahre nach dem Deutsch-Französischen Kriege noch immer das Verhältnis beider Länder belasteten und sich auch in der wissenschaftlichen Forschung negativ auswirkten. Frei von allen Vorurteilen, war er in seiner Arbeit einfach den führenden Spezialisten gefolgt, ungeachtet ihrer Nationalität.

Zufrieden war er mit seinem wissenschaftlichen Debüt keineswegs. Nach bestandenem Rigorosum – mit knapp 23 Jahren war er der jüngste Arzt, der bisher in Paris promoviert hatte – schrieb er am 8. August 1880: „Meine Dissertation äußerst schwach in jeder Hinsicht, folgt anbei. – Daß ich ein Lob dafür erhielt, beruht sicher nur auf meinem guten Zeugnis in der Gesamtprüfung, denn die Abhandlung ist wie gesagt schwach, halbfertig und unklar, aber kommt Zeit, kommt Gelegenheit, werde ich über dasselbe Thema etwas Ordentliches schreiben."

Wenn Axel Munthe auch Zweifel hinsichtlich der Qualität seiner wissenschaftlichen Arbeit hegte, für die ärztliche Praxis glaubte er gründlich gerüstet zu sein: „Nun hatte ich den Bau-

12

plan dieses wunderbaren Mechanismus kennengelernt, der Menschenkörper heißt, das harmonische Arbeiten seines Räderwerks in der Gesundheit, seine Störungen bei Krankheit und schließlich seinen Zusammenbruch im Tode. Nun war ich fast mit allen Gebrechen vertraut, die in den Krankensälen Leidende an ihre Betten schmieden."

Abgesehen vom Hilfspersonal lag die eigentliche Krankenpflege in der Obhut religiöser Schwesternorden. Munthe wandte sich gegen dogmatische Auffassungen junger Ärzte, die in falsch verstandener ideologischer „Konsequenz" ihre atheistischen Überzeugungen am unrechten Platz predigten und mit vulgärmaterialistischen Positionen verbrämten.

Das heißt nicht, daß er den Ordensschwestern unkritisch gegenüber stand: „Zweifellos hatten sie Fehler, diese Nonnen! Zweifellos waren sie vertrauter mit dem Rosenkranz als mit der Nagelbürste, tauchten ihre Finger lieber in Weihwasser als in Karbolsäure, damals das allmächtige Mittel in unseren Chirurgiesälen."

Es war die Zeit, in der sich die von dem englischen Chirurgen Joseph Lister (1827–1912) entwickelte antiseptische Wundbehandlung Bahn brach. Wer aber wollte es den Schwestern verargen, daß sie nicht auf dem neuesten Stand der medizinischen Erkenntnisse standen, lieferten sich doch auch noch Ärzte, ungeachtet des internationalen Ansehens Listers, erbitterte Gefechte über das Für und Wider seines Verfahrens. Hatte nicht die schematische Einführung des Karbolsprays (von dem sich Lister 1887 selbst distanzierte), der als Allheilmittel die Operationssäle vernebelte, den Widersachern berechtigte Argumente geliefert? Und noch immer lagen sich die Miasmatiker und Kontagionisten in den Haaren darüber, ob die Ausdünstungen schlechter Luft oder pathogene Kontakte die Ursache der gefürchteten Wundinfektionen wären. Die Entscheidung darüber lieferte letztlich erst Robert Koch (1843–1910) mit dem exakten Nachweis pathogener Organismen und der darauf aufbauenden modernen Desinfektionslehre.

Voller Hochachtung und Verehrung würdigt Munthe die selbstlose, bis zur persönlichen Aufopferung gehende Hilfe der Ordensschwestern. Ihr Denken und Handeln war keineswegs, wie manche Kritiker unterstellten, eine auf einen transzendenten Gott ausgerichtete Spiritualität. Grundmotiv ihres karitativen Helfens waren Nächstenliebe und tätige Barmherzigkeit, denen sich keineswegs nur „Brüder im Glauben" erfreuen durften. Was Axel Munthe besonders beeindruckte, war, daß sie es auch bei größter Belastung nicht bei der Hilfeleistung bewenden ließen, ebenso wichtig und wertvoll waren die persönliche Anteilnahme, die Hinwendung zu dem Hilfesuchenden: „Ihre Gedanken waren so lauter, ihre Herzen so rein, sie gaben ihr ganzes Leben der Arbeit und wollten dafür nichts weiter, als für ihre Schutzbefohlenen beten zu dürfen. Selbst ihre schlimmsten Feinde haben nicht gewagt, ihre alles opfernde Hingabe, ihre alles ertragende Geduld zu leugnen. Man sagte, die Schwestern gingen mit traurigen, mürrischen Gesichtern an ihr Tagewerk, ihre Gedanken wären mehr aufs Heil der Seele als auf das des Leibes gerichtet, auf ihren Lippen wären mehr Worte der Resignation als der Hoffnung. Im Gegenteil, diese Nonnen, junge und alte, waren ausnahmslos froh und glücklich, fast lustig, voller Unsinn und kindlichem Gelächter. Wunderbar, wie sie es verstanden, ihr Glücklichsein auf andere zu übertragen. Sie waren auch tolerant. Gläubige und Ungläubige – alle waren gleich vor ihnen. Eher waren sie noch besorgter, den letzteren zu helfen, die ihnen so leid taten ...“

Anfangs hatte die Mutter-Oberin einer Klinik, in der Axel Munthe sich mit der medizinischen Praxis vertraut machte, versucht, ihn zum katholischen Glauben zu bekehren. Als sie aber die Aussichtslosigkeit ihrer Absicht erkannte, gab sie den Versuch bald auf, ohne daß irgend jemand auch nur den leisesten Groll hegte: „Zu mir waren sie alle unendlich gütig und freundlich. Wohl wußten sie, daß ich ihrem Glauben nicht angehörte, daß ich nicht beichtete und kein Kreuz schlug vor dem kleinen Altar.“

Auch mit dem alten Klinikpater führte Axel Munthe manches Streitgespräch, weniger in Glaubensfragen, denn intellektuelle Wortgefechte waren nicht die Stärke des einfältigen Geistes. Gegen die Auffassung, je mehr Leiden der Herr in der Todesstunde schicke, um so vergebender würde er zur Stunde des jüngsten Gerichtes sein, wandte sich der angehende Arzt mit aller Konsequenz. In dieser Frage kannte er keinen Kompromiß. Wenn der Priester seine Sakramente erteilt hatte, kam er mit der Morphiumspritze und linderte die Qualen der Sterbenden. Die Sünde, sie damit nicht wach, sondern schlummernd vor dem Angesicht des Herrn erscheinen zu lassen, nahm er ohne Bedenken auf sich.

Freund der Künste und der Künstler

Nach der Promotion hatte Axel Munthe noch keine klare Vorstellung über seine künftige Wirkungsstätte. Rom lockte ihn. Vielleicht fand sich im französischen Krankenhaus eine Stelle? Aber auch der Orient hatte seine Reize. Möglicherweise würde da ein „Feldchirurg beim Roten Kreuz" gesucht?

Zunächst war noch Wichtiges zu erledigen: Er fuhr nach Hause und heiratete die 19jährige Apothekerstochter Ultima Hornberg (1861–1895). Offensichtlich war es weniger der Überschwang junger Liebe, der das Paar zusammengeführt hatte, als vielmehr das Organisationstalent ihrer Väter, das den Sieg davontrug. Ein Erfolg, der sich freilich allzu bald als Pyrrhussieg erweisen sollte. Nur wenige Jahre dauerte die Ehe, von der später kaum jemand noch etwas wußte. „Munthe sprach fast nie über seine erste Ehe; wenn es einmal geschah, dann mit größter Bitterkeit", läßt uns sein Neffe Gustav Munthe wissen.

Die ersten Monate der Ehe verbrachte das junge Paar auf Capri. Jung, schön und anmutig wird übereinstimmend Ultima Munthe charakterisiert. Ob sie sich den Verlauf ihrer Hochzeitsreise anders vorgestellt haben mag, als was sie auf der Insel erlebte? Kaum angekommen, brach eine Typhusepidemie aus, und Axel Munthe stellte sich sofort als Arzt freiwillig zur Verfügung. Für seinen selbstlosen aufopfernden Einsatz wurde er von der italienischen Regierung mit einem Orden geehrt.

Kaum war die Massenerkrankung eingedämmt und im Abklingen, da wurde im Frühjahr 1881 die Nachbarinsel Ischia von einem Erdbeben heimgesucht. Wiederum zählte Munthe zu den ersten unermüdlichen Helfern. Im Herbst kehrte er nach Frankreich zurück, um in Paris eine Praxis als praktischer Arzt zu eröffnen.

Das Ehepaar Munthe spielte in der schwedischen Kolonie eine große Rolle. Namentlich die in Paris recht zahlreich vertretenen Künstler zählten zu ihrem wachsenden Freundeskreis. Axel Munthe war ein großer Kunstfreund und musizierte, der

Familientradition folgend, sehr gern. Häufig war er bei Verwandten in Beateberg, einer unweit von Stockholm gelegenen Idylle, zu Gast gewesen, wo die wohlhabenden Hauptstädter ihren Sommersitz hatten. Hier wohnte auch Carl Magnus Munthe, ein hervorragender Amateurgeiger, Ehrenvorsitzender der Musikakademie und Mitglied der 1824 gegründeten Bellmanngesellschaft. Es versteht sich, daß ein solcher vielseitiger und einflußreicher Mann das Künstlervolk lockte. Seine Söhne Carl Henrik und Sven Wilhelm setzten die Familientradition fort. Bei ihnen lernte Axel Munthe die von ihm heiß verehrte „schwedische Nachtigall" Jenny Lind, eine der gefeiertesten Sängerinnen ihrer Zeit, kennen, die als Kind des Hauses Munthe galt.

Die einer sachlich-nüchternen Geschäftsinteressen zuneigenden Familie entstammende Mutter Axel Munthes sah derartige Ambitionen mit einigem Unbehagen. Die Auswirkungen dieser, den Musen weniger freundlichen Haltung bekam vor allem Axel Munthes Schwester Anna zu spüren. Trotz großer künstlerischer Begabung durfte sie auf Einspruch der Mutter nicht die Malerakademie besuchen. Allenfalls war es ihr gestattet, Gesangsstunden zu nehmen, denn Singen zählte zu den Tugenden einer gut bürgerlichen Hausfrau.

Doch Anna Munthe vervollkommnete sich autodidaktisch weiter, und nachdem sie 21jährig den Landschaftsmaler Reinhold Nerstedt (1843–1911) geheiratet hatte, wurde ihre künstlerische Entwicklung nicht mehr behindert. Nerstedt war zweifellos begabter als sie, doch fand auch Anna Munthe zunehmend ihren eigenen Stil. Anfangs widmete sie sich dem Porträtieren, wandte sich aber dann mehr der Blumenmalerei zu. Ihre ausgeprägte Künstlernatur ließ jedoch allzu sehr den Sinn für die Anforderungen des Lebens vermissen. Das aber hatte sie gemeinsam mit so manchem aus Axel Munthes Pariser Freundeskreis, der sich in Montmartre und am Montparnasse niedergelassen hatte: „Hunderte von Malern, Bildhauern, Autoren ungeschriebener Meisterwerke in Vers und Prosa, überlebende Exoten aus der Bohème Henry Murgers", die stets der Geldmangel plagte. Das Heim des Ehepaars Nerstedt, das von 1878 bis 1881 in Paris lebte, war Mittelpunkt der Künstlerkolonie.

Besonders enge Freundschaft verband Axel Munthe mit Carl

Larsson (1853–1919), befreundet war er auch mit so bedeutenden Malern wie Nils Forsberg (geb. 1842), Carl Skånberg (1850–1883) und Ernst Josephson (1851–1906), der seinen Freund porträtierte, (Bild 1). Häufig tauchte ein baumlanger unbekannter Bildhauer auf: „Wie er seinen zwei Meter langen Körper fütterte, war allen ein Rätsel. Er wohnte in einem riesigen, eiskalten Schuppen am Montparnasse, den er als Bildhaueratelier zurechtgemacht hatte, wo er seine Werke schuf, sein Essen kochte, sein Hemd wusch und seine Träume künftigen Ruhmes träumte."

Zu dem Kreis zählte auch der Maler Hugo Birger (1854–1887). Dem unheilbar an Tuberkulose Erkrankten und seiner Frau Mathilde stand Axel Munthe aufopferungsvoll bei. Noch am Abend vor dem Tode des Freundes versuchte er, beide zu ermutigen. Nach Eintritt des Unabwendbaren half er, einige Bilder zu verkaufen, um den Lebensunterhalt der mittellos Hinterbliebenen zu sichern.

Aus der Literatengilde ließ sich zuweilen August Strindberg (1849–1912) sehen. Mit seinem 1879 veröffentlichten Roman „Das rote Zimmer" hatte er die Periode bedeutender kritisch-realistischer Werke der schwedischen Literatur eingeleitet und sich in weiteren Werken und Streitschriften mit den Problemen der Zeit kompromißlos auseinandergesetzt. Die Bedeutung seines Schaffens stand im krassen Widerspruch zu den mißlichen Lebensbedingungen.

Andererseits waren manche Charakterzüge seiner widerspruchsvollen Persönlichkeit, mit denen er sich selbt in eine Außenseiterposition stellte, sogar im Kreise ihm Wohlgesinnter wenig dazu angetan, Freundschaften zu festigen oder gar Freunde zu gewinnen. Selbst aggressiv und streitsüchtig, zeigte er sich bei Meinungsäußerungen anderer reizbar und mimosenhaft.

Für den ganzen Freundeskreis, einschließlich Axel Munthe, war eine kritische Haltung zu der bürgerlichen Gesellschaft und deren Widersprüchen kennzeichnend, ohne daß man die Ursachen erkannte, aber um deren Aufdeckung auch nicht bemüht war.

Von der ursprünglichen Absicht, sich als Frauenarzt zu spezialisieren, war Axel Munthe inzwischen abgewichen. Zu dieser Entscheidung hatte eine für seine fachliche Entwicklung entscheidende Begegnung beigetragen: der Einfluß von Jean Martin Charcot (1825–1893). Mit Recht hebt der amerikanische Neurologe J. S. Wechsler hervor: „Unter der Vielzahl hervorragender Namen, die die französische Neurologie im 19. Jahrhundert erleuchten, erscheint keiner mit größerer Brillanz als der von Jean Martin Charcot. Er repräsentiert den medizinischen Genius Frankreichs in höchster Vollendung. Die Natur stattete ihn großzügig aus: mit einem originellen Verstand, mit der Gabe logischen Denkens und der Gabe des klaren Ausdrucks. Es war viel von einem Künstler in ihm. Er vereinte Tiefe des Wissens mit großem Fleiß. In einem Zeitalter großer Lehrer war er einer von heroischer Statur."

Auch Sigmund Freud (1856–1939), der im Oktober 1885 von Wien nach Paris gekommen war, um seine neuropathologischen Kenntnisse zu vertiefen, zählt wie Axel Munthe die Begegnung mit Charcot zu seinen Schlüsselerlebnissen. Unmittelbar nach seinem Eintreffen schreibt er seiner Braut Martha Bernays: „... ich glaube, ich verwandle mich sehr. Ich will Dir das einzeln aufzählen, was auf mich wirkt. Charcot, der einer der größten Ärzte, ein genial nüchterner Mensch ist, reißt meine Ansichten und Absichten einfach um. Nach manchen Vorlesungen gehe ich fort wie aus Notre Dame, mit neuen Empfindungen von Vollkommenem. Aber er greift mich an; wenn ich von ihm weggehe, habe ich gar keine Lust mehr, meine eigenen dummen Sachen zu machen ... Mein Gehirn ist gesättigt wie nach einem Theaterabend. Ob die Saat einmal Früchte bringen wird, weiß ich nicht; aber daß kein anderer Mensch je ähnlich auf mich gewirkt hat, weiß ich gewiß."

Unter Charcots Einfluß vollzog sich Freuds Übergang von der Neurologie zur Psychopathologie, fand Munthes gynäkologischer Auftakt ein Ende und wurde sein Interesse für psychopathologische Fragen geweckt. Bei Charcot erwarb er die Basis des für seine Praxis notwendigen psychiatrischen Wissens.

Jean Martin Charcot hat zu den Neuorientierungen der Psychiatrie im medizinisch-wissenschaftlichen Denken und

Handeln einen fundamentalen Beitrag geleistet (siehe S. 30). Er konnte dabei auf einer Entwicklung fußen, die, von einigen Ansätzen der ärztlichen Betreuung psychisch Kranker in Nordamerika und England abgesehen, durch seinen Landsmann Philippe Pinel (1745–1826) eingeleitet worden war. Die von Pinel im Hôpital de Bicêtre 1793 begonnene und seit 1795 in der Salpêtrière weitergeführte Reform der Behandlung Geisteskranker brachte ihm den Ehrennamen „Befreier der Irren" ein. Seine große Tat beschränkte sich jedoch nicht auf die Erleichterung der inhumanen Existenzbedingungen der an Ketten gefesselten Hilflosen. Vor allem führte er die psychisch Kranken, die bisher in caritativen Anstalten oder in Armen- und Siechenhäusern separiert „verwahrt" wurden, erstmals auch einer medizinischen Betreuung zu, die sich zu einer spezialisierten therapeutischen Behandlung vervollkommnete.

Sein Werk war der Ausgangspunkt einer psychotherapeutischen Neuorientierung, die vor allem auch die psychologische Einflußnahme und menschliche Zuwendung einschloß.

Pinel befreite die Psychiatrie von metaphysischen Spekulationen und bahnte ihr den Anschluß an die wissenschaftlich fundierte Allgemeinmedizin. Gestützt auf seine systematischen Krankenbeobachtungen, begründete er in dem Buch „Philosophisch-medizinische Abhandlung über Geistesverirrungen oder Manie" (1801) neue Vorstellungen einer psychiatrischen Krankheitslehre und daraus resultierend therapeutische Empfehlungen.

Sein Nachfolger Jean-Étienne-Dominique Esquirol (1772 bis 1842) entwickelte und modifizierte das Werk vor allem hinsichtlich der Anwendung in der Therapiepraxis weiter und trug 1838 wesentlich zu einer progressiven Irrengesetzgebung in Frankreich bei, in deren Ergebnis die ärztliche Behandlung psychisch Kranker durchgesetzt wurde.

Nutzen und Gefahren des Spezialistentums

Bei der weiteren Verselbständigung der Psychiatrie als medizinische Spezialdisziplin lieferte nach Überwindung philosophischer Reflexionen in der 2. Hälfte des 19. Jahrhunderts die zunehmende naturwissenschaftliche Fundierung der empirisch-experimentellen Forschung in pathologischen, physiologischen und neuroanatomischen Bereichen wesentliche Impulse und führte zu bedeutenden Entdeckungen der Hirnpathologie sowie bei der Aufklärung über den Feinaufbau der Nervenbahnen und -bündel.

Im Ergebnis dieser wissenschaftlichen Neuorientierung dominierten im letzten Drittel des 19. Jahrhunderts in der psychiatrischen Krankheitslehre die Neurologie und Hirnforschung. Bezeichnenderweise sprach man von der „Hirnpsychiatrie". Franz Nissl (1860–1919), ein führender Neuropathologe, war sich der Problematik bewußt: „Trotzdem wir allen Grund haben stolz zu sein auf unseren Riesenanteil an der Entwicklung der Hirnanatomie, so töricht wäre es, zu verschweigen, daß die Unsumme von Arbeitskraft, Zeit und Intelligenz, welche das Studium der Hirnanatomie seit Ausgang der 60er Jahre verschlungen hat, für die klinische Psychiatrie so gut wie verloren war."

Die Ergebnisse der einseitigen hirnpsychiatrischen Schwerpunktorientierung ließen praktisch-klinische Auswirkungen sowie die Berücksichtigung psychosozialer Aspekte vermissen. Die für die Behandlung der psychisch Kranken letztlich entscheidende therapeutische Strategie war entschieden zu kurz gekommen.

Die Dominanz der naturwissenschaftlichen Denkweise wirkte sich im gesamten medizinischen Versorgungssystem aus, und hatte, wie Stefan Zweig (1881–1942) in seiner Studie „Die Heilung durch den Geist" feststellte, eine „Versachlichung und Verfachlichung des (gesamten) Heilprozesses" zur Folge.

Eine Tendenz, die durch die Entwicklung des Krankenhauswesens in Fachkliniken noch verstärkt wurde. Zweig nennt sie „Riesenwarenhäuser des menschlichen Elends", in denen Krankheiten „genau wie in jenen geschäftlichen Betrieben nach Spezialabteilungen mit eigenen Betriebsleitern gesondert und ebenso die Ärzte aufgeteilt, laufende Bänder, die, von Bett zu Bett sausend, die einzelnen ‚Fälle', immer nur das kranke Organ untersuchen, meist ohne Zeit, dabei einen Blick in das Antlitz des Menschen zu tun, aus dem das Leiden wächst."

Mag die Pauschaleinschätzung auch übertrieben sein, so trifft sie doch das Wesen des Problems.

In dem Prozeß der zunehmenden Entpersönlichung der Arzt-Patient-Beziehung, die freilich nicht primär durch die wissenschaftliche Spezialisierung, sondern durch soziale Faktoren bedingt war, verlor der Hausarzt an Bedeutung: „Als fossiles, vorweltliches Wesen" sterbe er aus, „dieser einzige, der noch den Menschen im Kranken kannte, nicht nur seinen körperlichen Zustand, seine Anlage und ihre Veränderungen, sondern auch seine Familie und damit manche seiner biologischen Bedingtheiten ... Er paßt, als zu menschlich, nicht mehr in die fortgeschrittene Mechanik der Medizin."

Gegen den Dogmatismus des einseitigen Spezialistentums und seine negativen Auswirkungen kämpften seit Beginn dieses sich vollziehenden bedenklichen Geschehens verantwortungsbewußte Ärzte an. Axel Munthe zählte zu ihren konsequentesten Mitstreitern. Die von ihm vertretene Schlußfolgerung, den Patienten nicht nur als Objekt zu „behandeln", sondern seinen Gesundheitswillen für den Heilungsprozeß zu nutzen, war neben der ganzheitlichen Sicht ein entscheidender Impuls, der aus der drohenden Krise der Medizin herausführen konnte.

Dem Geheimnis auf der Spur

Axel Munthes Interesse galt unter Charcots Einfluß der Psychiatrie, besonders der Hypnosetherapie, einem Bereich psycho-nervaler Beeinflussung, auf dem so mancher Mahner und Wegbereiter unter Verdikt autoritärer Vertreter der Schulmedizin gestellt wurde. Wir widmen der Entwicklung dieses „Spezialgebiets" Munthes, mit deren Geschichte und Praxis er sich wiederholt auseinandersetzte, besonderes Augenmerk:

Tastende Schritte in das zu erschließende Neuland hatte der Wiener Arzt Franz Anton Mesmer (1734–1816) gewagt, der in gängigen Nachschlagewerken noch immer zu einseitig als Vater einer „unwissenschaftlichen Theorie" abgetan wird. Mesmer ahnte die mögliche Richtung, doch er kannte noch nicht den Weg. Stefan Zweig weiß seine Ausgangslage psychologisch einfühlsam zu charakterisieren: „Er fühlt sich auf der rechten Spur, fühlt sich durch Zufall einem Geheimnis, einem großen und fruchtbaren Geheimnis brennend nah und weiß doch, er kann es nicht allein lösen und völlig entschleiern."

Lange, für die leidenden Menschen allzu lange, mußte er allein und auf verlorenem Posten seinen Kampf ausfechten, in dem er sich freilich Mittel bediente, die seinem bedeutungsvollen Anliegen wenig dienlich waren.

Angeregt worden war er von dem Pater und Astronomen Hell, der durch das Auflegen von Magneten scheinbar in der Lage war zu heilen. Mesmer unternahm den gleichen Versuch und erzielte erstaunliche therapeutische Wirkungen. Schließlich erreichte er ähnliche Suggestiveffekte durch beruhigendes Handauflegen sowie das Hin- und Herbewegen der Hand über dem Körper des Patienten. Er versetzte ihn in einen Zustand einer „Annäherung an den oder einen Übergang in partiellen Schlaf, die übliche Verfassung, die physiologisch mit Suggestiv- und Hypnoseverfahren erzielt wird" (A. Mette).

Fern von einer wissenschaftlichen Erklärung des Phänomens deutete Mesmer die therapeutischen Erfolge als Auswirkung eines bei den Bewegungen von ihm ausgehenden heilenden Fluidums, das er „animalischen Magnetismus" nannte. Die Thesen zu der von ihm entwickelten Theorie schickte er an alle medizinischen Akademien, doch nur eine, die Berliner, antwortete – abschlägig.

Doch Heilung suchende Patienten scheren sich wenig um Theorien, sie „begnügen sich" mit der Wiederherstellung ihrer Gesundheit oder wenigstens mit der Besserung ihres Zustandes. Ihre Meinung war: „Wer heilt, hat recht." Und an geheilten Patienten, die bisher manchen dornenvollen, verschlungenen und leider auch ergebnislosen Weg durch die Schulmedizin gegangen waren, war kein Mangel.

In dem Maße, wie Mesmers Erfolge und seine Beliebtheit wachsen, sieht er sich – wen vermag das zu wundern? – Verleumdungen und Schikanen von Kollegen ausgesetzt. Ihn, den erfahrenen Arzt und Doktor zweier Fakultäten, beschimpfen sie als Scharlatan. So gern sie es auch möchten, der Gewinnsucht können sie ihn nicht beschuldigen, es ist stadtbekannt, daß die Mehrheit der Hilfesuchenden kostenlos behandelt wird. Um den unliebsamen Auseinandersetzungen zu entgehen, begab sich Mesmer 1778 über München, wo er in die Bayrische Akademie der Wissenschaften aufgenommen wurde, nach Paris.

Der Ruf war ihm vorausgeeilt. Da sich auch Königin Marie Antoinette interessiert zeigte, zählten höchste, das heißt finanzkräftige Kreise zu seiner Gefolgschaft. Die luxuriöse

Wohnung auf der Place Vendôme, vor der die Karossen des Adels parkten, vermochte mit ihren eleganten Salons auch verwöhntesten Ansprüchen zu genügen. Mesmer wurde als Modearzt der verfallenden Adels- und Hofgesellschaft ein reicher Mann.

Am gesuchtesten waren die im Dunkel gehaltenen „magnetischen Räume", wo sich die Patienten um den in der Mitte stehenden „magnetischen" Kübel drängten, um eine der daraus hervorragenden Stangen zu fassen zu bekommen. Harfenmusik sollte die Wirkung des Magnetiseurs, der sich in theatralischer Aufmachung mit hoheitsvollen Gesten gebärdete, verstärken. Außer durch teure Eintrittskarten bereicherte sich Mesmer durch Ausbildungskurse, für die ein Eleve 1 000 Gulden zahlen mußte.

Schlimmer noch als das eigene unseriöse Treiben hat dieser Schritt zum Fiasko beigetragen. Natürlich wollten die Adepten ihre Investition gewinnbringend amortisieren. Was trug zur Beliebtheit ihrer neu errichteten zahlreichen magnetischen Behandlungszentren mehr bei als deren Würze mit allerlei erotischen und sonstigen verlockenden Extras. Der Mesmerismus verlor damit seinen wissenschaftlichen Anspruch. Erschwerend kam hinzu, daß Mesmer wissenschaftlich Interessierten, die, von den skandalösen Praktiken abstrahierend, nach einem rationalen Kern des Anliegens suchten, denn therapeutische Erfolge waren nach wie vor nicht abzusprechen, keinerlei ernst zu nehmende Erklärung des Phänomens geben konnte: „Der tierische Magnetismus muß in meinen Händen als ein sechster künstlicher Sinn betrachtet werden. Sinne lassen sich weder erklären noch beschreiben – bloß fühlen, empfinden. Vergeblich würde man sich bemühen, einem Blindgeborenen die Theorie der Farben begreiflich zu machen. Man muß ihn sehend, das ist fühlen machen. Ebenso gehts mit dem tierischen Magnetismus. Er will vor allen Dingen empfunden sein, und dies Gefühl allein kann die Theorie davon verständlich machen ..."

Als all sein Bemühen um eine wissenschaftliche Begründung ergebnislos blieb, erklärte Mesmer schließlich: „Ich bereute die Zeit, die ich anwandte, Ausdrücke für meine Gedanken zu suchen."

Nicht weniger schädlich als all die Schwindler waren die gutgesinnten Schwärmer und Narren, die ekstatisch das Werk ihres Idols predigten. Zu spät kam Mesmers Erkenntnis: „In dem Leichtsinn, in der Unvorsichtigkeit derjenigen, welche meine Methode nachahmen, liegt die Schuld vieler Vorurteile, die sich gegen mich erhoben haben."

Nachdem auf Veranlassung Ludwigs XVI. die französische Akademie der Wissenschaften am 11. August 1784 den Mesmerismus abgelehnt hatte, wurde mit der zweifellos unwissenschaftlichen Theorie, deren Irrweg eine Abkehr von den naturwissenschaftlichen Grundlagen der Medizin bedeutete, zugleich auch eine Praxis verworfen, die einen wesentlichen Impuls für die Psychotherapie der Neurosen bot.

Mit Ausbruch der Französischen Revolution war ohnehin die Hauptkundschaft Mesmers, der 1792 in die Schweiz floh, dezimiert worden. Hier wurde es still um ihn. Der Mesmerismus aber lebte weiter, häufig jedoch durch Schau-Magnetiseure völlig in Verruf gebracht.

Doch vergessen wir bei aller Ablehnung der falschen theoretischen Grundposition und der undiskutablen Praktiken nicht den positiven Ansatz. Mesmer hat ein Grundproblem der Medizin seiner Zeit erkannt, ohne es zu bewältigen. Wesentliche Denkanstöße der modernen psychotherapeutischen Methoden, besonders der suggestiven Behandlung von Nervenleiden, gehen auf ihn zurück. Stefan Zweig hat, seine biographische Skizze abschließend, recht behalten: „Mesmer hat als erster geschulter Arzt der Neuzeit die Wirkung erlebt und immer wieder hervorgerufen, die von einer suggestiven Persönlichkeit, von ihrem Nahsein, Sprechen, Reden und Befehlen auf erschütterte Kranke heilsam ausgeht ..."

Doch keineswegs nur Scharlatane hatten sich mit dem Problem des Magnetismus weiter beschäftigt. An namhaften Wissenschaftlern sind zu nennen der Vorsitzende des Britischen Ärzteverbandes Sir John Elliotson (1791–1868) und der Präsident der Akademie der Naturforscher Leopoldina, Dietrich Georg Kieser (1779–1862). Aber auch ihnen war es nicht vergönnt, einen wissenschaftlichen Durchbruch zu erzielen.

Manch einer mußte ein früher geäußertes vorschnelles Urteil korrigieren oder wenigstens relativieren. So Christoph Wilhelm Hufeland (1762–1836), dessen Wort als Verantwortlicher für das preußische Medizinalwesen von besonderem Gewicht war. Zur großen Überraschung der Leser hatte er in seinem „Journal der practischen Heilkunde" im April 1809 eine „Nachricht von Mesmers jetzigem Leben und Aufenthalt" veröffentlicht. Die meisten Ärzte hatten Mesmer inzwischen vergessen oder für tot gehalten. Der Schweizer Arzt Zugenbühler, der Mesmer 1808 in Frauenfeld besucht hatte, empfahl Hufeland, die Frage des Magnetismus gründlich zu prüfen: „Daß die Mesmerschen Phänomene nicht bloß Hirngespinste seien, haben vielseitige Versuche von glaubwürdigen Männern erwiesen, und es wäre gewiß nicht ohne Interesse, eine detaillierte Erklärung dieses interessanten Naturphänomens von Mesmer selbst zu haben. Das Manuskript liegt bei ihm vollendet, wie er mir sagte, aber keine Buchhandlung wolle es auf eigene Kosten übernehmen ... Eine Abhandlung von ihm selbst über diese seine Erfindung würde gewiß jetzt, wo man sie erst auf die rechte Art zu würdigen anfängt, sehr willkommen sein."

Hufeland versäumte es nicht, dem Bericht Zugenbühlers eine eigene Einschätzung des „Mesmerismus" voranzustellen und darin seine in dem Aufsatz „Mesmer und sein Magnetismus" 1784 mit harten Worten erfolgte Ablehnung grundlegend zu revidieren. Er bezeichnete Mesmer vielmehr als „Entdecker einer der wichtigsten Naturkräfte oder vielmehr Naturbeziehungen, welche jetzt von neuem die Aufmerksamkeit der denkenden Ärzte auf sich zieht."

Hufeland verweist auf seine frühere Fehleinschätzung und bekennt: „Tieferes Forschen und sowohl fremde als eigene Erfahrung haben mich von der Wahrheit überzeugt."

Den Naturforscher und Philosophen Lorenz Oken (1779–1851) veranlaßte diese Mitteilung, Mesmer aufzusuchen. Im Intelligenzblatt der Jenaer Literatur-Zeitung kommt er in seinem Bericht über das für ihn aufschlußreiche Treffen zu der Schlußfolgerung: „Wenn ein Mann, welcher eben so viel und mehr als Galvani geleistet hat, unbenützt stirbt, so geht mit ihm ein unschätzbares Gut für die Menschheit verloren. Möchte doch irgendein Arzt, der ein großes Hospital zu leiten hat, sich mit Mesmern verbinden, um diesen Mann wieder der leidenden Menschheit, und wäre es auch nur der Wissenschaft, zu gewinnen."

Oken ließ es nicht bei dieser allgemeinen Empfehlung bewenden, sondern wandte sich an Johann Christian Reil (1759–1813), von dem er wußte, daß er sich in seiner Klinik der „Beförderung einer Curmethode auf psychischem Wege" widmete.

Reils Vorschlag, die preußische Regierung möge Mesmer ein Hospital zur Verfügung stellen und ihm damit die Möglichkeit geben, seine Behandlungsmethode beweiskräftig zu praktizieren, lehnte der nun fast Achtzigjährige jedoch ab. Dagegen unterbreitete er den Vorschlag, Reil möge ihn in der Schweiz aufsuchen, um an Ort und Stelle „binnen 2 oder 3 Monate den vollständigen, anschaulichen Unterricht über die ganze Lehre und Erfahrungen einzuholen". Während dieser Zeit könne auch das bei ihm liegende Manuskript im Ergebnis gemeinsamer Bemühungen übersetzt werden.

Reil konnte zwar der Einladung nicht entsprechen, doch wurde 1812 auf Veranlassung des preußischen Departments für Kultur und Unterricht unter Vorsitz Hufelands eine „Kommission zur Prüfung des Magnetismus" gebildet, der auch der Arzt Karl Christian Wolfart (1778–1832) angehörte. Er wurde beauftragt, Mesmer in Frauenfeld aufzusuchen.

Wolfart, der bereits Anhänger des Magnetismus gewesen war, fand durch die persönliche Bekanntschaft alle seine Erwartungen übertroffen. Mesmer vertraute ihm sein Manuskript zur Übersetzung und Veröffentlichung an.

Leider verzögerten die Kriegsereignisse die Herausgabe. Ein Brief Wolfarts an Mesmer vom 26. Juni 1813 zeigt, daß er in einem Kriegslazarett dessen Erfahrungen erfolgreich nutzte: „Ich habe ein bedeutendes Spital von teils Kranken, teils verwundeten Kriegern; hier habe ich durch Ihre Methode die wichtigsten Resultate erlangt." Ein Jahr später lag das von Wolfart herausgegebene Werk unter dem Titel „Mesmerismus – oder System der Wechselwirkungen. Theorie und Anwendung des thierischen Magnetismus als die allgemeine Heilkunde zur Erhaltung des Menschen" vor. Dieses Werk, ergänzt durch Wolfarts umfangreiche „Erläuterungen zum Mesmerismus" im zweiten Teil des Buches, bildete die Grundlage dessen, was man künftig in Deutschland unter „Mesmerismus" verstand.

Neben der medizinischen Seite verdienen die in dem Alterswerk Mesmers in dem Abschnitt „Moral" enthaltenen weitreichenden politischen und gesellschaftlichen Reformideen besonders hervorgehoben zu werden. Wir finden hier die fortschrittliche Konzeption einer demokratischen Verfassung,

Entwürfe zu einer liberalen Pädagogik und humanistische Ansätze einer Strafrechtsreform. Wie die Bemühungen deutscher Ärzte zeigen, gab es durchaus verantwortungsbewußte Maßnahmen, die progressiven und für die Praxis nützlichen Anregungen aufzugreifen, die sich jedoch einerseits durch das „romantische Konzept" der deutschen Psychiatrie, andererseit durch die stark vereinseitigende, einengende naturwissenschaftliche Betrachtungsweise wieder verloren.

Heilung durch Hypnose?

Angeregt durch eine Schauveranstaltung, die der Enkel des berühmten Fabeldichters Lafontaine 1841 als Reisemagnetiseur zum Ergötzen seiner Zuschauer in Manchester durchführte, setzte sich der Bergwerksarzt und Augenchirurg James Braid (1795–1860) mit dem Problem des Mesmerismus auseinander. Dabei widerlegte er zwar dessen theoretische Konzeption, machte aber zugleich auf das damit im Zusammenhang stehende Phänomen des partiellen Schlafes (er prägte erstmals den Begriff „Hypnose") aufmerksam, das es zu klären galt.

Gestützt auf ärztliche Intuition und Erfahrungen gelang es ihm, in seiner Praxis durch Suggestion eine hypnotische Anästhesie hervorzurufen, die er bei Augenoperationen nutzte und damit bisher undurchführbare Eingriffe ermöglichte. (Die medikamentösen und Injektionsanästhesien waren ja noch völlig unbekannt.)

Der Chirurg Louis Marie Velpeau (1795–1867) berichtete vor der französischen Akademie über die erstaunlichen Phänomene und Anwendungsmöglichkeiten des Braidismus.

Der berühmte französische Physiologe und Hirnforscher Paul Broca (1824–1880) machte den praktischen Arzt Eduard Azam, von dem er wußte, daß er seit langem eine an „Ich-Spaltung" leidende Patientin erfolglos behandelte, auf die Arbeiten Braids aufmerksam. Die Patientin, in der Literatur als „Fall Felida X." bekannt, lebte in einem Doppelleben. Während das eine Ich sich korrekt benahm, schaltete das andere auf ein „liederliches Leben". Es gelang Azam, die verzweifelte Patientin zu heilen. Er wurde zum Wegbereiter der ärztlichen Hypnosetherapie in Frankreich.

Der entscheidende Bahnbrecher aber war sein Freund, der Landarzt Ambroise Augustin Liébeault (1823–1904), der die Hypnose auf Azams Anregung in seine Praxis aufnahm und sich bald einen guten Ruf als Hypnosetherapeut verschaffte. Er vertrat die Auffassung, daß bei der menschlichen Hypnose die seelische Beeinflussung, er nannte sie nach Braid die Suggestion, die Hauptrolle spiele.

In seinem 1866 erschienenen Buch „Vom Schlaf und analogen Zuständen", das jedoch lange ohne Resonanz blieb, beschreibt er ausführlich seine Methode und die damit erzielten Erfolge. Als wirksames therapeutisches Mittel empfiehlt er den Schlaf. Nach gründlicher Prüfung der Hypnoseheilerfolge Liébeaults bestärkt der Professor der Universität Nancy, Hypolyte Bernheim (1843–1917), dessen Auffassungen und definiert die „verbale Heterosuggestion als den Schlüssel des Hypnotismus". Im engen Zusammenwirken mit dem Physiologen Beaunis und dem Juristen Liégeois wird von ihm die weltberühmte *Hypnoseschule von Nancy* begründet, mit der die Hypnose erstmals als offizielle Heilmethode ihren Einzug in die Kliniken hielt. Durch vielfältige Experimente und die Ausarbeitung der Technik der Verbalsuggestion und des Hypnotisierens legte man in Nancy die Grundlage zu einer standardisierten Psychotherapie. Ausgehend von diesem Problem führt der Weg zu Axel Munthes Lehrer Charcot, der 1862 an die Salpêtrière berufen wurde, wo er die *Pariser Schule der Hypnose* begründete.

Die Salpêtrière

Die Salpêtrière, ein ausgedehnter Gebäudekomplex am Boulevard de l'Hôpital, war, wie der Name verrät, ursprünglich eine Pulverfabrik, die von Kardinal Mazarin (1602–1661) einem neuen Verwendungszweck als Asyl und Armenversorgungsanstalt für Frauen zugeführt wurde. Schon Ende des 17. Jahrhunderts befand sich hier eine recht bunte Gesellschaft von etwa 8 000 Alten, Gebrechlichen, Kranken, Prostituierten. 1786 waren spezielle Zellen für Geisteskranke eingerichtet worden, die, an Ketten gefesselt, auf Stroh lagernd, ein Musterbeispiel für die Verhältnisse boten, die durch Pinels Reform (siehe S. 19) überwunden wurden.

Skandalöse Verhältnisse herrschten auch in den jahrhundertealten Sälen des „Hôtel Dieu". Selbst wenn wir voraussetzen, daß zeitgenössische Berichterstatter zur Übertreibung neigten, um möglichst schlagkräftige Argumente für ihre Reformforderungen ins Feld führen zu können, spricht doch die nachgewiesene hohe Mortalität eine klare Sprache.

Das Ancien Regime kam nicht umhin, eine Hospitalkommission, ihr gehörten der Chemiker Antoine Laurent Lavoisier (1743–1794) und vor allem der Chirurg Jacques René Tenon (1724–1816) an, mit der Prüfung der Zustände und mit Vorschlägen für einen Neubau zu beauftragen.

Die Hauptorientierung war dabei, nach dem Beispiel großer moderner Krankenhäuser, wie dem Wiener Allgemeinen Krankenhaus oder dem „Hospital General" von Madrid, eine Einrichtung zu schaffen, die weder eine Sterbe- oder Siechenhalle, noch ein Asyl für Obdachlose oder Gestrauchelte, sondern ein Haus für Kranke war. Für die damalige Zeit ein gewaltiger Fortschritt!

Im Ergebnis von Studienreisen, die Tenon vor allem nach England führten, wo er sich von der Zweckmäßigkeit des Pavillonsystems überzeugen konnte, wurde ein Projektplan skizziert, der jedoch in den Wirren der Revolution schwerlich verwirklicht werden konnte. Im Überschwang revolutionärer Gefühle erhielt das alte „Hôtel Dieu" zwar (vorübergehend) die zeitgemäßere Bezeichnung „Hospice d'Humanité", was jedoch, da trotz der Umbenennung die Zustände beim alten blieben, im argen Mißverhältnis zu dem anspruchsvollen Postulat stand.

Noch lange mußte sich die Pariser Krankenhausmedizin mit alten, bestenfalls umgebauten Hospitälern begnügen. Der Durchbruch ist mit dem Bau des weltbekannten „Hôpital Laviboisière" (1846–1854) erzielt worden. Nach seinem Vorbild des Pavillonsystems erfolgte schließlich auch der Neubau des „Hôtel Dieu" (1866–1878) und des „Hôpital Tenon" (1872–1878).

Für die Salpêtrière sollte der Hospitalbaumeister Francois Viel anstelle der baufälligen menschenunwürdigen „Narrenzellen" eine neuen Irrenabteilung einrichten, ein Vorhaben, das jedoch erst nach der Revolution in Angriff genommen werden konnte.

Als Pinel 1795 sein Amt in der Salpêtrière aufnahm, führte er nicht nur eine humanere Unterbringung ein, er teilte die bisher undifferenziert zusammengepferchten Patientinnen in fünf Kategorien (Unruhige und ruhige Heilbare, Rekonvaleszenten, somatisch Kranke, Unheilbare) und schuf damit die Grundvoraussetzung einer gezielten ärztlichen Behandlung. Nach der Umstrukturierung wurde ab 1813 an der Salpêtrière erstmals ein hauptamtlicher Irrenarzt beschäftigt.

Seit 1804 hatten sich die räumlichen Bedingungen weiter verbessert, so daß Pinel in der Lage war, gesonderte Behandlungsräume für heilbare Kranke einzurichten. Auf Initiative seines Nachfolgers Jean-Étienne-Dominique Esquirol wurden ab 1819 durch Neubauten noch günstigere Arbeits- und Unterbringungsmöglichkeiten geschaffen.

Napoleon der Neurosen oder Columbus der Psychiatrie?

Als Charcot 1862 mit 37 Jahren seine Tätigkeit als Chefarzt einer Abteilung der Salpêtrière aufnahm, war das weitaus mehr als nur ein Stellenwechsel. Er wurde vom Internisten zum Neurologen, und es gelang ihm, in relativ kurzer Zeit in seinem neuen Wirkungsbereich, in dem er sich vor allem der Erforschung der pathologischen Anatomie neurologischer Erkrankungen, besonders der Rückenmarkserkrankungen widmete, Weltruf zu erlangen.

Charcot stellte unter Beweis, wie man bei einer Fülle scheinbar verwirrender, ja widersprüchlicher Symptome der einzelnen Nervenkrankheiten doch Unterschiede feststellen, sie mit den Resultaten der pathologischen Anatomie in Beziehungen setzen und schließlich im Endergebnis ein charakteristisches Krankheitsbild begründen kann. Für seine klinisch-anatomische Arbeit war das von ihm eingerichtete histologische Labor von großer Bedeutung. Die Neurologie, die er praktisch als selbständiges Fachgebiet in den ersten acht Jahren seiner Tätigkeit an der Salpêtrière begründete, verdankt ihm auch wesentliche Erkenntnisse in der Lokalisation von Gehirn- und Rückenmarkskrankheiten sowie die Erforschung der motorischen Zentren der Großhirnrinde.

Seit Beginn der 70er Jahre ist eine Wandlung seiner wissenschaftlichen Interessen und Neigungen zu erkennen. Charcot widmete sich der Erforschung von Neurosen und der Hysterie,

Gebiete, die ihm naturgemäß auch bei außerhalb der Medizin angesiedelten Kreisen im Gegensatz zu seiner früheren „Arbeit im Stillen" erhebliche Publizität verschafften.

Es wäre völlig verfehlt, seine spektakulären Hypnose-Experimente, mit denen er den Boden der seriösen Wissenschaft verließ, zum Gradmesser seiner Leistungen zu machen. Schließlich kam er auch hier zu fundamentalen Erkenntnissen, wie der Feststellung, daß die Hysterie eine psychische Komponente habe und demzufolge durch Suggestion beeinflußt werden kann. Im Ergebnis unermüdlicher empirischer Beobachtungen begründete er die erste moderne Klassifikation der psychiatrischen Leiden. Charcots Leitgedanke war: „Man muß die Dinge so sehen, wie sie sind, und nicht, wie sie sein sollten, nach irgendeiner Theorie, die wir im Kopf haben. Stellen wir zunächst die Tatsachen fest, die Theorie wird schon nachkommen."

Sigmund Freud charakterisiert den Arbeitsstil seines Lehrers: „Er war kein Grübler, kein Denker, sondern eine künstlerisch begabte Natur, wie er es selbst nannte, ein Visuel, ein Seher. Von seiner Arbeitsweise erzählte er uns selbst folgendes: Er pflegte sich die Dinge, die er nicht kannte, immer von neuem anzusehen, Tag für Tag den Eindruck zu verstärken, bis ihm dann plötzlich das Verständnis derselben aufging. Vor seinem geistigen Auge ordnete sich dann das Chaos, welches durch die Wiederkehr immer derselben Symptome vorgetäuscht wurde ... Er nannte diese Art der Geistesarbeit, in der er keinen gleichen hatte, ‚Nosographie treiben' und war stolz auf sie. Man konnte ihn sagen hören, die größte Befriedigung, die ein Mensch erleben könne, sei, etwas Neues zu sehen, das heißt, es als neu zu erkennen."

Als Axel Munthe an der Salpêtrière wirkte, stand Charcot im Zenit seines Ansehens: „Charcot war der berühmteste Arzt seiner Zeit. Aus aller Welt strömten die Patienten in sein Sprechzimmer im Faubourg St. Germain und warteten oft wochenlang, ehe sie ins innere Heiligtum Einlaß fanden, wo er in seiner riesigen Bibliothek am Fenster saß. Klein von Wuchs, mit Athletenbrust und Stiernacken, war er von imponierendem Anblick. Ein weißes, glattrasiertes Gesicht, eine niedere Stirn, kalte durchdringende Augen, eine Adlernase, sensible Lippen, die Maske eines römischen Kaisers! War er zornig, so sprühten seine Augen furchtbare Blitze. Wer je diesen Blick zu spüren bekam, wird ihn kaum vergessen. Seine Stimme war herrisch, hart und oft sarkastisch. Der Druck seiner kleinen schlaffen Hand war unangenehm. Er hatte wenig Freunde unter seinen Kollegen, war gefürchtet von seinen Patienten und ebenso von den Assistenten, für die er selten ein freundliches Wort der Ermutigung hatte als Lohn für die übermenschliche Arbeitslast, die er ihnen aufbürdete."

Charcot galt als König der Fakultät. Eine Empfehlung von ihm genügte, seinen Protegés den Weg zu bahnen. Doch wehe dem, der ihm widersprochen oder gar einen Irrtum unterstellt hätte! Nie gab er ein Versehen zu, er hielt sich für unfehlbar. Für eine Fakultät kann das Übergewicht einer Persönlichkeit, noch dazu, wenn sie erhebliche egozentrische, eigensinnige Züge trägt, recht problematisch werden. Doch glücklicherweise stand Charcot in Person seines Freundes, des Internisten Pierre-Charles Potain (1825–1901), eine andere Kapazität gegenüber, die zum Ausgleich sein völliger Gegensatz war. Im Wirken schlicht und unscheinbar, war Potain das Idol seiner Patienten. Von ihm konnte Axel Munthe weniger fachliche Brillanz, dafür aber mehr menschliche Anteilnahme lernen: „Er wurde von all seinen Kranken wie ein Gott geliebt, Arme und Reiche schienen ihm völlig gleich zu sein. Er kannte den Namen jedes einzelnen Patienten in seinem riesigen Krankenhaus [dem Hôtel Necker – W. G.], streichelte ihnen, ob jung oder alt, die Wangen, lauschte unendlich geduldig ihren Leidensgeschichten und bezahlte oft aus eigener Tasche extra Leckerbissen für ihre müden Gaumen. Er untersuchte seine ärmsten Patienten im Hospital mit der gleichen äußersten Sorgfalt wie seine Fürstlichkeiten und Millionäre; von beiden Sorten hatte er genug. Kein Zeichen einer Störung in Lunge oder Herz schien seinem unglaublich scharfen Ohr zu entgehen. Ich glaube nicht, daß es je einen Mann gab, der besser wußte, was in der Brust eines anderen vorgeht, als er. Das wenige, was ich von Herzleiden weiß, verdanke ich ihm."

Potain vergleichbar war der Chirurg Tillaux, ein weiterer klinischer Lehrer Axel Munthes: „In seiner Klinik im Hôtel Dieu galten die gleichen Richtlinien wie bei Potain im Hôtel Necker. Er war wie ein Vater für all seine Kranken, je ärmer sie aussahen, um so mehr schien ihm ihr Ergehen am Herzen zu liegen.

Ich habe nie einen besseren Lehrer gesehen, sein Buch über Anatomie topographique ist übrigens das beste Buch, das je darüber verfaßt wurde. Er war ein fabelhafter Operateur und machte stets alle Verbände selbst ... Außerordentlich gütig und geduldig war er mit mir und meinen vielen Mängeln. Daß ich kein guter Chirurg wurde, ist sicher nicht seine Schuld. Auch so verdanke ich ihm eine Menge."

An Potain und Tillaux und allenfalls noch an den Kliniker Gueneau de Mussy wagte sich Axel Munthe zur Konsultation mit der Bitte um einen fachlichen Rat. Ansonsten waren die Kapazitäten für einen Studenten oder auch Assistenten unantastbar.

Die Einschätzung Charcots ist jedoch sehr widersprüchlich. Während ihn viele als unnahbar bezeichnen, rühmen ihn andere als liebevollen Ratgeber und Mentor. In einem sind sich jedoch alle einig: Charcot war ein brillanter Dozent.

Sigmund Freud war begeistert: „Als Lehrer war Charcot geradezu fesselnd, jeder seiner Vorträge ein kleines Kunstwerk in Aufbau und Gliederung, formvollendet und in einer Weise eindringlich, daß man den ganzen Tag über das gehörte Wort nicht aus seinem Ohr und das demonstrierte Objekt nicht aus dem Sinne bringen konnte. Er demonstrierte selten einen einzigen Kranken, meist eine Reihe oder Gegenstücke, die er miteinander verglich."

Wissenschaft oder Schau?

Weltberühmt – berüchtigt waren Charcots Dienstags-Vorlesungen, deren theaterähnlicher Ablauf ganze Heerscharen Neugieriger anzog. Als regelmäßiger Teilnehmer beschreibt Axel Munthe den Zuhörerkreis: „Der große Hörsaal war bis zum letzten Platz besetzt. Eine bunte Hörerschaft aus ganz Paris: Schriftsteller, Journalisten, berühmte Schauspieler und Schauspielerinnen und die elegante Halbwelt, alle von krankhafter Neugierde, diese aufregenden Wunder der Hypnose zu erleben, die man seit den Tagen von Mesmer und Braid fast vergessen hatte."

Für Munthe, der sich selbst bereits eingehend mit den Fragen der Hypnose beschäftigt hatte, „waren die Schaustellungen der Salpêtrière vor der Öffentlichkeit von ganz Paris nur alberne Spielerei, in der sich Betrug und Wahrheit untrennbar vermischten. Einige dieser Medien waren zweifellos wirkliche Somnambule, die im wachen Zustand getreulich die verschiedenen Suggestionen ausführten, die man ihnen im Schlaf eingegeben hatte – posthypnotische Suggestionen, aber viele waren bloße Schwindler, die genau wußten, welche Handlungen man von ihnen erwartete. Selig, ihre verschiedenen Tricks öffentlich zeigen zu können und Ärzte wie Zuhörer mit der fabelhaften Schlauheit der Hysterischen zu betrügen. Sie waren stets bereit ‚de piquer une attaque' [einen Anfall vorzutäuschen – W. G.] und Charcots klassische Grande Hystérie, den ‚arc-en-ciel' [Form eines hysterischen Anfalls – W. G.] usw. oder seine berühmten drei Stadien der Hypnose vorzumachen: Lethargie, Katalepsie, Somnambulismus, alle vom Meister erfunden und kaum je außerhalb der Salpêtrière beobachtet."

Doch ließ sich der erfahrene Kliniker und Menschenkenner wirklich so leicht hinters Licht führen? Es gibt Stimmen, die wissen wollen, daß Studenten und Assistenten die Medien vorher präpariert hätten. Kaum denkbar, daß Charcot dergleichen auf die Dauer verborgen geblieben wäre. Oder trifft folgende Vermutung eher zu?

„Es ist schwer, sich vorzustellen, daß ein Mann von so großer Beobachtungsgabe wie Charcot von dem offensichtlichen Schwindel seiner Patientinnen nicht das Geringste gemerkt haben sollte. Andererseits hätte es eines außerordentlichen Mutes und auch besonderer Bescheidenheit bedurft, einen Teil seines Werkes am Lebensende zu widerrufen, eine Geste, die sein herrschsüchtiger Charakter niemals zulassen konnte. Aus demselben Grunde mußte der Kampf, der sich zwischen der Schule von Nancy und der Salpêtrière entsponnen hatte, so nutzlos, ja geradezu schädlich für die wissenschaftliche Entwicklung des Hypnotismus in Frankreich verlaufen."

Axel Munthe ließ es nicht bei kritischer Distanz zu der wenig seriösen Verfahrensweise bewenden. So unglaubwürdig die von ihm versuchte „Befreiungsaktion" eines Bauernmädchens auch erscheinen mag, wird sie doch von namhaften Medizinern bestätigt:

Eines Tages erschien in der Salpêtrière ein altes Bauernehepaar, um die Tochter zu besuchen, die hier seit zwei Jahren als

Küchenmädchen arbeitete. Sie sollte nach Hause zurückkommen, um in der Wirtschaft zu helfen.

Wie Axel Munthe feststellen mußte, war die Tochter keinesfalls in der Küche beschäftigt, sondern eines der Medien, die dem Meister für seine Dienstagsschaustellungen dienten. Die Gesuchte war sogar Star dieser Veranstaltungen. Was tun?

„Es war keine Kleinigkeit, diesen armen Bauersleuten den Sachverhalt zu erklären. Wie ihre Tochter aus der Küche in den Saal der Hysterischen gekommen war, wußte ich selber nicht. Ich redete ihnen zu, so freundlich ich konnte, und versicherte, ihre Tochter würde bald wieder ganz gesund sein. Das Mütterchen weinte, die kleinen funkelnden Augen des Vaters begannen böse aufzuleuchten. Ich riet ihnen dringend, in ihr Dorf zurückzukehren, und versprach, ihre Tochter würde sobald als möglich nach Hause geschickt werden. Der Vater wollte sie gleich mitnehmen, aber die Mutter unterstützte mich und meinte, es wäre richtiger, sie da zu lassen, bis es ihr besser ginge, sie wäre sicherlich in guten Händen. Als ich mein Versprechen wiederholt hatte, möglichst bald mit dem Professor und dem Direktor des Hospitals die nötigen Formalitäten zu erledigen, damit Geneviève unter der Obhut einer Nonne nach Hause gesandt werden könne, gelang es mir mit vieler Mühe, die Alten in eine Droschke zu setzen, die sie zum nächsten Zug an die Gare d'Orleans brachte."

Axel Munthe wußte, daß die Tochter keinesfalls bereit war, freiwillig nach Hause zurückzukehren. So beschloß er, das bisher Gelernte zu nutzen und selbst als Hypnotiseur in Aktion zu treten. Das etwa zwanzigjährige hübsche Mädchen galt als hervorragendes Medium, das mit absoluter Sicherheit auf posthypnotische Suggestionen reagierte. Da er ständig in der Salpêtrière beschäftigt war, konnte er, ohne Verdacht zu erregen, täglich etwa eine Stunde mit ihr arbeiten. Dabei suggerierte er ihr wiederholt, „daß sie ihr Leben in der Salpêtrière verabscheue und sich sehne, zu den Eltern heimzukehren". Doch der von ihm entwickelte raffinierte Fluchtplan wurde entdeckt und vereitelt. Axel Munthe war die längste Zeit an der Klinik gewesen. –

Charcot teilte das Schicksal so mancher Nervenärzte, von einer Garde „nervöser Damen" umringt zu sein, die ihn in wahrer „Heldenverehrung" bedrängten. „Zum Glück", so vermerkt

Axel Munthe, der das Geschehen aus nächster Nähe beobachten konnte, „waren ihm Frauen völlig gleichgültig. Die einzige Erholung von seiner übermenschlichen Arbeit war ihm die Musik. An seinen Donnerstagabenden, die ganz der Musik geweiht waren, durfte kein Wort über Medizin fallen. Beethoven bewunderte er über alles. Außerdem liebt er Tiere, und jeden Morgen, wenn er im Binnenhof der Salpêtrière schwerfällig aus seinem Landauer stieg, zog er ein Stück Brot aus der Tasche für seine beiden alten Pferde."

Charcots Haus war ein Refugium der Künste. Hier trafen sich die bekanntesten französischen Schriftsteller, Maler und Musiker sowie – künstlerische Ambitionen vorausgesetzt – auch Wissenschaftler und Politiker.

Kunst- und Tierliebe waren die entscheidenden Faktoren, die Axel Munthe und Charcot miteinander verbanden, doch das unerhörte Husarenstück zerschnitt das Tischtuch. Charcot aber behielt den Werdegang seines Schülers im Auge und konnte ihm später noch sehr nützlich sein.

Guy de Maupassant

Während der Dienstags-Vorlesungen lernte Axel Munthe Guy de Maupassant (1850–1893) kennen, der weniger aus Sensationslust, sondern um Material für sein literarisches Schaffen zu sammeln, regelmäßig hier aufkreuzte. Gemeinsame Gespräche über die Maupassant außerordentlich interessierenden Fragen von Geistesstörungen und der Hypnose führten sie schließlich zu einem engen freundschaftlichen Kontakt. So besitzen wir von Munthe einige der wenigen authentischen Dokumente über Maupassants Krankheitsverlauf.

Dank der väterlichen Hilfe Gustave Flauberts (1821–1880) war er in kurzer Zeit aus der Anonymität einer subalternen Beamtenexistenz zu weltliterarischem Ruhm gelangt. In fieberhafter Unrast reihte sich Meisterwerk an Meisterwerk moderner Novellistik. Allein in seinen letzten zehn Schaffensjahren erschienen 17 Sammelbände. In einem vieldimensionalen Gesellschaftspanorama zeichnet Maupassant ein Bild der in Glanz und Luxus lebenden Oberschicht, aber auch den sozialen und moralischen Verfall dieser Kreise. Zunehmende körperliche und seelische Leiden, wie Sehstörungen, zeitweilige Lähmungen des Augenlides, vor allem aber rasende Kopfschmerzen, versuchte er mit doppelter Arbeitsintensität zu kompensieren. Die Ärzte diagnostizierten ein unheilbares Leiden – Spätfolgen der Syphilis. Obwohl nicht über seine Lage aufgeklärt, macht sich Maupassant keine Illusionen. Das Schreckensbild seines jüngeren Bruders, der unter ähnlichen Symptomen im Irrenhaus langsam in der Umnachtung der Gehirnparalyse versinkt, steht ihm vor Augen – verstärkte seine Ängste und Qualen.

Axel Munthe nahm an, daß Maupassant durchaus um sein Schicksal wußte und deshalb „schuf er fieberhaft ein Meisterwerk nach dem anderen, sein erregtes Hirn mit Champagner, Äther und anderen Giften aufpeitschend. Frauen in endloser Folge, Frauen jeder Herkunft, aus dem Faubourg St. Germain bis zu den Boulevards, Schauspielerinnen, Ballettmädchen, Midinettes, Grisettes, gewöhnliche Prostituierte beschleunigten das Verderben ...

Oft stürmte er hastig die Stufen in der Avenue de Villiers empor, um sich in eine Ecke meines Zimmers zu setzen und mich aus jenen krankhaft reglosen Augen, die ich so gut kannte, stumm anzusehen. Oft stand er minutenlang vor dem Spiegel am Kamin, sein eigenes Gesicht anstarrend, als sähe er einen Fremden."

In der 1887 entstandenen Novellensammlung „Der Horla" hat Maupassant vieles bei Charcot Erlebte und von Axel Munthe Gehörte verarbeitet. Sie bietet aber auch nach Munthes Auffassung „ein getreues Bild seiner eigenen schrecklichen Zukunft ... Die Furcht, die bei Tag und Nacht sein rastloses Hirn peinigte, war schon in seinen Augen sichtbar."

In langen therapeutischen Gesprächen, auf gemeinsamen Ausflügen und Fahrten auf Maupassants Jacht „Bel Ami", versuchte Axel Munthe vergebens, dem Freund zu helfen. Tiefer Pessimismus und ausweglose Verzweiflung – in seinem Spätwerk deutlich erkennbare Züge – durchdringen sein Dasein und münden in nihilistischer Lebensverneinung.

Nach zwei mißlungenen Selbstmordversuchen wird Maupassant in eine Heilanstalt bei Paris eingewiesen, wo er nach 1½jähriger geistiger Umnachtung 43jährig am 6. Juni 1893 stirbt.

Wie bereits dargelegt, hatte Axel Munthe „ernste Zweifel an der Richtigkeit von Charcots Theorien, die kritiklos von seinen verblendeten Schülern übernommen wurden, ebenso wie vom Publikum, ein Umstand, den man nur als eine Art von Massensuggestion erklären konnte".

Nach gründlicher Auseinandersetzung mit dem Hypnoseproblem hatte er die unterschiedlichen Grundauffassungen der Hypnoseschulen von Paris und Nancy erkannt.

Während man in Nancy die verbale Hetero-Suggestion als Schlüssel des Hypnotisierens betrachtete, negierte man in Paris die psychischen Einwirkungen des Hypnotiseurs und sah das Wesen der Hypnose in einer als „stigmatische Reflexneigung" beschriebenen, mit der Hysterie verwandten Eigenart. Dieser Grundorientierung folgend, forschte die Pariser Schule nach den körperlichen Stigmata, Reflexsymptomen und der Überempfindlichkeit der Haut, Nerven und Muskeln. So unterschiedlich wie die theoretischen Grundpositionen waren auch die Hypnosemethoden. Während man sich in Paris starker Reize bediente, lehnte man in Nancy jedwede technische Hilfsmittel ab und beschränkte sich auf die Suggestivkraft der Worte. Um sich in seiner Entscheidung nicht nur auf theoretische Argumente zu berufen, wollte sich Axel Munthe vor Ort von dem anderen Hypnoseverfahren überzeugen. Auf seiner Reise zu Bernheims Klinik in Nancy wurde er von Maupassant, der sich brennend für diese Problematik interessierte, begleitet.

Hier wurde Munthe „klar, welche Irrwege auf dem Gebiet der Hypnose die Schule der Salpêtrière eingeschlagen hatte". Er folgte Bernheims Auffassung über die Rolle der Suggestion: „Ich habe festgestelllt, daß die Leute, die bereits mehrere Male hypnotisiert wurden, auch im Wachzustand für dieselben Suggestionen ausgesprochen empfänglich waren ... In der Suggestion, d. h. in der äußeren Beeinflussung, die durch das Gehirn akzeptiert wird, liegt alles ... Der hypnotische Zustand ist nicht die notwendige Grundlage für die Suggestion." Für Bernheim war Hypnose „nichts anderes als ein durch Suggestion hervorgerufener Zustand".

Besonders eindrucksvoll waren die in Nancy praktizierten therapeutischen Anwendungsmöglichkeiten bei Sehstörungen,

Magenbeschwerden, Depressionen, rheumatischen Beschwerden und Schmerzen unterschiedlicher Art.

Seit seinem Besuch bei Bernheim war Axel Munthe „ein zwar unbedeutender, aber entschiedener Anhänger der sogenannten Schule von Nancy geworden, die die Lehren Charcots ablehnte". Nach Paris zurückgekehrt, mußte er mit seiner Parteinahme sehr vorsichtig sein: „Die Schule von Nancy in der Salpêtrière zu erwähnen, galt in jenen Tagen fast als Majestätsbeleidigung. Charcot selbst wurde wütend, wenn man nur Professor Bernheim nannte. Einer der Assistenten, der mich gründlich verabscheute, zeigte dem Meister einen Aufsatz von mir in der ‚Gazette des Hôpiteaux‘, zu dem mich mein letzter Besuch in Nancy angeregt hatte. Tagelang schien Charcot mich überhaupt nicht zu bemerken. Etwas später brachte der Figaro einen heftigen Artikel unter dem Pseudonym ‚Ignotus‘ von einem der führenden Pariser Journalisten, der die öffentliche Vorführung der Hypnose als eine gefährliche und alberne Schaustellung geißelte, ohne wissenschaftlichen Wert und unwürdig des großen Meisters der Salpêtrière. Ich war dabei, als dieser Artikel Charcot während der Morgenvisite gezeigt wurde, und war starr über seine empörte Empfindlichkeit gegen einen bloßen Zeitungsartikel; mir schien, er hätte es sich wirklich leisten können, ihn zu ignorieren. Es gab natürlich viel Eifersucht unter seinen Schülern, und ich wurde reichlich damit bedacht. Wer die Lüge aufbrachte, weiß ich nicht, aber ich war entsetzt, als ich erfuhr, daß das Gerücht umging, Ignotus hätte seine belastenden Tatsachen von mir erfahren. Charcot hat mir nie ein Wort darüber gesagt, aber seit jenem Tage änderte sich sein gewohntes herzliches Benehmen gegen mich."

Die Widersprüche beider Schulen wurden durch die ins Extreme gesteigerten Auffassungen der Schüler Charcots provoziert, so daß sich Bernheim, der zunächst Zurückhaltung gezeigt hatte, zu scharfen Entgegnungen veranlaßt sah. In dem Streit darüber, ob körperliche Reflexe oder psychische Suggestionen die ausschlaggebenden Faktoren sind, siegte zunächst die Schule von Nancy. Dem ungarischen Gehirnforscher und Psychiater Karl Schaffer gebührt das Verdienst, eine Brücke über die scheinbar unlösbaren Widersprüche geschlagen zu haben.

Beim Schreiben seines Bekenntnisbuches resümierte Axel

Munthe später nochmals das damalige Geschehen und kommt zu der Feststellung: „Kenner hypnotischer Phänomene haben längst den Stab über jene berühmten Schaustellungen in der Salpêtrière gebrochen, die damals meine Ungnade zur Folge hatten. Aber die Wucht von Charcots Autorität hatte einer ganzen Generation von Ärzten seine Theorie aufgezwungen ... Fast alle Theorien Charcots über Hypnose haben sich als falsch erwiesen. Hypnotismus ist nicht, wie er sagte, eine künstlich herbeigeführte Neurose, der man nur bei Hysterie und bei willensschwachen, haltlosen, überempfindlichen Menschen begegnet. Das Gegenteil ist richtig. Hysterische sind meist weniger leicht zu hypnotisieren als ausgeglichene und geistig gesunde Menschen. Kluge, willensstarke und herrschsüchtige Naturen sind leichter zu hypnotisieren als dumme, oberflächliche und willensschwache ... Die Mittel, die damals in der Salpêtrière und der Charité angewandt wurden, wie die drehbaren Spiegel der Vogelsteller, Glaskugeln und Magnete, das Fixieren der Augen des Subjektes, das klassische Streichen Mesmers, sind Unsinn."

Doch er läßt seinem bedeutenden Lehrer und Anreger Gerechtigkeit widerfahren: Galavorstellungen gab es am Dienstag, in den Krankensälen aber wurde ernsthaft gearbeitet, „um die dunklen Phänomene der Hypnose zu erforschen". Nach den berüchtigten Dienstagsvorlesungen dürfen die wissenschaftlich fundierten Hauptvorlesungen am Freitagvormittag, in der die stationären Kranken vorgestellt wurden, nicht vergessen werden.

Nicht zuletzt aus eigener Erfahrung weiß Munthe von dem Nutzen der Hypnosetherapie: „Der therapeutische Wert der Hypnose für Medizin und Chirurgie ist nicht zu verkennen, darin hat Charcot recht behalten. Er ist sogar sehr groß in der Hand eines fähigen Arztes mit klarem Kopf, reinen Händen und genauer Kenntnis und Technik. In vielen Tausenden von gut nachgeprüften Fällen konnte dies einwandfrei bewiesen werden."

Bei der Weiterentwicklung der Suggestionsbehandlung erwarb sich der Apotheker Emile Coué (1857–1926), freilich zunächst auch als Scharlatan verlacht, große Verdienste. Während sich Liébeault und Bernheim auf die Fremdsuggestion beschränkten, wies er den Weg auch zur Autosuggestion. Seine

„autohypnotischen Kurse für Selbstbeherrschung, Willensstärke, Unterstützung der Heilung, Linderung der Schmerzen und auch zur Umstimmung" erregten großes Aufsehen. Heute ist die psychotherapeutische Wirkung der Hypnose als psychonervale Beeinflussung bei verschiedenen neurotischen und psychosomatischen Störungen anerkannt. Die therapeutischen Anwendungsgebiete sind äußerst vielfältig. Gerhard Klumbies, der die Tradition der bedeutenden Jenaer Hypnoseschule fortsetzt und mit seinen ärztlichen Fortbildungskursen sowie einer „Psychotherapie in der Inneren und Allgemeinmedizin" einen entscheidenden Beitrag geleistet hat, um die Psychotherapie, besonders aber die Hypnose, aus der Außenseiterstellung zu befreien und „für den Kreis der Methoden der strengen Schulmedizin" salonfähig zu machen, nennt in seiner „Hypnosetherapie", ohne Anspruch auf Vollständigkeit zu erheben, als Indikationsmöglichkeiten: „Schlaflosigkeit, Kopfschmerzen, Stottern, Asthma, Achalasie, Erbrechen, Störungen der Magen-, Darm-, Nieren-, Blasenfunktion, Enuresis, Dysmenorrhoe, Impotenz, Morbus Raynand, Hyperhidrosis, Schreibkrampf, Paresen, Blutzucker, Gesamtstoffwechsel, Anorexie, Adipositas, Alkoholismus, Homosexualität, Kriegsneurosen, Angst, Sport, Leistungsfähigkeit, Kreativität, Rehabilitation, Sterbenserleichterung, Schmerzzustände, auch bei Verbrennung, Operation, neurotische Entwicklungen". Die Liste der Möglichkeiten ließe sich noch erweitern.

Dessen ungeachtet hat überraschenderweise die Hypnose in Laienkreisen noch immer einen gewissen sensationellen Anstrich, hingegen wurde die Autosuggestion als autogenes Training geradezu zu einer Modeerscheinung.

Wir schließen uns in der Bewertung der Hypnose Gerhard Klumbies an: „Obwohl die Hypnose eine relativ alte Methode ist, sich in unsere zeitökonomisch durchorganisierte Praxis schwer einfügt und Indikationsgebiete abgegeben hat sowohl in der Konkurrenz mit anderen Methoden als auch an ihre eigenen Kinder (z. B. Psychoanalyse, autogenes Training), erweist sie sich doch auf bestimmten Gebieten immer noch als überlegen, nicht zuletzt dann, wenn medikamentöse, chirurgische und psychotherapeutische Möglichkeiten anderer Art versagt haben. Von allen psychotherapeutischen Methoden hat keine einen so unmittelbar meßbaren Einfluß auf körperliche Funktionen. Was auf diesem psycho-physiologischem Wege alles möglich ist, bleibt für Forscher faszinierend. Ebenso manche Wirkprinzipien ..." Die Möglichkeiten der Praxis scheinen noch keineswegs ausgeschöpft zu sein.

Ärztliche Praxis

Schwerer Anfang

Der Praxisbeginn Axel Munthes 1881 fällt in eine Zeit, in der die Hypnosetherapie in Frankreich in voller Blüte stand. Man behandelte organische und psychische Erkrankungen und nahm sogar chirurgische Eingriffe unter Hypnose vor.

Die meisten Patienten stellten sich unter einem Nervenarzt eine Ehrfurcht gebietende Persönlichkeit vor und wollten es zunächst nicht glauben, daß der junge Mann Dr. Munthe sei. Manche verlangten, in der Annahme, es wäre der Assistent, nach dem „richtigen Doktor".

In der Anfangszeit betätigte sich Munthe auch noch mehr im Sinne eines allgemeinen Praktikers: „Es gab viel weniger Spezialisten in jenen Tagen. Ich mußte alles können, sogar Chirurgie. Es kostete mich zwei Jahre, bis ich einsah, daß ich zum Chirurgen nicht taugte; ich fürchte, meine Patienten haben weniger Zeit dazu gebraucht als ich. Ich galt als Nervenarzt, tat aber alles, was von einem Arzt verlangt werden kann, ja, sogar Geburtshilfe."

Es fiel ihm nicht leicht, sich von den meist komplizierten klinischen Fällen auf die „Lappalien" des Praxisalltags umzustellen. Er dachte häufig noch in Klinikkategorien, „wo man für Unsinn keine Zeit hat".

Allzu groß waren die Einnahmen, wie sein Stoßseufzer „Ich bin ohne Geld und muß erst etwas zusammenschreiben" verrät, nicht. Willkommene Nebeneinnahmen flossen aus seiner Korrespondenztätigkeit für das Stockholmer „Dagbladet" und „Aftonbladet", in denen er unter dem Pseudonym P. M. = Puck Munthe (Puck war der Name seines Hundes) aus Paris berichtete.

Als Schüler des großen Charcot die ärztliche Arena zu betreten und damit bereits mit einigem Vorschußansehen ausgestattet zu sein, hatte Axel Munthe auch bitter nötig, denn an Ärzten war in Paris kein Mangel. Die einheimischen Praktiker sahen deshalb mit steigendem Unwillen die wachsende Zahl der ausländischen Rivalen, die sich, wie auch Axel Munthe, zunächst um Patienten unter ihren Landsleuten bemühten. Dem Abwehrkampf gegen die ausländischen Konkurrenten war ein Teilerfolg beschieden, als nach einer intensiven Pressefehde die Pariser „überzeugt" werden konnten, daß all die Hergelaufenen gar kein richtiges Diplom hätten. Echt sei ein Diplom nur mit dem Siegel der Pariser Fakultät – und eben das konnte Axel Munthe vorweisen. Ein weiterer Pluspunkt.

Doch auch die ausländischen Ärzte versuchten, vor allem bei zahlungskräftigen Patientinnen ihren Kollegen den Rang abzulaufen. Munthe erinnert sich: „Damals praktizierte in Paris eine Menge ausländischer Ärzte. Unter ihnen herrschte großer Futterneid, wovon auch ich meinen Teil zu spüren bekam, was mich nicht wundert."

Um das Sprechzimmer zu füllen, durfte er sich nicht nur auf „Patienten jeglicher Art" konzentrieren. Es mußte möglichst eine zugkräftige Spezialität sein, für die er zuständig war. Ausbildung und persönliches Interesse ließen „nervöse Fälle" – eine Modeerscheinung seiner Zeit – dafür prädestiniert erscheinen: Und Axel Munthe sollte recht behalten.

Zum besseren Verständnis seiner Praxis ist es erforderlich, das Erscheinungsbild der Symptome von „nervösen Fällen" – „das schöne Geschlecht", wie Munthe für seine Patienten feststellte, „in der Überzahl" – näher zu untersuchen.

Eingebildete Kranke und Simulanten?

Nicht zufällig war das ausgehende 19.Jahrhundert eine Zeit des massenhaften Auftretens hysterischer Symptome, von denen – ebenfalls keineswegs von ungefähr – vor allem Frauen des „gehobenen Bürgertums" betroffen wurden. Auf die Idee, hinter den recht bizarr erscheinenden Krankheitsphänomenen auch gesellschaftliche und soziale Ursachen zu vermuten, kam kaum jemand. Man sah in den Hysterikern vor allem Simulanten, oder falls man ihnen wohlgesinnt war, eingebildete Kranke. Was früher noch als Krankheit gegolten haben mochte, war in Verruf geraten. Nicht die Symptome, sondern die Fragen nach ihrem vermeintlichen Motiv standen im Vordergrund. Die Hysterikerin, eine „Virtuosin des Egoismus", wolle ihren Mann erpressen, Mittelpunkt des Interesses sein und von allen umhegt und gehätschelt ihre Faulheit kultivieren.

Zum Bild der negativen Wertvorstellungen der ethisch defekten Hysterie zählte naturgemäß und bald vordergründig deren Erotisierung. Die Hysterikerin wurde in ihrem Sexualleben zwei Extremen zugeordnet: der Frigidität (falls sie auf geistige Werte verweisen konnte) oder der pervers-triebhaften Nymphomanie. Immer extrem, niemals real war der Kampfruf der Hysterischen.

Man lese zeitgenössische Sittenschilderungen (z. B. Bloch, I.: Das Sexualleben unserer Zeit in seinen Beziehungen zur modernen Kultur. 1908) und man wird die zutiefst „gefährdete Männerwelt" und ihre Abwehrmaßnahmen besser verstehen.

Die nach diesen Darstellungen vom perversen Geschlechtstrieb angeheizten verderblichen Weiber erregten sich zu allem Überfluß auch noch an lasziver Lektüre. Und falls ihnen zur Befriedigung der unersättlichen Fleischeslust kein Mann zur Verfügung stand, dann – so Bloch – „verschafften sie sich auf jede Weise neue Sensationen an ihren Geschlechtsteilen", ja, sie stürmten gar die „Arztpraxen zwecks genitaler Prozeduren", um sich „geschlechtlich zu erregen".

Doch Vorsicht, man sah ihnen ihre Gemeingefährlichkeit nicht an, sie verbargen vielmehr ihre perversesten Absichten „hinter einer körperlichen und seelischen Anmut ohnegleichen". Zum Glück aber wußte der Kenner um ihre verlogenen Taschenspielertricks, konnte er die verräterischen Symptome deuten, die vor allem dem Arzt, der in der täglichen Praxis besonders gefährdet war, bekannt sein mußten. Am häufigsten verriet sich die abgefeimte Hysterikerin durch ihr Lächeln: „Es pflegt beim ersten Anblick einnehmend, ja lockend, bestrikkend, man kann geradezu sagen: verführerisch zu sein und wird von ihr mit instinkthafter Routine als wirksame Leimrute gehandhabt, auf die immer wieder der gute Glaube, die Verzeihungsbereitschaft, die Nachsicht, die Gefälligkeiten des Liebhabers oder Gatten, des Richters oder Erziehers, ja nicht zuletzt des Arztes selber kriecht. Bis es seine Wirkung durch automatische Selbstproduktion schwächt oder durch ein bösartiges, verletzendes, gehässiges Wort, das mitten aus bestrickend lächelnder Miene springt, vernichtet. Hier ahnen wir das Lächeln der Hysterischen ..."

Doch man wußte Rat: Die Hysterikerin ergibt sich (wissenschaftlich!) „am ehesten, wenn wir forsch auf sie selber zustoßen, auf ihr letztes Wesen, des Krankseinwollens der hysterischen Persönlichkeit". Ein schier unendliches Konglomerat negativer Charaktereigenschaften oder Verhaltensweisen kennzeichneten die von „Hysterie" Befallene, so recht geeignet, das männliche Gefühl der Überlegenheit zu genießen.

Doch sollte es auch Hysteriker männlichen Geschlechts geben. Falls das der Fall war, konnte es nur ein weibisches Wesen – die Karikatur auf einen Mann sein, jemand, der bereits konstitutionell dazu veranlagt war: „Weibliche Gesichtslinien, öfters eine fette, schwammige Gesichtsbildung, ein weicher, fader Ausdruck schon in der mimischen Ruhe, noch ausgesprochener beim Lächeln und Reden, gezierte Kopfhaltung und weiche, melodisierende Sprechweise, lockiges Haar und lockiger Bart, die beide noch in dieser Richtung sorgsam gepflegt sind, eigentümlich weiche, schwärmerische, fein bewimperte Augen, die zu schmachten und zu schmelzen wissen, besonders leicht aber auch in Tränen schmelzen, kleine Ohren und feingeschnittene Nase ..."

Angesichts einer solchen „Werteskala" war es für einen Arzt von Reputation wenig ratsam, seine Aufmerksamkeit „hysterischen Weibern" zu widmen. Es war deshalb ein aufsehenerregendes Ereignis, daß ein weltbekannter Neurologe wie Jean-Martin Charcot sich dieser Frage stellte.

Das erste, was er erreichte, war, abgesehen von dem nicht enden wollenden Gesprächsstoff in der „guten Gesellschaft" (hier war allerdings Deutschland führend, in Frankreich war die Situation weniger verkrampft), daß sich nicht nur wie bisher einige wenige, sondern eine Anzahl französischer Ärzte zur Auseinandersetzung und damit zur wissenschaftlichen Beschäftigung mit dem Hysterieproblem veranlaßt sahen.

Die Kontroverse um die Hysterie, deren Erscheinungsbild im Verlaufe der Geschichte einem grundlegenden Wandel unterzogen war, hatte bereits eine lange medizinische Tradition. In seinen theoretischen Reflexionen „Über die Natur des Menschen" bezeichnet Demokrit (um 460–370 v.u.Z.), der Begründer der ersten wissenschaftlichen Erkenntnistheorie, den Uterus als „Ursache von 1000 Übeln". Der uterine Ursprung somatischer Beschwerden wird jedoch, wie aus dem Kahun- (um 2000 v. u. Z.) und dem Ebers-Papyrus (um 1550 v. u. Z.) überliefert ist, bereits im alten Ägypten angenommen. Platon (427–348/47 v. u. Z.) bezeichnet den Uterus in seinem „Timaios" als ein „Lebewesen, das nach Kinderzeugung verlangt", und falls dieses Bedürfnis nicht befriedigt wird, erbost „überall im Körper umherirrt". Dabei „verstopft es die Luftwege, hemmt die Atmung und bringt auf diese Weise den Körper in die größten Gefahren und erzeugt allerlei Krankheiten …"

Diese Vorstellung der Ägypter und Griechen prägte für Jahrtausende die Krankheitslehre der Hysterie, deren Bezeichnung dem griechischen Wort hysteria (Gebärmutter) entstammt. Den griechischen Quellen folgte auch Aulus Cornelius Celsus (1. Hälfte des 1. Jh. u. Z.), der das medizinische Wissen seiner Zeit in der umfangreichen Enzyklopädie „De re medica" zusammenstellte.

Das Lehrbuch über akute und chronische Krankheiten des Aretaios von Kappadokien (2. Hälfte des 1. Jh. u. Z.), das sich durch eine gründliche Krankheitsbeschreibung auszeichnet, enthält eine erste ausführliche Hysteriedarstellung. Noch exakter beschreibt Soranos von Ephesos (1. Hälfte des 2. Jh. u. Z.) in seinem Werk über Frauenheilkunde, das zu den wertvollsten Texten antiker Medizin zählt, die Symptome eines hysterischen Anfalls: „Zusammenbrechen, Verlust der Sinne, Atemnot, Beeinträchtigung der Sinneswahrnehmung, Aufeinanderpressen der Zähne und Zähneknirschen, krampfartiges Zusammenziehen der Extremitäten – bisweilen auch nur deren Erschlaffung –, Hervortreten des Oberbauches, Zurückweichen der Gebärmutter, Anschwellen des Brustkorbes, Hervortreten der Gefäße, die das Gesicht mit einem Geflecht durchziehen, Abkühlung, Schweißausbruch, vollständiges

Aussetzen des Pulses, oder der Puls ist außerordentlich schwach."

Nach dem Anfall klagen die Betroffenen über „Kopf- und Sehnenschmerzen, bisweilen haben sie aber auch geistige Störungen".

Die Hysterie sei ein „heftiges Leiden, das sowohl in akuter als auch in chronischer Form auftritt. Deshalb muß auch die Behandlung diesen Gegebenheiten Rechnung tragen. Während der Anfall an Heftigkeit zunimmt, soll man die Patientin in einem mäßig warmen und hellen Raum hinlegen und, ohne sie zu verletzen, den Anfall abbrechen, indem man das Kinn bewegt, auf alle mittleren Partien warme Umschläge auflegt, alles, was sich verkrampft, behutsam aufbiegt, jede einzelne Extremität festhält und durch Berührung mit den bloßen Händen alles, was kalt geworden ist, erwärmt, dann das Gesicht mit einem Schwamm abreibt, der mit warmem Wasser benetzt worden ist; denn das Abreiben des Gesichts mit einem Schwamm hat etwas Belebendes."

Soranos brach mit der bisherigen These einer ungehinderten Wanderung des Uterus und begrenzte dessen Lageveränderung im Rahmen der Erschlaffung des Bandapparates. Zur Therapie empfahl er deshalb Spaziergänge, Gymnastik und Bäder.

Je nach Richtung der Uterusbewegung zu den inneren Organen oder dem Kopf, konnten entsprechende Symptome auftreten. Zeitgenössische Ärzte versuchten das „ungehorsame Organ" durch üble Riechstoffe zu vertreiben und wieder in Normallage zu bringen.

Es lag nahe, aus der uterinen Hysteriegenese eine sexuelle Ätiologie abzuleiten. Ein Bestreben, das insbesondere in der Therapiekonzeption des Galenos von Pergamon (129–um 200) dominierte. Im Gegensatz zu der Ganzheitsauffassung seines medizinischen Lehrgebäudes schloß er bei der Hysterie psychogene Faktoren aus. Als beste Therapie empfahl er als notwendigen physiologischen Vorgang ein aktives Sexualleben. Ein Ratschlag, der den Kirchenvätern während der asketischen Zeit klerikaler Medizin für die von ihnen umsorgten Seelen wenig geeignet erschien. Statt der mit Fluch und Bann belegten fleischlichen Begierden standen Tugendhaftigkeit und Jungfräulichkeit nicht nur als ethische Werte hoch im Kurs, sie galten auch als Therapieempfehlungen.

Eine für die Hysterikerinnen verhängnisvolle Zeit brach an. Ihre Affektausbrüche konnten als Hexenzeichen oder Besessenheit gedeutet werden. Den Nachweis lieferte die sogenannte Nadelprobe. Erfolgte dabei keine Schmerzäußerung, war der Verdacht der Hexerei und das Schicksal der Unglücklichen besiegelt, während Besessene als armes Opfer des Bösen exorziert wurden.

Es ist das Verdienst von Ärzten, die wie Johann Wier (1515–1588), wenn es schon nicht möglich war, gegen den Dämonenglauben anzukämpfen, für die Patientinnen den „mildernden Umstand" der Besessenheit erwirkten.

Der englische Arzt Edward Jorden (1569–1632) brachte mit seiner Abhandlung über die Hysterie die von jeder übernatürlichen Dämonie freien objektiven Krankheitssymptome in Erinnerung und bemühte sich um psychotherapeutische Einwirkungen, womit er manche der Hexerei Angeklagte retten konnte.

Hunderttausende, wahrscheinlich sogar mehrere Millionen Frauen starben in Europa auf dem Scheiterhaufen. Der letzte loderte in Deutschland noch vor 200 Jahren. Natürlich waren die Unglücklichen nicht alle Hysterikerinnen. Die Hexenverfolgung hatte vor allem soziale und gesellschaftliche Ursachen, die hier nur kurz angedeutet werden können. Der Höhepunkt des Schreckens war nicht das „finstere Mittelalter", sondern die Zeit des Umbruchs, in der die alte gesellschaftliche Ordnung durch wirtschaftliche Krisen, Mißernten, Hungersnöte und Epidemien aus den Fugen zu geraten drohte. Millionen Entwurzelter bevölkerten die Straßen. In dieser Welt des Chaos, in der die alten christlichen Grundsätze ins Wanken gerieten, mußte ein Sündenbock gefunden werden. Der Teufel und seine Verbündeten, die Hexen, mußten herhalten. So war die Hexenjagd weniger ein Wahn, sondern vor allem System.

Für die in der Neuzeit erfolgende Weiterentwicklung der Hysterietheorie und -therapie gab Bombastus Theophrastus von Hohenheim, genannt Paracelsus (1493–1541), entscheidende Impulse. Frei von starren dogmatischen Theorietraditionen entwickelte er im Rahmen seiner medizinischen Reform ein neues Verständnis vom Wesen und der Entstehung von Geisteskrankheiten. Die Hysterie aus ihrem bisherigen uterinen bzw. libidinösen Ursprung lösend, berücksichtigte er erstmals auch eine körperlich-seelische Komponente.

Die bereits von Jorden praktizierten psychotherapeutischen Ansätze wurden von Robert Burton (1577–1640) weiterentwikkelt. Die klassische Hysterietheorie negierend, verlegte Charles Lepois (1563–1633) den Ursprung der Krankheit vom Uterus in den Kopf und hielt auf der Grundlage dieses geschlechtsunabhängigen Ausgangspunktes auch eine Hysterieerkrankung bei Männern für möglich.

Eine wissenschaftliche Bestätigung dieser Vermutungen erfolgte durch den berühmten Physiologen, Neurologen und Anatomen Thomas Willis (1622–1675) in seiner Begründung des zerebralen Ursprungs und Sitzes der Hysterie. Er wandte sich nachdrücklich gegen die verbreitete Unsitte, alle ungewissen Symptome der diffusen Sammeldiagnose Hysterie zuzurechnen: „Unter den Frauenkrankheiten genießt die Hysterie einen so schlechten Ruf, daß sie wie die semi-damnati die Fehler zahlreicher anderer Leiden zu tragen hat. Wenn eine Krankheit von unbekannter Natur und verborgenem Ursprung bei einer Frau so auftritt, daß ihre Ursache nicht sichtbar wird und die therapeutische Indikation ungewiß ist, klagen wir sofort den schlechten Einfluß des Uterus an, der in den meisten Fällen nicht verantwortlich ist, und anläßlich eines ungewissen Symptoms erklären wir, daß sich etwas Hysterisches irgendwo verbirgt ..."

Der „englische Hippokrates", Thomas Sydenham (1624 bis 1689), zeichnete sich dadurch aus, im Ergebnis gründlicher Untersuchungen das für das Wesen einer Krankheit Typische zusammenzufassen und so ein exaktes Krankheitsbild zu formulieren. Neben anderen Krankheitsbestimmungen ist ihm eine mustergültige Beschreibung der Hysterie zu danken. Neu und über seine Vorgänger hinausgehend ist, daß er ihren Ursprung nicht schlechthin im Kopf, sondern im Gehirn suchte. Hysterie war für ihn eine Form des psychischen Leidens, die Frauen und Männer befallen konnte. Um dem griechischen Wortstamm der Hysterie auszuweichen, nannte er die männliche Form der Hysterie „Hypochondriasis". Entscheidend war für ihn das psycholabile Krankheitsbild.

Die Hypochondrie erfuhr ähnlich der Hysterie eine mehrfache Begriffsveränderung. Ursprünglich eine interne Diagnose (Verstopfung der inneren Organe und Störungen der Milz) – wurde sie später zu einem psychiatrischen Krankheitsbegriff.

Schließlich wurde aus der Krankheit ein Symptom, dann ein Symptomkomplex. Überwiegend wurde Hypochondrie als männliche Komponente der Hysterie angesehen.

Der Philosoph Immanuel Kant gibt eine treffliche Charakterisierung des Hypochonders. Er sei „ein Grillenfänger, Phantast von der kümmerlichsten Art: eigensinnig, sich seine Einbildungen nicht ausreden lassend, und dem Arzt immer zu Halse gehend, der mit ihm seine liebe Not hat, ihn nicht als Kind (mit Pillen aus Brot statt echten Pillen) behandeln kann; und wenn dieser Patient, der vor immerwährendem Kränkeln nie krank werden kann, medizinische Bücher zu Rate zieht, so wird er vollends unerträglich; weil er alle Übel in seinem Körper zu fühlen glaubt, die er im Buche liest."

Wilhelm Griesinger ergänzt das Bild aus der Sicht des Arztes: „Man nehme einem Hypochonder seine krankhaften Sensationen, so wird er keine imaginären Krankheiten mehr haben wollen ..."

Doch zurück zur „Frauenkrankheit" Hysterie. Die uterine Genese war überwunden. Trotz der unabhängig von Sydenham auch von anderen Wissenschaftlern, wie den Physiologen Robert Whytt (1714–1766) und Francois Baissier de Sauvage (1706–1767), bestätigten psychopathologischen Ätiologie hielt sich in Praxis und Theorie die Annahme einer Beziehung von Hysterie und Sexualität, ein Aspekt, der auch in der Pinelschen Theorie der „Genitalneurosen der Frauen" zum Ausdruck kommt.

Der Begründer der amerikanischen Psychiatrie, Benjamin Rush (1745–1813), erkannte den psycho-somatischen Charakter der Hysterie, wobei in der Zeit der vorherrschenden naturwissenschaftlichen Orientierung der Medizin (siehe S. 19) die somatischen Aspekte in Gestalt der neurophysiologischen Prozesse in den Vordergrund traten. So interpretierte Wilhelm Griesinger hysterische Symptome aus anatomisch-physiologischen Veränderungen des Gehirns.

Ausgehend von den Erkenntnissen der Zellularpathologie Rudolf Virchows (1821–1902) trat an die Stelle der abgelegten Uterustheorie eine neue Hypothese, die die Ovarien (Eierstöcke) als maßgeblich in der Ätiologie der Hysterie ansah. So wurde Hysterie wieder zur geschlechtsspezifischen Frauenkrankheit. Was sie jedoch in der zweiten Hälfte des 19. Jahrhunderts zu „Schimpf und Schande" werden ließ, war nicht medizinisch, sondern gesellschaftlich motiviert, war eine männliche Reaktion auf weibliche Emanzipationsbestrebungen.

Gewiß hatten Ärzte (sie waren schließlich auch Männer) ihren Anteil daran. Der um die moderne klinische Psychiatrie hochverdiente Emil Kraepelin (1856–1926) bezeichnete die Hysteriker als „Virtuosen des Egoismus", die ihre Umgebung (Männer) „tyrannisieren und ausbeuten", intrigieren, lügen, verleumden, kurz alle nur erdenklich negativen Charaktereigenschaften aufweisen. Scharfe Munition für die durch den Aufbruch der Frauenemanzipation aufgeschreckten „Weiberhasser", die um ihre angestammten Positionen fürchteten. Gefärbt von dem Gift der Misogynie (Weiberfeindschaft) wird die Hysterikerin geradezu zur säkularisierten Hexe.

Soweit man es nicht vorgezogen hatte, der neuen Ovarienhypothese zu folgen, erklärte man die Ursachen der Hysterie als Folge des „unreifen, unterentwickelten weiblichen Gehirns".

„Belege" für den Intelligenzdefekt der Frauen, ihre Willensschwäche und Infantilität lieferte der Neurologe Paul Julius Moebius (1853–1907) in der Schrift „Der physiologische Schwachsinn des Weibes". Während der Mann, dank seines größeren und besser strukturierten Gehirns zum abstrakten und sachbezogenen Denken prädestiniert sei, wäre die Frau, ihrer von der Natur zugedachten Mutterrolle gerecht werdend, vor allem gefühlsbetont. Hysterische Anfälle wiesen also keine intellektuellen Symptome auf, diese blieben der männlichen Hypochondrie vorbehalten. Sie waren, so schlußfolgerte man, seelischer Natur, kennzeichneten den Hang zum Mystizismus.

Für die Weiterentwicklung der medizinisch-wissenschaftlichen Hysterieforschung war die Situation in Frankreich, dem „Mutterland der Psychiatrie", ungleich günstiger als in Deutschland. Das wissenschaftlich-praktische Zentrum der Bemühungen war die große Frauenabteilung der Salpêtrière. Hier diskutierte man nicht am grünen Tisch Für und Wider der verschiedenen Entstehungstheorien, sondern überprüfte sie auf der Grundlage systematischer klinischer Beobachtungen.

Wie 1821 die Stellungnahme des Arztes Georget zeigt, trieb die Uterustheorie noch immer ihr Unwesen: „Die Ansicht, den Sitz der sogenannten hysterischen Erscheinungen in den Uterus zu verlegen, scheint mir so unsinnig und so lächerlich, daß ich sie gar nicht bekämpfen würde, wenn sie nicht von allen Neuen, die über die Hysterie geschrieben haben, als richtig angesehen würde; ich würde mich sonst auf eine einfache Darlegung der Tatsachen beschränken, als das beste Gegengift gegen den Irrtum."

Um zur Klärung der Problematik beizutragen, stellte 1832 die Medizinische Gesellschaft zu Bordeaux die Preisaufgabe einer „Vergleichenden Untersuchung der verschiedenen über die Natur, den Sitz, die Ätiologie, Symptomatologie, Prognose und Therapie der Hypochondrie und der Hysterie vorgebrachten Ansichten und Nachweis der Identität oder der Verschiedenheit beider Krankheiten".

Auch an der Charité wurden umfangreiche Untersuchungen an über 400 Patienten durchgeführt. Christoph Wilhelm Hufeland vertrat kurz vor seinem Tode in seinem „Enchiridion medicum", mit dem er der jungen Ärztegeneration seine fünfzigjährigen Berufserfahrungen vermitteln wollte, die Ansicht: „Die Hypochondrie und die Hysterie unterscheiden sich nicht wesentlich voneinander, es besteht zwischen beiden nur ein sexueller Unterschied. Die Hypochondrie ist die Form, welche die Krankheit beim Manne annimmt, die Hysterie diejenige, welche man bei den Frauen antrifft."

Als Axel Munthes Lehrer Jean Martin Charcot sich an der Salpêtrière in Forschung und ärztlicher Praxis dem Hysterieproblem annahm, herrschte trotz aller Bemühungen seiner Vorgänger noch große Ratlosigkeit. Die Mehrzahl der Ärzte neigte sogar zu der Annahme, die mannigfaltigsten Symptome würden nur simuliert. Da die Krankheitsursache noch immer nicht exakt wissenschaftlich nachgewiesen war, wetteiferten die Vertreter der unterschiedlichen Hypothesen, wie der Ovarien-, Hirnpathologie- oder Degenerationstheorie, miteinander. Charcot war bestrebt, unabhängig von diesen Einflüssen einen eigenständigen wissenschaftlichen Standpunkt zu gewinnen. Systematisch begann er, das variantenreiche Krankheitsbild zu analysieren und kam zu der Überzeugung, daß man die Symptome der spontanen Hysterie wie Zittern, Lähmungen, Unempfindlichkeit u. a. auch „absichtlich, experimentell, bei Personen, die man in einen gewissen Zustand des großen Hypnotismus versetzt, reproduzieren" kann. Hierbei bediente er sich unrühmlicher Schaustellungen (siehe S. 33) und verlor sich in Spekulationen, doch das Entscheidende war, es gelang ihm der Nachweis, daß hysterische Symptome durch Suggestion hervorgerufen und auch wieder zum Verschwinden gebracht werden konnten. Damit wies er der Therapie den Weg zur Psyche des Patienten. Die Hysterie wurde zu einer „anerkannten Krankheit des Nervensystems".

Besonderes Aufsehen erregten Charcots wie „Wunderheilungen" anmutende therapeutischen Erfolge. Bereits 1884/85 hatte er psychotraumatisch bedingte Lähmungserscheinungen bei Männern untersucht, es gelang ihm, diese durch hypnotische Suggestion zu beseitigen und damit zugleich den Nachweis zu bringen, daß Hysterie keineswegs eine reine Frauenkrankheit war.

Einer seiner Mitarbeiter berichtet: „Aus der ganzen Welt wurden viele Patienten zu Charcot gebracht, gelähmt auf Bahren oder mit komplizierten Gehapparaten. Charcot befahl, diese Geräte zu entfernen, und forderte die Patienten auf, zu gehen. Da war zum Beispiel einmal eine junge Dame, die seit Jahren gelähmt war. Charcot befahl ihr, aufzustehen und zu gehen, was sie auch tat, unter den erstaunten Blicken ihrer Eltern und der Äbtissin des Klosters, in dem sie gelebt hatte. Eine andere junge Dame wurde mit einer Lähmung beider Beine zu Charcot gebracht. Charcot fand keine organische Schädigung; die Konsultation war noch nicht vorbei, als die Patientin aufstand und zur Tür ging, wo der Droschkenkutscher, der auf sie wartete, verblüfft seinen Hut nahm und sich bekreuzigte."

In seiner Arbeit stützte sich Charcot auf die bisher unberücksichtigt gebliebene Erkenntnis von Brodie, die dieser 1837 in seinen „Vorträgen über die lokalen nervösen Affektionen" zum Ausdruck gebracht hatte: „Nicht die Muskeln sind es, welche nicht mehr dem Willen gehorchen, sondern der Wille selbst tritt nicht mehr in Tätigkeit."

Charcots Mitarbeiter informiert über den Beginn der Arbeiten seines Lehrers: „Im Jahre 1862 begann Charcot in der Salpêtrière seine Arbeit in dem Zweige der Medizin, der durch ihn berühmt werden sollte. Mit der Behandlung der Hysterischen betraut, gingen seine ersten Untersuchungen hauptsächlich auf die am häufigsten vorkommende Form der Hysterie, den konvulsiven Anfall. Die Beschreibung desselben, welche er in den älteren medizinischen Werken fand, konnte ihn nicht befriedigen; immer forschend, bemerkte er, daß dieser Symptomenkomplex seine Gesetze habe, daß die Anfälle nicht einfach aus rohen, unzusammenhängenden Krämpfen beständen. Im Jahre 1868 begannen seine klinischen Vorlesungen, in denen er endlich die genaue Charakteristik der Anfälle geben, ihre Gesetze aufstellen und auf endgültige Weise die Beziehung zwischen Hysterie und Epilepsie klarlegen konnte."

Zuweilen wird Charcot angelastet, er habe Epilepsie und Hysterie in einen Topf geworfen. Zu dieser Unterstellung mag die von ihm verwendete Bezeichnung „Hystero-Epilepsie" beigetragen haben.

Vor Charcot wurde, wie Brissaut, der an der Salpêtrière studiert hatte, berichtet, entgegen den klassischen Beschreibungen zwischen beiden Krankheiten nicht unterschieden: „Hier", so stellte er fest, „kann man sehen, wie die Hysterischen epileptisch werden, indem entweder beide Affektionen gleichzeitig vorhanden sind, was also den hystero-epiletischen Zustand bildet, oder indem die Epilepsie mehr und mehr die Oberhand gewinnt und in gewissem Grade die ursprüngliche Hysterie beseitigt".

Und Charcot? Seine Erfahrungen hatten gezeigt, daß sich die Krankheitsbilder von Hysterie und Epilepsie eindeutig unterschieden. Er erklärte: „Meine Achtung vor der Überlieferung hat mich dazu geführt, die Benennung Hystero-Epilepsie bis jetzt beizubehalten, aber sie ist mir unbequem, ich gestehe es, denn sie ist unsinnig. Da ist ein Kranker, welcher an den Anfällen dieser beiden grundverschiedenen Affektionen leidet, und sie führen denselben Namen. Es besteht nicht der geringste Zusammenhang zwischen der Epilepsie und der Hystero-Epilepsie, selbst nicht in den gemischten Krisen."

Hystero-Epilepsie war nach Charcot also keine Kombination, sondern reine Hysterie mit den stärksten konvulsiven symptomatischen Ausbrüchen dieser Krankheit. Besonders hervorzuheben ist seine Erkenntnis, daß auch bei der Epilepsie psychische Ursachen eine Rolle spielen können.

Es kann hier nicht näher auf die Hysterielehre Charcots eingegangen werden, obwohl diese auch für seinen Schüler Munthe prägend war. Eine authentische komprimierte Darstellung, gegliedert nach dem klinischen Bilde der Krankheit, bie-

tet Charcots Assistent Gilles de la Tourette (Die Hysterie nach
den Lehren der Salpêtrière. Leipzig, Wien 1894). Charcot un-
terstreicht in seinem Vorwort die Authentizität: „Die vorlie-
gende Arbeit ist gewissermaßen unter meiner Leitung entstanden. Sie gibt so treu als möglich meine Lehren und die
Arbeiten wieder, zu denen ich meine Schüler veranlaßt habe."

Mit Recht beklagt der Übersetzer der deutschen Ausgabe das
Fehlen eines solchen Standardwerkes im eigenen Lande. Hier
war man trotz guter Ansätze einzelner Wissenschaftler hinter
der Entwicklung zurückgeblieben, ein Umstand, der bedauerli-
cherweise auch auf ein gewisses nationalistisches Überlegen-
heitsdenken zurückzuführen ist. Der französische Arzt P. Marie
hatte mit seiner Kritik leider nur allzu recht: „Es ist eine inter-
essante Erscheinung, daß in Deutschland eine Anzahl der
Ärzte sich sträubt, wie man an ihren Diagnosen erkennt, zuzu-
geben, daß die Hysterie eine wirkliche Krankheit sei, die wie
jede andere, nervöse oder nicht, ihre Gesetze, ihre regelmäßige
Symptomatologie hat. Wenn man ihnen glauben soll, so wäre
es eine Art von noli me tangere [rühre mich nicht an – W. G.],
deren Berührung jeder ernsthafte Nosograph sorgfältig vermeiden müsse.

Ein anderes Gefühl scheint sich noch mit dieser wissenschaftlichen Zurückhaltung zu verbinden, ein eigentümlicher
Rassenstolz; man scheint sagen zu wollen: Ihr Lateiner seid hy-
sterisch, überhysterisch, das muß man zugeben; aber wir Ger-
manen, wir kennen die Hysterie nicht."

Sigmund Freud

Auch eine nur kurze Zusammenstellung der Hysterieforschung
darf keineswegs die Leistungen Sigmund Freuds unberücksichtigt lassen, der etwa gleichzeitig mit Axel Munthe an der Salpêtrière sein ärztliches Wissen vervollkommnete.

Josef Breuer (1842–1925), ein angesehener Wiener Hausarzt, hatte Freud noch vor der Abreise nach Paris mit der berühmten Krankengeschichte der Anna O., die heute als klassischer Fall von Hysterie gilt, bekannt gemacht. Er hatte sie vom
Dezember 1880 bis Juni 1882 behandelt. „Die Patientin war",
wie Freud in seiner „Selbstdarstellung" berichtet, „ein junges

Mädchen von ungewöhnlicher Bildung und Begabung gewesen, die während der Pflege ihres geliebten Vaters erkrankt war. Als Breuer sie übernahm, bot sie ein buntes Bild von Lähmungen mit Kontrakturen, Hemmungen und Zuständen von psychischer Verworrenheit. Eine zufällige Beobachtung ließ den Arzt erkennen, daß sie von einer solchen Bewußtseinstrübung befreit werden konnte, wenn man sie veranlaßte, in Worten der affektiven Phantasie Ausdruck zu geben, von der sie beherrscht wurde. Breuer gewann aus dieser Erfahrung eine Methode der Behandlung. Er versetzte sie in tiefe Hypnose und ließ sie jedesmal von dem erzählen, was ihr Gemüt bedrückte. Nachdem die Anfälle von depressiver Verworrenheit auf diese Weise überwunden waren, verwendet er dasselbe Verfahren zur Aufhebung ihrer Hemmungen und körperlichen Störungen." So gelang es Breuer, die Patientin in langer und mühevoller Arbeit „von all ihren Symptomen zu befreien. Die Kranke war genesen und seither gesund geblieben, ja bedeutsamer Leistungen fähig geworden."

Vor dem Hintergrund dieses Falls verfolgte Freud in Paris mit besonderem Interesse die Arbeit Charcots und kehrte, erfüllt von all dem Neuen, im Frühjahr 1886 nach Wien zurück. Zu seinem Verdruß fanden jedoch seine „Reiseberichte" im Kollegenkreis wenig Beachtung und stießen auf heftige Ablehnung durch die Autoritäten. Die Enttäuschung ließ ihn nicht resignieren, sondern bestärkte ihn, sich umso stärker für das als richtig Erkannte einzusetzen.

Erneut reiste Freud nach Frankreich, um seine Hypnosetechnik zu verbessern: „Als ich im Jahr 1889 die Kliniken von Nancy besuchte, hörte ich den Altmeister der Hypnose Liébeault sagen: ‚Ja, wenn wir die Mittel hätten, jedermann somnambul [Zustand mit eingeschränktem Bewußtsein, im Sprachgebrauch als „nachtwandlerisch" bezeichnet – W.G.] zu machen, wäre die hypnotische Heilmethode die wichtigste von allen.' An der Klinik Bernheims schien es fast, als gäbe es wirklich eine solche Kunst und als könne man sie von Bernheim lernen. Sobald ich aber diese Kunst an meinen eigenen Kranken zu üben versuchte, merkte ich, daß wenigstens *meinen* in dieser Hinsicht enge Schranken gezogen seien und daß, wo ein Patient nicht nach ein bis vier Versuchen somnambul wurde, ich auch kein Mittel besaß, ihn dazu zu machen. Der Prozentsatz der Somnambulen blieb aber in meiner Erfahrung weit hinter dem von Bernheim angegebenen zurück."

Bekanntlich hat Freud in den 90er Jahren die Hypnose vollständig aufgegeben und sich in der psychoanalytischen Technik, die er in enger Verbindung mit der psychoanalytischen Theorie weiterentwickelte, der freien Assoziation bedient.

Erst nach langem Drängen war sein Freund Breuer zur gemeinsamen Publikation ihrer Ergebnisse bereit. Ihre erste Gemeinschaftsarbeit „Der psychische Mechanismus hysterischer Phänomene" erschien Januar 1893 im „Neurologischen Zentralblatt", ihr folgten 1895 die berühmten „Studien über Hysterie". Die erste hier abgehandelte Krankengeschichte ist der Fall der Anna O., ihm folgen vier Patientinnen Freuds. Die Aufmerksamkeit, die das Buch erregte, war außerhalb der Medizin weitaus größer als in Fachkreisen, und doch hatte mit ihm die Psychoanalyse als Wissenschaft begonnen, wenn auch die Bezeichnung selbst erst ein Jahr später in einem Artikel Freuds für eine französische Zeitschrift verwendet wurde.

Bereits in seinen frühen Vorträgen und Publikationen hatte Freud kategorisch behauptet, daß die Ursachen der Neurosen in Störungen der Sexualität zu suchen seien. Immer energischer tritt er deshalb für die Erforschung des Sexuallebens der neurotischen Patienten ein und baute die Psychoanalyse als Methode und Theorie der Neurosetherapie weiter aus.

So berechtigt seine Schlußfolgerungen waren, stieß doch die Behauptung, Störungen des Sexuallebens spielten bei der Entstehung von Neurosen die *entscheidende* Rolle, auf berechtigte Kritik. Diese Verallgemeinerung seiner bei einem ausgewählten Patientenkreis gewonnenen Erfahrungen führte Freud in die Irre und verbaute den Weg zu einer wissenschaftlichen und therapeutischen Bewältigung des Problems.

Wesentliche Impulse wurden von Freud zweifellos gegeben, und nicht zuletzt führte die konstruktive Kritik an seiner Neurosenlehre zu weiteren Fortschritten. Unbestritten ist Freuds Verdienst, die menschliche Sexualität von der Tabuisierung befreit und zu einem legitimen Gegenstand wissenschaftlichen Forschens erhoben zu haben.

Problematisch war sein Bestreben, seine Theorie über den medizinischen Bereich hinaus zu einer allgemeinpsychologischen und sogar gesellschaftstheoretischen und philosophischweltanschaulichen Lehre mit Universalanspruch auszuweiten. Die vielfältige Wirkung seines Werkes spiegelt sich besonders eindrucksvoll in dem Schaffen bürgerlich-humanistischer Schriftsteller wie Arnold Zweig und Stefan Zweig, Romain Rolland und Thomas Mann wider. Ebenso wie in der Frage der Hypnose gab es in der Interpretation der Hysterie zwischen den Schulen von Paris und Nancy erhebliche Differenzen. Während man sie in Paris als „organische Grundkrankheit" auffaßte, kennzeichnete man sie in Nancy als ein „reaktives psychonervöses Syndrom".

Besondere Verdienste um die weitere Abklärung der Unterschiede zwischen einer organischen und hysterischen Erkrankung erwarb sich Joseph Babinsky (1857–1932), der nach gründlicher Erforschung hysterischer Symptome die Definition erarbeitete: „Die Hysterie ist ein psychischer Zustand, der bestimmte Störungen mit ganz besonderen Kennzeichen hervorrufen kann." Er kommt damit der heutigen Auffassung sehr nahe, nach der Hysterie keine selbständige Erkrankung ist, „sondern Syndrom abnormer Verhaltens- und Reaktionsweisen".

Freund der Lappen

Axel Munthe war noch bis Mitte der 80er Jahre unentschlossen, ob er sich für ständig in Paris niederlassen würde. Die Entscheidung überließ er der Zeit, noch früh genug würde er in die Tretmühle des Tagwerkes gespannt werden. Zunächst einmal hatte er das Bedürfnis, sich gründlich zu erholen. So benutzte er 1884 einen Besuch in der Heimat, um im fernen Lappland Urlaub zu machen. Die unermeßlichen Weiten der skandinavischen Landschaft, die sich von der norwegischen Atlantikküste bis zum Weißen Meer erstreckt, kam seinem Verlangen nach Ruhe und Entspannung entgegen. Hier konnte er in kaum besiedeltem Gebiet stundenlang wandern, ohne daß er einem Menschen begegnete. Das rauhe Klima hatte das entlegene Land bisher davor bewahrt, Anziehungspunkt für Touristen zu werden.

Auch die Entdeckungsreisenden hatten sich nicht beeilt, in das öde und als furchterregend geltende Terrain vorzudringen.

Axel Munthe konnte, sich auf seine Reise vorbereitend, mit wenig Aufwand die einschlägige Literatur durcharbeiten.

Erste, aus dem 17. Jahrhundert stammende, kurze, meist volkskundliche Sachinformationen stützten sich in Ermangelung eigenen Erlebens auf Informationen von Staatsbeamten. Die Berichte einer von Karl XI. unter Leitung von Olof Rudbeck (1660–1740) ausgesandten Expedition, die vor allem feststellen sollte, ob es zutreffend sei, daß in einem Teil des Landes die Sonne auch bei Nacht nicht unterginge, waren bei dem großen Brand von Uppsala 1702 vernichtet worden.

Umso ergiebiger aber war für Axel Munthe das Werk seines bedeutenden Landsmannes Carl von Linné (1707–1778), der 1732 im Auftrag der königlichen Wissenschaftssozietät in Uppsala Lappland bereist hatte. Seine Aufzeichnungen sind das erste Lapplandbuch eines Naturforschers, der das Gebiet selbst kennengelernt hatte. Da eine schwedische Ausgabe noch auf ihre Veröffentlichung wartete (sie wurde erst 1899 von dem Linnéforscher Ewald Ährling 121 Jahre nach dem Tode Linnés vorgelegt), mußte sich Munthe mit der 1811 in London erschienen fragmentarischen Übersetzung zufriedengeben, die aber für seine Zwecke durchaus ausreichte. Die Befürchtung, der zuweilen als trockener Systematiker geltende Forscher habe nur eine für Fachwissenschaftler genießbare Darlegung vorgelegt, erwies sich als völlig unbegründet. Im Gegenteil, es bestätigte sich, daß Linné zu den bedeutendsten schwedischen Prosaschriftstellern des 18. Jahrhunderts gezählt wurde. Es war ihm nicht nur gelungen, exakte naturkundliche Informationen zu geben, anschaulich beschrieb er auch die Lebensweise der Bewohner, und er verfolgte das Ziel, das Verständnis der Menschen füreinander zu vertiefen.

Das, was der französische Physiker und Mathematiker Pierre-Louis Moreau de Maupertuis (1698–1759) 1736 als Leiter der Gradmessungen in Lappland überliefert hatte (mit den an der Spitze des Finnischen Meerbusens vorgenommenen Messungen wurde der Streit um die Erdgestalt und damit die Richtigkeit der Newtonschen Theorie, wonach die Erde an den Polen abgeplattet sei, entschieden), richtete sich hingegen nur an akademische Kreise.

Ausgedehntere Forschungsreisen, nicht zuletzt auch, um Land und Leute kennenzulernen, führte Ende des 18. Jahrhunderts u. a. der Deutsche Leopold von Buch (1774–1853) durch. Seit der 1. Hälfte des 19. Jahrhunderts interessierten sich auch die Skandinavier stärker für ihr Nordland und leiteten größere Aktivitäten zu seiner Erforschung und auch wirtschaftlichen Nutzung ein.

Axel Munthe war von der kargen Schönheit des Landes begeistert. Berge, Seen, Wälder und Sümpfe waren noch weitgehend unberührt. Besonders die Gebirgslandschaft mit alpiner Flora und Fauna – eine herrliche Welt mit schneebedeckten Gipfeln – fesselte ihn. Von den durch tiefe Täler durchschnittenen Bergen stürzten Stromschnellen und Wasserfälle herab.

Der in zahlreiche Fjorde aufgesplitterten Küste war eine Vielzahl kleiner Inseln vorgelagert. Ein wahres Vogelparadies, ebenso wie die Weiten der Moore und Sümpfe. Menschliche Ansiedlungen lagen an den Flüssen oder nahe der Küste. Axel Munthe hatte in einem Lager der Lappen Unterkunft gefunden. Gastgeber Turi wies ihm, wie es die Gastfreundschaft gebot, einen Ehrenplatz im großen Zelt zu. Bei Tagesanbruch war alles schon auf den Beinen, um die mehr als tausendköpfige Rentierherde zu versorgen. Milchwirtschaft, Viehzucht und, soweit es der karge Boden erlaubte, auch Ackerbau, waren die Lebensgrundlage der Lappen. Untrügliche Kennzeichen sprachen dafür, daß einem allzu kurzen Sommer bereits im September der Wintereinbruch folgen würde.

Im Rahmen einer Nomadengemeinschaft bildeten Tiere mehrerer Familien die Herde eines gemeinsam genutzten Weidegebietes. Die Leitung lag in den Händen des Rates der Familienoberhäupter, der aus seinen Reihen einen Vorsitzenden wählte. Dieser bestimmte den Wachdienst, organisierte die notwendigen Arbeiten und entschied auch über Zeitpunkt und Ziel der Wanderungen zwischen Winter- und Sommerweide. Munthes Gastgeber Turi bekleidete dieses verantwortungsvolle Amt.

Weit über die Erledigung der Tagesaufgaben hinaus, lag ihm die Zukunft seines Volkes, der Sameh, wie sie sich selbst nannten, am Herzen. Mit großer Sorge betrachtete er die Gefahren, die von den „Mutterländern" Norwegen, Finnland und Schweden für die Lappen ausgingen. Die ersten Siedler aus den südlichen Landesteilen hatten, soweit es ihren Interessen dienlich war, wenigstens noch die herkömmlichen, den äußeren Bedingungen angepaßten Formen des Lebens der Einheimischen geachtet.

Im Zuge einer aktiveren Besiedlungspolitik erhielten die in die Wälder des Binnenlandes ziehenden Neusiedler jedoch immer größere Vorrechte. Begünstigt durch Steuerfreiheit und Darlehen konnten sie Höfe und Weideflächen ständig vergrößern, während die Lappen durch zunehmende Steuern und als Opfer habgieriger Händler verarmten. Solange die Nordgrenzen der skandinavischen Staaten noch fließend waren, trieben die Steuereintreiber aller drei Länder abwechselnd ihr Unwesen. Da sie sich an dem einträglichen Amt maßlos bereicherten, zog es die Zentralgewalt schließlich vor, das Geschäft auf eigene Rechnung zu machen.

So belastend all diese Bürden auch waren, den schwersten Eingriff in die Lebensweise der angestammten Bevölkerung brachte Mitte des 17. Jahrhunderts die Entdeckung von Erzvorkommmen. Die entstehenden und sich ausweitenden Grubengebiete entzogen nicht nur lebensnotwendige Weideflächen, sie zerstückelten die verbleibenden Gebiete und machten sie für die Viehherden unzugänglich.

Axel Munthe war von dem ihm bisher unbekannt gebliebenen Geschehen schockiert. Turi wollte sich nicht dem scheinbar unvermeidlichen Schicksal unterwerfen. Vor Jahren hatte er mit seinen wenigen Schwedischkenntnissen in Lulea bei dem zuständigen Regierungsvertreter prostestiert und bei dem Gouverneur – übrigens ein Onkel Axel Munthes – Verständnis für seine berechtigten Forderungen gefunden. Was aber vermochte ein einzelner noch so einsichtiger Vertreter der Obrigkeit zu verändern?

Den Arzt Munthe interessierte, was „geschähe, wenn die Lappen krank würden". Turi sagte: „Sie sind selten krank und kaum je im Winter, außer in sehr strengen Wintern, wo es freilich vorkommt, daß neugeborene Kinder erfrieren. Der Doktor kommt zweimal im Jahr auf Befehl des Königs." Zum Glück aber gäbe es viele „Heiler", die die meisten Krankheiten „besser kurieren können als der Arzt des Königs".

Beim Aufbruch des Freundes war das ganze Lager auf den Beinen, um Abschied zu nehmen. Wenn alles gut ging, würde er am nächsten Tag in Forstugan sein, „der nächsten menschlichen Siedlung in der Wildnis von Sümpfen, Wasserfällen, Seen und Wäldern". Ristin, die sechzehnjährige Enkeltochter Turis, führte ihn, sie war auf dem Wege zum nächsten Kirchdorf, wo sie die Lappenschule besuchen wollte. Die Landschaft veränderte sich ständig. Die Wanderung führte durch endlose Tundren, tiefe Schluchten, vorbei an moosbedeckten Felsen, durch dichten Wald. Erstaunlich, wie das Mädchen ohne jede Markierung mit sicherem Instinkt den Weg fand.

An einem kleinen Lagerfeuer wurde das Abendessen zubereitet. Ein samtweicher silbergrauer Moosteppich war bequemer als das weichste Bett. Die Proviantsäcke dienten als Kopfkissen.

Am frühen Morgen zogen sie weiter. Am nahe gelegenen kobaltblauen Bergsee lag ein kleines Flachboot. Es gehörte, wie Munthe verwundert berichtet, niemandem und jedermann – die Lappen benutzten es, wenn sie bei ihren Besuchen im Kirchdorf ihre Rentierfelle gegen Kaffee, Zucker und Tabak eintauschten, „die drei Luxusartikel ihres armen Lebens".

Am jenseitigen Ufer trennte sie nur noch ein Tannenwald vom Ziel. Ein Hund kam ihnen bellend entgegen und wies ihnen den Weg nach Forstugan.

Die Nächte waren empfindlich kalt, so daß Axel Munthe froh war, bei Lars Anders eine Herberge gefunden zu haben. Tags zuvor war hier ein Fremder, der sich mit einem finnischen Lappen verirrt hatte, zu Gast gewesen. Er hatte eine Zeitung zurückgelassen, eine Nummer der „Times", darin las Munthe in großen Lettern die Mitteilung: „Ausbruch von schrecklicher Cholera-Epidemie in Neapel! Über 1 000 Fälle am Tage". Ärztliche Hilfe war dringend notwendig. Ein Grund mehr, die Abreise zu beschleunigen: „Acht Stunden Fahrt durch den Wald bis Rukne, drei Stunden flußabwärts in Liß Jocums Boot, sechs Stunden zu Fuß über den Berg zum Kirchdorf, zwei Stunden über den See nach Losso Jarvi, von dort acht Stunden guter Weg nach der neuen Eisenbahnstation. Passagierzüge fahren zwar noch keine, aber der Maschinist würde mir gewiß erlauben, auf der Lokomotive zu stehen, die zweihundert Meilen bis zum Güterzug."

Alles in allem für nordische Verhältnisse eine „leichte und behagliche Reise". Ohne Aufenthalt ging es sofort weiter nach Neapel, wo sich Axel Munthe den Behörden zur Verfügung stellen wollte.

Am späten Abend traf Munthe in Neapel ein. Der Zug war leer. Wer fuhr schon an den Ort des Schreckens, dem jeder so schnell wie möglich zu entfliehen versuchte?

Sein Enthusiasmus wurde bereits beim Verlassen des Bahnhofs auf eine harte Probe gestellt. In langen Zügen von Karren und Kraftwagen wurden die Leichen zum Cholerafriedhof gebracht. Wie viele mochten es sein?

Ein kurzer Abstecher in das Armenviertel war ein Weg durch die Hölle. Tausende Sterbender warteten hier qualvoll auf den Tod. Munthe bekennt, wenn es am gleichen Tag noch einen Zug gegeben hätte, wäre er wieder abgereist. So war er gezwungen, die Nacht abzuwarten, am Morgen hat man bekanntlich einen kühleren Kopf. Sein Angebot, im Cholerahospital von Santa Maddalena zu arbeiten, wurde freudig angenommen. Hier aber gab es bereits Hilfe, wenn sie auch bei weitem nicht ausreichte. Doch er hatte die völlig Hilflosen gesehen, wurde er von ihnen nicht noch mehr gebraucht? So blieb er nur zwei Tage. Sein Platz war nicht „bei den Sterbenden im Hospital, sondern bei den Sterbenden im Armenviertel".

Todmüde und völlig erschöpft kam er abends in seine mehr als bescheidene und schmutzige Herberge. Ohne sich zu entkleiden, warf er sich aufs Bett: „Was half das Waschen in dem schmutzigen Wasser, was half es, sich zu desinfizieren, wenn einfach alles umher infiziert war, mein Essen, mein Trinkwasser, das Bett, in dem ich schlief, ja die Luft, die ich atmete." Oft ging er nicht in sein Bett, sondern verbrachte die Nacht auf der Bank im Seitenschiff einer der stets geöffneten Kirchen.

Das Labyrinth der engen Gasen und Gäßchen der Altstadt, in die kaum Luft und Licht Zugang finden konnten, war die Brutstätte der Seuche. Düstere torlose Gänge führten in enge dunkle Höfe, in die eine Anzahl schmutziger feuchter Wohnlöcher mündete.

Bis zu 100 Familien bevölkerten einen solchen Elendshof, in dem sich über dem dumpfen Erdgeschoß, von verwitterten Holzträgern gestützt, sieben Stockwerke türmten, von brüchigen Balkonreihen umrahmt. Hier, im Zentrum des Elends, hielt der Tod reiche Ernte. Die Ärmsten der Armen nahmen Zuflucht zur Madonna, zu ihren Schutzheiligen. Zu ihnen hat-

Bild 1. Axel Munthe. Öl-
skizze von Ernst Josephson
1881

Bild 2. Universität von
Uppsala

Bild 3. Paul Tillaux
(1834–1904)

Bild 4. Jean Martin Charcot (1825–1893)

Bild 5. Poliklinische Vorträge
J. M. Charcots

Bild 6. Hôpital de la Salpêtrière,
Paris

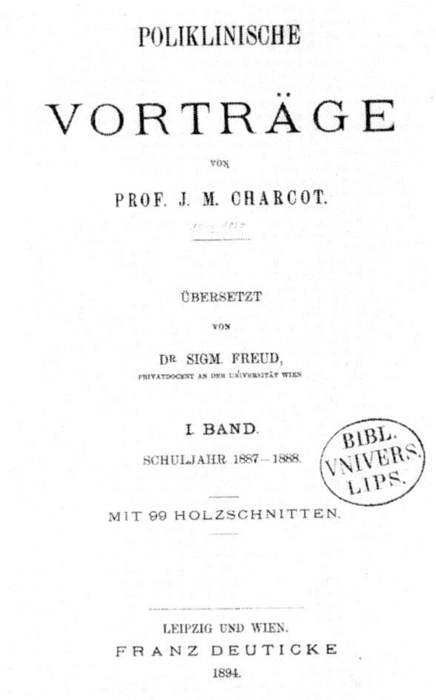

POLIKLINISCHE

VORTRÄGE

VON

PROF. J. M. CHARCOT.

ÜBERSETZT

VON

DR SIGM. FREUD,
PRIVATDOCENT AN DER UNIVERSITÄT WIEN

I. BAND.

SCHULJAHR 1887—1888.

MIT 99 HOLZSCHNITTEN.

LEIPZIG UND WIEN.
FRANZ DEUTICKE
1894.

Bild 7. Charcot bei seiner Dienstagvorlesung

Bild 8. Sigmund Freud (1856–1939) mit seiner Verlobten Martha Bernays

Bild 9. Thesen zur Promotion

Bild 10. Auf dem Montmartre

FACULTÉ DE MÉDECINE DE PARIS

Année 1880 — THÈSE — N° 330

POUR

LE DOCTORAT EN MÉDECINE

Présentée et soutenue le 2 août 1880,

PAR A. MUNTHE

Né en Suède le 31 octobre 1857.

PROPHYLAXIE ET TRAITEMENT

DES

HÉMORRHAGIES POST-PARTUM

Président : M. DEPAUL, *professeur.*

Juges MM. | CHARCOT, *professeur.* Ch. RICHET, DUGUET, *agrégés*

Le Candidat répondra aux questions qui lui seront faites sur les diverses parties de l'enseignement médical.

PARIS

A. PARENT, IMPRIMEUR DE LA FACULTÉ DE MÉDECINE DE PARIS.

31, RUE MONSIEUR-LE-PRINCE, 31.

1880

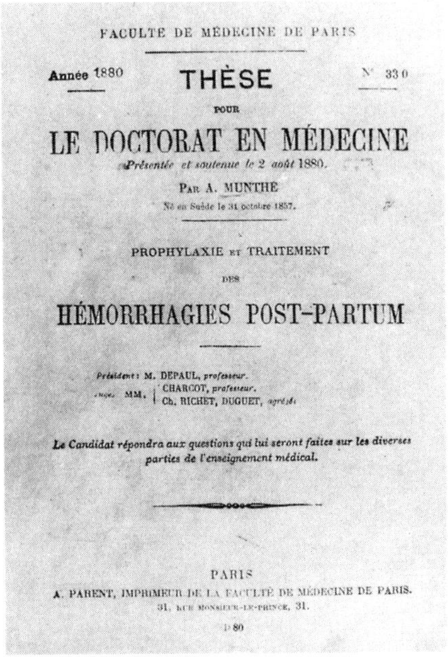

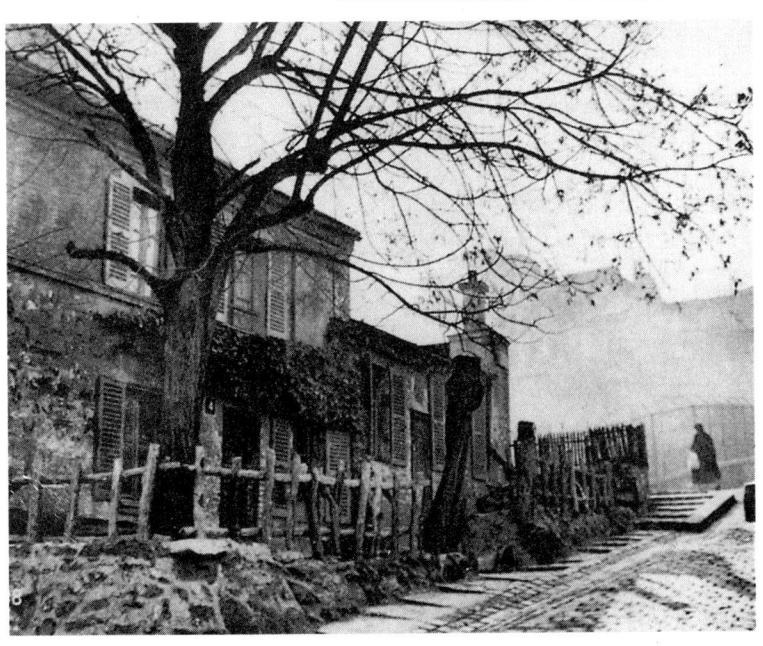

Bild 11. Louis Pasteur (1822–1895)

Bild 12. Guy de Maupassant
(1850–1893)

Bild 13. Dr. Norström

Bild 14. Das Matter-
horn

Bild 15. In Lapp-
land

Bild 16. Panorama von Neapel

Bild 17. Straßenleben in Neapel

Bild 18. Bahn zum Vesuv

FRAN NAPOLI

RESEBREF

AF

PUCK MUNTHE.

STOCKHOLM.
P. A. NORSTEDT & SÖNERS FÖRLAG.

LETTERS

FROM

A MOURNING CITY

(NAPLES. AUTUMN, 1884)

BY

AXEL MUNTHE

TRANSLATED FROM THE SWEDISH BY
MAUDE VALÉRIE WHITE

LONDON
JOHN MURRAY, ALBEMARLE STREET
1887

Bild 19–20. Berichte aus einer sterbenden Stadt (1884)

Bild 21. Kastell von Ischia

Bild 22. Das brennende Messina

Bild 23. Straßen der Innenstadt

Bild 24. Bei Bergungsarbeiten

IM

ZERSTÖRTEN

M E S S I N A

■ ■ ■ ■ ■ ■ ■ ■ ■ ■ ■

VON

Dr. M. WILHELM MEYER

UND

MAXIM GORKI

BERLIN · J. LADYSCHNIKOW · VERLAG
1909

Bild 25. Erlebnisbericht Maxim Gorkis

BLACKWOOD'S

𝕰𝖉𝖎𝖓𝖇𝖚𝖗𝖌𝖍

M A G A Z I N E.

VOL. CXLVI.

JULY—DECEMBER 1889.

2062

NEW YORK.
LEONARD SCOTT PUBLICATION COMPANY.
50 PARK ROW.

Bild 26–27. Axel Munthe als Journalist

DIARY OF AN IDLE DOCTOR.

BY AXEL MUNTHE.

POLITICAL AGITATIONS IN CAPRI.

Do not be alarmed, they are not likely to disturb the peace of Europe.

Alas! spots are to be found upon the sun itself, and even "the loveliest pearl in Naples' crown" is not altogether faultless.

Croaking ravens swarm around the ruins where thousand-year-old memories lie slumbering, dirty dwarf-hands fumble amidst the remains of fallen giants' vanished splendour, barbarians pull to pieces the mosaic floors on which the feet of emperors trod.

Night-capped and blue-stockinged Prose comes and wakes up the Idyll which lies there dreaming with half-closed eyes; grinning fawns push aside the vines which hide from view the cool grot in which the legend's nymph still bathes her graceful limbs. Capri lies sick, Capri is infested with parasites, even as the old lion.

Among the ruins of Tiberius's Villa you sit on high, gazing out over the bay. Absently your eye follows some white sail in the distance: it is a little peaceful fishing-boat sailing quietly home. And your thoughts carry you far, far away from the present Once upon a time the ruler of the world stood here in his marble-shimmering palace; he gazed out over the bay as you gaze now, but his eye was not careless as yours, for he dreaded the avengers of his victims in every approaching boat. And when the bay was wrapped in darkness, he would wander upon its shores, and in the stars that stud the vault of heaven, trembling, seek to read his doom. No

crime could aid him any longer to self-forgetfulness, no vice assuage the torture of his soul. Within his rock-built castle the sombre Titan suffered torments surpassing those which he had inflicted on any of his victims: his heart had long since bled to death beneath his purple toga, but his soul lived on in its overwhelming sadness. The spot whereon you lie goes by the name of *Il Salto di Tiberio ;* it was hence he hurled his victims to the sea, and here that during their struggle with the waves they were crushed to death by the oars of those who rowed in boats beneath. Bend over the precipice and see the surge: old fishermen have told me that when the moon disappears beneath the clouds and all is dark, the waves that break upon those very rocks seem tinged with blood.

But the sun streams his forgiveness over the crumbling witnesses of so much sin, and ere long the vision of the gloomy Emperor fades from the thought. Now the Villa di Tiberio is so silent and peaceful. You lie there on your back with the bay at your feet, as though no world existed beyond the lovely shores below. The tumult of the day is powerless to reach you here—all dissonance has ceased; your thoughts fly aimless round, play for a while among the waves that bathe Sorrento's rocks, send their open-armed greeting to Ischia's groves, and pluck a fragrant rose or two upon the green shores of Posilipo. So doth perception gradually decrease; no longer do you hear the noisy

Die Vivisection

im Dienste der Heilkunde.

Von

Dr. Rudolf Heidenhain,

ordentlichem Professor der Physiologie und Director des physiologischen Instituts
an der Universität Breslau.

Leipzig.
Druck und Verlag von Breitkopf und Härtel.
1879.

Die

Folterkammern der Wissenschaft.

Eine Sammlung von Thatsachen

für das

Laien-Publikum

von

Ernst von Weber.

Berlin und Leipzig.
Verlag von Hugo Voigt.
1879.

Bild 30. Keats-Haus in Rom mit Spanischer Treppe

Bild 31. Capri. Blaue Grotte

Bild 32. Runde im Kater Hiddigeigei

ten sie Vertrauen. Ärzte waren ihnen unbekannt. Was hatten sie von ihnen zu erwarten? Es ging sogar das Gerücht um, sie wären von den Behörden ausgesandt, Überlebende zu dezimieren, damit die Stadt leichtes Spiel hätte, die ausgestorbenen Mietskasernen niederzureißen.

In dieser Atmosphäre des Mißtrauens und der Angst ärztliche Hilfe zu leisten war kompliziert und gefährlich. Axel Munthe erinnert sich: „Daß es einen volkstümlichen Glauben gab, demzufolge Ärzte für jeden Cholerakranken, den sie melden konnten, eine Prämie bekämen, ist eine unbestreitbare Tatsache. Die Vorstellung, sie seien von der Regierung bezahlt zum ausdrücklichen Zweck, die Krankheit zu verbreiten, ist jetzt ausgestorben", dafür aber sei die Befürchtung verbreitet, „die städtischen Behörden hätten in der Absicht, die hohen Bevölkerungszahlen zu reduzieren ... die Cholera losgelassen, um mehr Raum zu gewinnen. Dieser Standpunkt wurde allgemein vom Volke eingenommen und unglücklicherweise oft von feindseligen und gewalttätigen Handlungen begleitet."

Munthe bekam während seiner Krankenbesuche oft genug Haß und Mißtrauen zu spüren: „Die alte Dame [die er behandelt hatte – W. G.] ... kämpfte mit aller Kraft gegen die Bemühungen, die wir zum Besten aufwandten, und sie war so erschöpft, daß sie kaum sprechen konnte. Nach mehreren vergeblichen Versuchen und nachdem es uns schließlich gelungen war, die Medizin in ihren Mund zu gießen, machte sie mir ein Zeichen, das ich leider nicht verstand, das aber der Comare an ihrer Seite mir als ihren Wunsch auslegte, zu mir zu sprechen. Ich beugte mich über das arme alte Wesen, das friedlich genug aussah, doch kaum hatte ich meinen Kopf auf die Höhe des ihren gebracht – da spie sie mir die Medizin ins Gesicht."

Axel Munthe, der heißen Herzens helfen wollte, wurde keineswegs mit offenen Armen aufgenommen. Er mußte sich erst das Vertrauen des stolzen neapolitanischen Volkes erwerben. Ein schweres Unterfangen, das auch nicht ohne Rückschläge war. Wie einen Sieg konnte er das wachsende Zutrauen feiern: „Es war mir gelungen, meine Praxis im Armenviertel beträchtlich auszudehnen, und ich verbrachte den größten Teil des Tages dort. Die Erfahrung hatte mich gelehrt, wie man sich den Armen gegenüber zu benehmen hat, und ich hatte viele Freunde unter ihnen."

Der Tod wütete, doch noch hatte die Epidemie ihren Höhepunkt nicht erreicht. Es „nahte die Zeit, da die Armen Neapels ihrem größten Jammer entgegengingen, die Zeit, da die Ansteckung sich jäh wie eine Feuersbrunst in den Gassen des Armenviertels ausbreitete, die Leute wie vom Blitz getroffen in den Straßen umfielen, in den Hospitälern Treppen und Gänge mit Kranken belegt waren, da fast in jedem Haus Sterbende und Tote Seite an Seite lagen, an jedem Abend die Omnibusse von Portici mit der Todesernte des Tages zum Cholerafriedhof hinauffuhren und jede Nacht mehr als tausend Tote ein großes Choleragrab füllten".

Unermüdlich ging Munthe zu den „armen, halbtoten Geschöpfen, bei denen es aussah, als habe Menschenkunst hier nichts mehr zu verlieren". Er gab nicht auf, arbeitete Tag und Nacht in den Armenvierteln, nicht nur mit Medikamenten, sondern was ebenso wichtig war, er gab Trost und Hoffnung.

Seine einzige Entspannung war eine kleine Osteria, in der er zu nächtlicher Stunde seinen Stammplatz hatte, umsorgt von seinem Freund, dem Nachtkellner Cesare, der ihm auch ein leeres Zimmer in dem Haus, wo er wohnte, besorgt hatte. Die anfängliche Angst vor einer Infektion war angesichts des Elends überwunden. Nur die eigene Erkrankung konnte ihn von seiner selbstlosen Tat abhalten. Und eines Tages war es soweit. In einer Droschke war er zusammengebrochen: „Ich kam auch ganz ordentlich [mit Hilfe eines Polizisten – W. G.] nach Hause, aber was dann geschah, weiß ich gar nicht mehr." Cesare hatte sich des Freundes angenommen, den Bewußtlosen die Treppe hinauf getragen und ihn, so weit es in seinen Kräften stand, versorgt. Munthe war sich über seinen Zustand nicht im klaren: „Meine Krankheit wollte sich nicht zu einer ordentlichen Cholera entwickeln, ich lag die ganze Nacht und wartete auf einige wohlbekannte Symptome, die immer noch fehlten. Am nächsten Tag ging es mir besser, aber ich hatte keine Ruhe, an mich selbst zu denken ..."

Wie hatte der Tod seinen Weg nach Neapel gefunden? Ursprungsgebiet der Cholera waren die Niederungen des Ganges und Brahmaputra in Vorderindien. Bis zum Jahre 1817 hatte sich die Seuche im wesentlichen auf diesen Raum beschränkt, begann sich aber nun über ihr endemisches Gebiet auszuweiten und nahm den Charakter einer Weltseuche an.

Der Choleraausbruch von Neapel erfolgte 1884 während der vierten großen Pandemie, die ihren Weg über Persien und Arabien nach Europa genommen hatte. Drei Wanderzüge waren ihr vorangegangen:

Während sich die erste Ausbreitung des Seuchengebietes von 1817 bis 1823 noch auf Asien beschränkte, gelangte die erste große Pandemie (1826 bis 1838) weiter nach Westen und hatte nach ihrem Todeszug in Nordafrika den größten Teil Europas und schließlich auch Nord- und Mittelamerika heimgesucht. 20 Millionen Tote waren ihre Schreckensbilanz.

Über die Ursachen der Geißel war man sich noch nicht im klaren, doch es zeigte sich, daß sie offensichtlich über den Land- oder Seeverkehr eingeschleppt worden sein mußte. Stets hatte sie in Hafenstädten ihren Anfang genommen und war von hier ins Landesinnere oder mit Schiffen in andere Gebiete übertragen worden. Hingegen waren Inseln, vor denen kein Choleraschiff geankert hatte, von der Seuche verschont geblieben.

Der zweite, 1840 bis 1862 anhaltende Seuchenzug war über Rußland nach Westeuropa gelangt. Er forderte allein in Frankreich 150 000 Opfer.

Kurz nach dem Abklingen der Epidemie setzte 1863 die nächste verheerende Welle ein. Ihre Schrecken wurden durch die Entwicklung von Dampfschiffahrt und Eisenbahn noch vergrößert. Innerhalb weniger Wochen waren die Häfen Südeuropas und bald darauf auch die Binnenländer verseucht. Für Deutschland war das Jahr 1866 verheerend. Allein in Preußen waren 115 000 Opfer zu beklagen.

1883 hatte, von Bombay ausgehend, die Cholera ihren vierten großen Seuchenzug nach Arabien, Kleinasien und Ägypten begonnen. Es war die Zeit der Pilgerzüge zu den heiligen Stätten von Mekka und Medina, mit denen die Infektion übertragen wurde.

Die Schreckensnachricht vom Ausbruch der Seuche in Ägypten, an der allein in Kairo täglich 500 Menschen starben, erreichte Europa Ende Juni. Das Entsetzen der erst 1875 abgeklungenen Heimsuchung war noch in frischer Erinnerung. Was war zu tun, um ein erneutes Übergreifen nach Europa zu verhindern? Alle bisherigen Abwehrmaßnahmen wie Sperren und Quarantänedirektiven hatten sich als unwirksam erwiesen.

Noch waren alle entscheidenden Fragen offen, wetteiferten die verschiedensten Erklärungsversuche miteinander. Während die Miasmatiker die Infektionen einem aus Asien einströmenden giftigen Lufthauch, dem „Genius epidemicus", zuschrieben, sahen die Kontagonisten die Ursache der Ansteckung in dem direkten oder indirekten Kontakt von Mensch zu Mensch, wobei der Ansteckungsstoff, das „Contagium" übertragen würde. Nach einer weiteren, von Max von Pettenkofer (1818–1901) begründeten Hypothese stand die Erkrankung im unmittelbaren Zusammenhang mit den Grundwasserschwankungen.

Abgesehen von dem unbekannten Infektionsträger war noch ungeklärt, in welchem Körperteil des Kranken sich der Giftstoff befand und wie er seinen tödlichen Weg durch den Organismus nahm.

Die Seuche wirksam zu bekämpfen, setzte die wissenschaftliche Klärung all dieser Fragen voraus. Anstatt angesichts der die Menschheit bedrohenden tödlichen Gefahr die Kräfte und Möglichkeiten zum gemeinsamen Kampf gegen die Seuche zu koordinieren und eine internationale Expertenkommission zu entsenden, entbrannte ein von den Regierungen aus nationalistischem Prestigedenken entfachter unfruchtbarer Konkurrenzkampf. So entsandten unabhängig voneinander England, Frankreich, Italien und Deutschland Expeditionen in das Gefahrengebiet.

Am 16. August 1883 hatte sich die von Robert Koch geleitete Gruppe nach Alexandrien begeben. Ihr gelang der Nachweis eines kommaförmigen Bakteriums im Darm der Choleraleichen. Da die Epidemie zur Zeit der Untersuchungen in Ägypten bereits im Abklingen war, verfolgte man die Krankheit bis zu ihrem Ursprungsherd nach Indien. Am 2. Februar 1884 kam aus Kalkutta die Bestätigung, daß die bereits am 17. September aufgefundenen Erreger „ausschließlich der Cholera angehörige Parasiten sind".

Der Mörder war jetzt bekannt. Doch erst in erbitterten Auseinandersetzungen konnte sich die fundamentale Entdeckung Robert Kochs durchsetzen; sie konnte ihre Anwendung und praktische Bewährungsprobe erst während der 1892 einsetzenden nächsten Epidemie finden. Zu spät für die Tausende Opfer Neapels, die trotz des heroischen Einsatzes vieler Helfer, so

3 <u>Fischn</u>   ABZ 36/79 S,3 +5

auch Axel Munthes, noch nach der Entdeckung des Erregers 1884 den Choleratod fanden.

Robert Koch hatte sich nicht mit dem Nachweis von Erreger und Infektionsweg zufriedengegeben. Sein Hauptziel war das Heilen der Erkrankten und die Vernichtung der Krankheit selbst. Dabei wurde ihm die besondere Bedeutung der sozialen Verhältnisse und der Lebensbedingungen als Faktoren der Seuchenverbreitung bewußt. Insbesondere trugen fehlende Kanalisation und bakterienhaltiges Trinkwasser zu der grassierenden Seuche bei.

Alle von ihm gebrandmarkten Mißstände trafen auch auf die Verhältnisse in den Slums von Neapel zu. Schlimmer noch, hier konnte sich die Seuche unter den auf engstem Raum zusammengepferchten Menschen wie ein Flächenbrand ausbreiten. Die Zahl der Toten wurde wohl nie ermittelt. Munthe zählte innerhalb einer Stunde 83 auf einem Friedhof. Die Eindrücke des Schreckens fanden ihren Niederschlag in seinen zunächst in Schweden veröffentlichten „Briefen aus Neapel".

All das mit den Augen eines Enthusiasten Geschilderte trifft zu. Nur von einem distanzierte er sich später, von der prahlerischen Behauptung, er habe keine Furcht gekannt: „Ich hatte die Stirn zu schreiben, ich hätte keine Angst vor der Cholera, keine Angst vor dem Tode gehabt. Das war eine Lüge. Ich hatte grauenhafte Angst vor beiden – von Anfang bis zu Ende."

Die Schwedin Mathilde Cederlund, die später mit ihrer Familie in Italien weilte und sich mit Axel Munthe traf, schildert das hohe Ansehen, das sich der junge Arzt bei der italienischen Bevölkerung erworben hatte: „Es genügt zu sagen, daß er ein ungewöhnlicher Mensch ist, was sowohl das Herz wie den Charakter betrifft, ästhetisch gebildet wie wenige und dabei im besten Sinne des Wortes ein Naturmensch. Man konnte stolz sein, zu seinen Landsleuten zu gehören ... Alle umarmten ihn, Greise, alte Mütterchen, junge Leute und Kinder, alle waren glücklich, ihn wiederzusehen – sowohl prominente Leute wie die arme Bevölkerung. Ja, es war rührend; so einfach und anspruchslos war er dabei, eben weil auch er sie liebte."

Mit erheblicher Verspätung war Axel Munthe nach Paris zurückgekehrt. Er mußte befürchten, daß eine Reihe seiner Patienten, die er an die Praxis seines Freundes Norström in der
Rue Pigalle verwiesen hatte, nun auch bei diesem bleiben
würde. Das Wechseln von einigen hätte sowohl seiner inzwischen stark beanspruchten als auch der an „Schwindsucht" leidenden Praxis Norströms ganz gut getan, doch sie kamen alle
wieder zu ihm zurück. Noch ärgerlicher war es, daß Munthe zunehmend auch von den Patienten des Freundes zu Konsultationen gerufen wurde. Was war das Geheimnis seines Erfolges?
War er ein besserer Arzt? Munthe glaubte es nicht, denn Norström hatte ihn nicht nur aus so mancher Verlegenheit geholfen
fen, wenn er sich anfangs zu weit in chirurgische Gefilde gewagt hatte; Norström verfügte vor allem auch über weitaus
größere Erfahrungen. Doch er konnte sich nicht auf die individuellen Belange seiner Patienten – besonders der Patientinnen,
einstellen, ein Gebot, das Munthe geradezu virtuos in allen nur
denkbaren Variationen zu berücksichtigen wußte. –
So war er nicht nur in der englischen und amerikanischen
Kolonie sowie bei den Franzosen ein gesuchter Arzt geworden,
mehr und mehr kamen auch seine schwedischen Landsleute,
zunächst eine Domäne von Norström, in seine Praxis.
Nach wie vor versäumte er es nicht, seine Freunde, die über
1 000 skandinavischen Arbeiter in Pantin und La Vilette aufzusuchen und natürlich die Künstlerkolonie in Montmartre und
Montparnasse, wo nur schwer ein zahlender Patient anzutreffen
war.
So harmonisch die Beziehungen zu seinen Patienten waren,
so sehr stand er mit seiner Haushälterin Mamsell Agata auf
Kriegsfuß. Sie war der Schrecken des Hauses, das fest in ihrer
Hand war. „Leise und rastlos wie eine Schleichkatze bewegte
sie sich den ganzen Tag von Zimmer zu Zimmer, ein Staub-
tuch in der Hand, auf der Suche nach Dingen zum Abstau-
ben ..." Die einzige Zufluchtsstätte, in der er sich vor ihr einigermaßen sicher fühlen konnte, war das Schlafzimmer.
Munthe hatte Agata Swenson von seinem älteren Bruder als
„einmalige Haushälterin" empfohlen bekommen. Und er hatte
nicht gelogen. Einmalig war sie. – Um ihr Gerechtigkeit wider-

fahren zu lassen, kochen konnte sie vorzüglich. Munthe versuchte, diesen Umstand zu nutzen, um sie wieder los zu werden. Er lud alle möglichen unverheirateten Freunde und Bekannten ein, um mit den unübertrefflichen Speisen ihren Neid zu erregen. „Selbstlos" war er bereit, ihnen seine „Perle" zu überlassen: „Sie waren alle Feuer und Flamme und wünschten sie zu sehen. Damit war dann der Fall erledigt. Sie wünschten niemals, sie ein zweites Mal zu sehen, wenn sie es vermeiden konnten. Eine genaue Beschreibung von ihr zu machen, geht über meine Kraft." Mamsell Agata, die auch vor Munthes Heiligtum, dem Schreibtisch, nicht haltmachte, verließ das Haus zu seinem Leidwesen fast nie, nur sonntags, wenn sie in die schwedische Kirche ging „und zu dem Gott der Rache betete".

Munthe bemühte sich, möglichst wenig zu Hause zu sein. Früh um sieben brachte ihm die Scheuerfrau Rosalie, seine „Waffengefährtin" und rettender Engel, Frühstück und Morgenzeitung. Eine halbe Stunde später suchte er das Weite. Als großer Tierfreund nahm er auch seinen Hund Tom, für den Agata ebenfalls ein Greuel war, mit zu den Patientenbesuchen. Wohl oder übel mußte er um 14 Uhr wieder zu Hause sein, denn: „Sprechstunde von 2 bis 3".

Mit dem letzten Patienten verschwand Munthe wieder „und kam", so gesteht er, „erst am späten Abend heimlich wie ein Dieb in mein Schlafzimmer geschlichen."

Arzt oder Geschäftsmann?

Den Humanisten Munthe belasteten die Existenzbedingungen, denen er ausgeliefert war. Die Zwiespältigkeit seiner sozialen Lage als frei praktizierender Arzt zeigte sich darin, daß er einerseits, um existieren zu können, seine Arbeitskraft praktisch unter den ökonomischen Bedingungen des einfachen Warenproduzenten verkaufen mußte, während er durch seine erhoffte Position im öffentlichen Leben die Stellung der Bourgeoisie anstrebte; zugleich aber auch den Besitzlosen, das heißt Zahlungsunfähigen Hilfe leistete.

Die in der Praxis notwendigerweise kommerzialisierten Arzt-Patient-Beziehungen versuchte er, soweit es ihm möglich war, durch persönliche Opfer und Hilfsbereitschaft für die Armen zu kompensieren. Er schrieb sich diesen Zwiespalt zwischen Arzt und unter ökonomischen Zwängen stehendem „Geschäftsmann" von der Seele. Das Schlimmste und für ihn Erniedrigendste war es, seine Leistungen in Rechnung zu stellen: „... was Rechnungen beträfe, so hätte ich nie welche versandt und würde es auch nicht tun. Unser Beruf sei kein Geschäft, sondern eine Kunst. Dieser Handel mit dem Leiden scheine mir erniedrigend."

Er schlug vor, „Ärzte sollten vom Staate bezahlt werden, gut bezahlt, wie in England die Richter. Diejenigen, denen das nicht paßte, sollten doch den Beruf aufgeben und an die Börse gehen oder einen Laden aufmachen. Ärzte sollten wie Weise einhergehen, von allen verehrt und beschützt. Es müsse ihnen freistehen, soviel sie wollten, von reichen Patienten zu nehmen für die Armen und für sich selbst, aber sie sollten sich nicht ihre Visiten bezahlen lassen und Rechnungen schreiben. ‚Wie hoch soll eine Mutter den Preis für das Leben ihres Kindes schätzen, das du gerettet hast? Welches ist der angemessene Lohn dafür, daß man die Todesfurcht aus einem schreckerstarrten Augenpaar bannt durch ein tröstliches Wort oder durch bloße Berührung mit der Hand? Wieviel Francs sollst du berechnen für jeden Augenblick des Todeskampfes, den deine Morphiumspritze dem Henker abgerungen hat? Wie lange noch sollen wir der leidenden Menschheit all die teuren Markenpräparate und Heilmittel aufdrängen, die zwar moderne Namen tragen, aber mittelalterlichem Aberglauben entstammen? Wir wissen genau, daß die wirksamen Mittel an den Fingern zu zählen sind, und daß Mutter Natur sie uns zu geringem Preise überläßt ... Warum gibt der Staat tausendmal mehr Geld aus, um die Kunst des Tötens zu lehren als die des Heilens? Warum bauen wir nicht mehr Hospitäler und weniger Kirchen? Du kannst überall zu Gott beten, aber du kannst nicht in der Gosse operieren! ...‘"

Von dem unwürdigen Verhalten der Mehrzahl seiner Kollegen war er bitter enttäuscht: „Alle schrieben genau wie die Schneider ihre Rechnungen und ergriffen mit Behagen den Louis d'or, den ihnen die Patienten in die Hand drückten. In vielen Sprechzimmern war es sogar Sitte, daß der Patient sein Geld auf den Tisch legte, ehe er den Mund auftat, um sein Leid zu klagen. Vor einer Operation war es feste Regel, daß die Hälfte der Summe vorausbezahlt wurde. Ich kenne einen Fall, wo der Patient aus der Narkose geweckt und die Operation verschoben wurde, um die Gültigkeit eines Schecks zu prüfen."

In seiner Kritik der sozialen Verhältnisse ging Axel Munthe über den medizinischen Bereich hinaus sehr weit: „Wir wissen doch alle, daß übermäßige Anhäufung von Wohlstand häufig nur geschickt verschleierter Diebstahl an der Armut ist. Ich bin noch nie einem Millionär im Gefängnis begegnet. Der Trick, so ziemlich aus allem Geld zu machen, ist eine besondere Begabung von recht zweifelhaftem moralischem Wert."

Sein Freund und Kollege Norström riet ihm, er „solle es aufstecken, die Gesellschaft zu reformieren" und besser bei der Medizin bleiben.

Der Idealist und Verfechter gerechter sozialer Verhältnisse ließ sich nicht zügeln. Im Gegenteil, in einer für das französische Volk diffizilen Zeit stand er auch politisch eindeutig auf Seiten des Fortschritts.

Vor welchem politischen Hintergrund vollzog sich das Wirken Axel Munthes? Als er zum Studium nach Paris kam, war erst reichlich ein Jahrzehnt seit der Niederschlagung der Pariser Kommune vergangen, deren Nachwirkungen er allerorts, vor allem aber im persönlichen Leben seiner Patienten noch immer spüren konnte. Der weiße Terror hatte den ersten Versuch einer proletarischen Revolution im Blute erstickt und sich mit brutaler Gewalt gerächt: Über 30 000 Ermordete, 40 000 Eingekerkerte und 7 500 auf die Pazifikinseln von Neukaledonien Deportierte waren die Schreckensbilanz. Unsicherheit und Angst bestimmten noch lange die politische Atmosphäre. Den in der Großbourgeoisie und weiten Teilen des Kleinbürgertums herrschenden Schrecken vor der „roten Kommune" nutzte die wiedererstarkende Reaktion zur Sammlung aller konservativen Kräfte. Widersprüche in ihrem Lager – die Legitimisten träumten noch immer von den Bourbonen, die Orleanisten von deren Nebenlinie und die Bonapartisten priesen die Ära Napoleons I. – schwächten ihre Angriffskraft, die jedoch ausreichte, um den an der Spitze der Regierung stehenden großbürgerlichen Historiker und Politiker Adolphe Thiers (1797–1877) – Verfechter einer Republik möglichst ohne Republikaner – zu stürzen und mit der Präsidentenwahl

des senilen Marschalls Mac-Mahon (1808–1893) einen Steig-
bügelhalter für ihren bourbonischen Kronprätendenten Graf
Chambord zu installieren.

Doch ihr Siegestaumel war verfrüht. Die akut gewordene
monarchistische Gefahr aktivierte Gegenkräfte: die französischen Arbeiter, Intellektuellen, Kleinbürger und große Teile
der Bourgeoisie, auch wenn diese sich, getragen von einer kon-
servativ-republikanischen Haltung, der Koalition nur aus
Furcht vor dem destabilisierenden oder gar revolutionierenden
Risiko einer Monarchie anschlossen.

Das Ergebnis der parlamentarischen Auseinandersetzung der
divergierenden Kräfte war hauchdünn und kennzeichnet die
Labilität der politischen Lage. Mit nur einer Stimme Mehrheit
(353:352) wurden am 30. Januar 1875 die verfassungsgebenden
Gesetze der Dritten Republik in der Nationalversammlung ge-
billigt.

Die Republik war gerettet, die Zahl derer, die um eine Vertiefung und Erweiterung der Demokratie rangen, jedoch weitaus kleiner als die der Kreise, die ihre monarchistische Konspi-
ration fortsetzten.

Der steile Wirtschaftsaufschwung Mitte der siebziger Jahre
und damit auch das Wiedererstarken der 1871 praktisch ausge-
bluteten Arbeiterbewegung veränderten die Situation. Geführt
von Leon Gambetta (1838–1882) konnte unter der Losung
„Der Klerikalismus – das ist die Gefahr" die Bürgerrepublik
konsolidiert werden. Unter dem Druck von Millionen Franzosen wurden nicht nur Gesetze zur Begrenzung des klerikalen
Einflusses erlassen, sondern von 1880 bis 1885 auch ein ganzes
System von Reformen durchgesetzt. Dazu zählten neben der
Erweiterung der Presse- und Versammlungsfreiheit sowie der
Legalisierung der verbotenen Gewerkschaften auch eine Gene-
ralamnestie für die Kommunarden und die Begrenzung der
Frauen- und Kinderarbeit.

Dr. med. Clemenceau

Ganz in der Nähe von Axel Munthes Armenpraxis auf dem
Montmartre ging ein weltbekannter Kollege seiner Tätigkeit
nach. Georges Benjamin Clemenceau (1841–1929) hatte im

Kampf um den Ausbau der bürgerlichen Demokratie als Führer der kleinbürgerlich-radikalen Fraktion des Republikanismus wesentlichen Anteil.

Seit Generationen hatten sich die Clemenceaus dem Arztberuf gewidmet. Besonders Benjamin Clemenceau, der Vater des späteren Politikers, hat als Armenarzt nachhaltig die politische und soziale Grundhaltung seines Sohnes geprägt. Dieser hatte als Wortführer einer neojakobinischen Gruppe während des Medizinstudiums gegen Bonapartismus und Halbheiten des bürgerlichen Liberalismus gekämpft. Nach einem vierjährigen USA-Aufenthalt zurückgekehrt, entschied er die Frage: Arzt oder Politiker mit der klaren Antwort: Arzt und Politiker.

Seine auf dem Montmartre eröffnete Praxis bot den Armen, die ihn zum Bürgermeister des XVIII. Arrondissements wählten, ärztliche und politische Hilfe. Während der schweren Zeit der deutsch-preußischen Belagerung festigte Clemenceau mit der Organisation der Lebensmittelversorgung, medizinischen Betreuung und gemeinsam mit der Revolutionärin Louise Michel (1833–1905) auch des weltlichen Schulunterrichts sein Vertrauensverhältnis zu den Werktätigen.

Mit Engagement setzte er sich für die junge bürgerliche Republik, für sein bedrohtes Vaterland ein und rief seine Mitbürger zur Tat: „Bürger ... der Feind steht vor den Türen der Stadt ... Jeder kennt seine Pflicht. Wir sind Kinder der Revolution. Lassen wir uns vom Beispiel unserer Väter des Jahres 1792 inspirieren, und wir werden siegen! Es lebe Frankreich! Es lebe die Republik!"

Das Wesen der am 18. März 1871 errichteten Pariser Kommune, die er als eine von den Umständen bedingte Meuterei ansah, vermochte er nicht zu erkennen. Seine Vermittlungsversuche zwischen dem revolutionären Paris und der geflohenen reaktionären bürgerlichen Regierung, die ihn als Verräter brandmarkte, geschahen aus bestem Willen. Für das revolutionäre Paris aber war der Kompromißler ein politischer Unsicherheitsfaktor; es bereitete ihm am 26. April 1871 bei den Wahlen zur Kommune eine deutliche Niederlage, und er mußte das Rathaus verlassen.

Seiner radikalbürgerlichen Position treu bleibend, gründete er am 4. April 1871 die „Liga der Republikanischen Union für die Rechte von Paris". Grund genug, um von den Konterrevolutionären als „roter Lump und besonders gefährlicher Rädelsführer" auf die Exekutionsliste gesetzt zu werden.

Als Clemenceau im Sommer 1871 aus der heimatlichen Vendée nach Paris zurückkehrte, war die schlimmste Terrorwelle verebbt, und er konnte zu den Kommunalwahlen am 23. Juli 1871 wieder in seinem alten Stadtbezirk kandidieren. Erneut zum Bürgermeister und gleichzeitig zum Mitglied des Stadtrates von Paris (zu dessen Präsidenten er schließlich avancierte) gewählt, begann eine neue Etappe seines kommunalpolitischen und politischen Wirkens als radikaler Republikaner.

Für die Arztpraxis auf dem Montmartre fand er allerdings nur noch am Wochenende Zeit. Seine unentgeltliche Hilfe betrachtete er als Dienst für die Notleidenden, denen er neben der ärztlichen auch vielerlei soziale Unterstützung angedeihen ließ. Zugleich war der ständige Kontakt mit den Patienten für den Politiker Clemenceau eine unentbehrliche Möglichkeit der Information und politischen Meinungsbildung.

Noch während der ärztlichen Praxis Axel Munthes wirkte sein berühmter Kollege ganz in seiner Nähe. Leider waren persönliche Kontakte, die es zweifellos nicht zuletzt auch wegen weitgehender politischer Übereinstimmung gegeben haben muß, bisher nicht nachweisbar. Gegen Ende des Jahrhunderts stellte Clemenceau seine immer spontaner werdende ärztliche Tätigkeit schließlich ein, da die politischen Anforderungen zu groß geworden waren.

Mitte der 80er Jahre spitzten sich die innenpolitischen Widersprüche zu. In der vom Parteihader der rechtsbürgerlichen Opportunisten und linksbürgerlichen Radikalen erschütterten 3. Republik wechselten die Kabinette in schneller Folge, bot die Instabilität der Lage den monarchistischen klerikalen Rechten erneut günstigen Nährboden. Deutliches Alarmzeichen für das Wiedererstarken der Monarchisten waren die Herbstwahlen 1885, in denen sie ihre Sitze auf 200 verdoppeln konnten.

Personifizierung des gefahrdrohenden Rechtsruckes war der von den im Hintergrund bleibenden Monarchisten gelenkte eitel-ehrgeizige Diktaturaspirant Georges Boulanger (1837 bis 1891).

Axel Munthe, der zu dieser Zeit als eine Art Pariser Korrespondent für das Stockholmer „Aftonbladet" tätig ist, prangert die Gefahren des monarchistischen Chauvinismus an. „Mehr denn je glaube ich an ein großes republikanisches Frankreich", klingt sein Beitrag aus. Dieser Optimismus konnte sich auf den wachsenden Widerstand der Arbeiterklasse gegen den Boulangismus stützten. Die Arbeiter, geführt von den bürgerlichen Radikalen, waren zur Verteidigung der Republik bereit. Der drohende Staatsstreichversuch zur Errichtung einer Militärdiktatur konnte abgewendet werden. Boulanger nahm sich mit theatralischer Geste am Grabe seiner Geliebten das Leben, und seine royalistischen Hintermänner zogen es vor, sich mit dem Großbürgertum zu arrangieren.

Begeisterter Alpinist

Der zunehmende Patientenschwund seines Freundes war offensichtlich nur noch mit List einzudämmen. Axel Munthe wußte Rat. Zu Norströms „besonderen Kennzeichen" zählten „ein Paar Handballen von der Größe von Apfelsinen". Sie hatten sich während seiner früheren mehrjährigen Massagetätigkeit in Schweden gebildet, die beste Reklame für einen „Massagespezialisten". Es bedurfte nur weniger Hinweise, und die Massagesüchtigen kamen in Scharen. Norström knetete sie von früh bis spät und mußte bald auch die Sonnabende einbeziehen, um die steigende Nachfrage zu bewältigen.

Doch auch er sorgte sich um den Freund. Seine Befürchtungen aber hatten andere Ursachen. Schlechte Laune und überhöhte Reizbarkeit waren deutliche Zeichen von Überarbeitung. Munthe erklärt: „Ich hatte in diesem langen, heißen Sommer schwer gearbeitet, ohne einen Ruhetag, bei qualvoller Schlaflosigkeit und der sie so häufig begleitenden Gefährtin, der Schwermut." Norström drängte ihn, sich zu entspannen. Nichts war dafür besser geeignet als die Abgeschiedenheit der Bergwelt.

Munthe war ein begeisterter Alpinist und auch Mitglied des Alpenvereins. Vor allem zwei Berge ließen sein Herz höher schlagen: der Montblanc und das Matterhorn. Mit den Utensilien eines zünftigen Bergsteigers versehen, begab sich Munthe nach Zermatt, dem Ausgangspunkt zu seinem „Zauberberg". Nicht gerade bescheiden meinte er: „Ich begann dort, wo die meisten Kletterer enden, mit dem Matterhorn."

Wie den meisten Großstädtern, die hier einen natürlichen Ausgleich zu ihrer hektischen Lebensweise suchten, ging es ihm weniger um alpine Höchstleistungen (wenn er in seinen Artikeln über die Bergtouren auch den Anschein erwecken wollte), als vielmehr um Erholung und das Erlebnis der Bergwelt.

Lange Zeit war die Felspyramide, deren Schönheit alljährlich viele anlockte, unbesiegt geblieben. Die gefürchteten steilen Wände galten als uneinnehmbar. Angeregt durch den 1857 gegründeten Londoner Alpinen Klub, wurden systematisch nahezu alle Gipfel erobert – das Matterhorn aber wurde nicht überwunden.

Dann kam jener denkwürdige 14. Juli 1865, an dem der Engländer Edward Whymper in seinem 9. Besteigungsversuch mit einer bunt zusammengestellten Seilschaft im Wettlauf gegen den Italiener Jean-Antoine Carrel den Gipfel erreichte. Dem Triumph folgte die Tragödie des Abstiegs, bei dem vier Männer den Tod fanden.

Axel Munthe kannte die Katastrophe, der bei dem Versuch, neue Routen zu erschließen, noch manch andere gefolgt waren, ganz genau. Doch im tobenden Schneesturm versuchte er selbst sein Glück. Der Bergriese schleuderte dem Wagemutigen eine mächtige Lawine entgegen, die „eine Kathedrale zerschmettert hätte". In weniger als zwanzig Schritt Entfernung raste sie an ihm vorüber in die Tiefe.

Wenige Tage später, an seinem Geburtstag, dem 31. Oktober, lockte als neues Ziel der Montblanc. Munthe war sich der Gefahr bewußt: „Die Besteigung des Montblanc ist im Winter und im Sommer verhältnismäßig leicht. [Diese wohl allzu kühne Behauptung sei dahingestellt – W. G.] Niemand, außer einem Narren, versucht den Aufstieg im Herbst, ehe noch Tagessonne und Nachtfröste Zeit gehabt haben, den Neuschnee an den Berghalden festzukitten. Der Alpenkönig schützt sich gegen Zudringliche durch Lawinen aus Neuschnee wie das Schreckhorn durch sein Sperrfeuer aus Steinschlag."

Ausgerechnet zu dieser Zeit nahm Munthe, begleitet von zwei Führern, den mächtigen Eisberg in Angriff. Wie die meisten Bergsteiger wählte er die von Chamonix erreichbare Nordflanke. Von hier aus hatten am 8. August 1786 auch die beiden Erstbesteiger Jacques Balmat und Michel Gabriel Paccard den Aufstieg versucht. Ein Jahrhundert nach diesem Ereignis waren bereits 3 000 Bergsteiger (davon über die Hälfte mit Erfolg) dem weißen Riesen zu Leibe gegangen. Seit 1880 ermöglichte ihnen das erste Hotel dafür gute Startbedingungen.

Wie kein anderes Terrain bietet die Montblanc-Gruppe auf verhältnismäßig engem Raum eine Vielzahl von Routen unterschiedlichster Schwierigkeitsgrade in Fels und Eis.

Die Faszination der Bergwelt war auch für Axel Munthe eine Herausforderung und verführte ihn zu leichtsinnigem Draufgängertum. Er unterschätzte den „König der Berge": „Es gab eine Zeit, da war er hart und grausam, doch in seinen alten Tagen ist er milde geworden. Wie ein ehrwürdiger Patriarch sitzt er dort, der greise, weißgelockte Carolus Magnus, und hält in stiller Majestät Umschau über seine drei Reiche. Gutmütig läßt er die Menschenzwerge seine marmorblanken Schloßtreppen erklimmen, mit königlicher Gastfreiheit gestattet er ihnen, die eisschimmernde Burg zu besichtigen."

Die „Gastfreundschaft" hatte jedoch Grenzen. Einer der Begleiter zeigte erschrocken mit dem Eispickel auf ein überhängendes gewaltiges Schneefeld. Kaum hatte er seine Kameraden gewarnt, löste sich mit dröhnendem Getöse eine Lawine, die sie erfaßte und „in rasenden Wirbeln den Hang hinunterschleuderte".

Axel Munthe erinnert sich nur sehr unklar an das Verhängnis: „... da brach es wie Donner über unsern Häuptern los, die Erde barst unter unseren Füßen, und ich stürzte kopfüber in die Unterwelt. Alles wurde still, und Todeskälte senkte sich über mich."

Der Selbsterhaltungstrieb rüttelte den in seinem unterirdischen Gefängnis Verschütteten wach: „Mit verzweifelter Anstrengung begann ich mich von der Schneelast zu befreien, unter der ich begraben lag. Um mich her sah ich leuchtendblaue Eiswände, über mir sah ich das Tageslicht durch den Spalt der Schlucht, in die mich die Lawine geschleudert hatte ...

Nun fühlte ich auf einmal meine Finger um den Eispickel greifen, fühlte das Seil um meinen Leib. Das Seil! Wo waren meine beiden Gefährten? Ich zog das Seil heran, so rasch ich konnte, es gab einen kurzen Ruck, und der schwarze bärtige Kopf Boissons tauchte aus dem Schnee auf. Tief ächzend holte er Atem, griff sofort nach dem Seil an seinem Gürtel und zerrte seinen halbbetäubten Gefährten aus seinem Grabe."

Mit dem Eispickel schlug er Schritt für Schritt einen Weg aus der Gletscherspalte auf eine schmale Eisbrücke und zog Munthe sowie den anderen Begleiter herauf. Vorsichtig und langsam glitten sie vorwärts. Der frische Schnee verdeckte weitere Spalten, die ihnen zum Verhängnis werden konnten: „Daß wir nach Mitternacht die Hütte erreichten, erklärte Boisson für ein noch größeres Wunder, als daß wir der Gletscherspalte entronnen waren. Die Hütte war fast ganz unterm Schnee verweht, wir mußten ein Loch ins Dach schlagen, um hineinzugelangen."

Boisson schnitt Munthes schwere Bergstiefel auf und rieb die erfrorenen Füße mit Schnee ab. Die Rettungsmannschaft aus Chamonix, die sich zur Bergung der Leichen der Verunglückten aufgemacht hatte, fand die Gesuchten schlafend auf dem Boden der Herberge. Schon am anderen Tage wurde Munthe auf einem Heuwagen nach Genf gebracht und in den Nachtzug nach Paris verfrachtet.

„Professor Tillaux war beim Händewaschen zwischen zwei Operationen, als ich am andern Morgen im Hôtel Dieu in den Operationssaal wankte. Als man die Watteverbände von meinen Beinen wickelte, starrte er auf meine Füße, und das tat auch ich. Sie waren so schwarz wie bei einem Neger."

Die Meldung von der „wunderbaren Rettung eines Fremden, der mit seinen beiden Führern beim Abstieg vom Montblanc von einer Lawine erfaßt worden war", hatte Tillaux bereits im Figaro gelesen, ohne zu ahnen, daß dieser „Verrückte" einer seiner Schüler war, der sich jetzt seiner chirurgischen Kunst anvertraute. Sofort wurde Munthe sorgfältig untersucht. Er wußte nur allzu gut die Zeichen zu deuten: „Ich war bestimmt sein schlechtester Schüler, aber so viel Chirurgie hatte er mir doch beigebracht, daß ich begriff, daß er amputieren wollte."

Zum Glück ging die Gefahr vorüber. Schon eine Woche später lag Axel Munthe wieder auf seinem Sofa in der Avenue de Villiers. Sechs Wochen mußte er fest liegen. Einen weiteren Monat humpelte er an zwei Stöcken, dann war alles überstanden. Über seine dramatischen Erlebnisse, die er später auch in dem „Buch von San Michele" und dem Erzählungsband „Seltsame Freunde" verarbeitete, berichtete er in seinen im Herbst 1890 erschienenen Artikeln „Schneesturm" und „Besteigung des Montblanc" in der schwedischen Tagespresse.

In der Avenue de Villiers füllte sich das Sprechzimmer, wurden Bitten um dringende Hausbesuche vorgetragen. Geduldig hörte sich Munthe die endlose Aufzählung eingebildeter und wirklicher Beschwerden an. Nicht wenige Patientinnen waren geradezu von der Zwangsidee der Unheilbarkeit ihrer Krankheit besessen.

Ein zur Schau gestellter motorischer Funktionsausfall konnte den bei Charcot in gute Schule gegangenen Munthe nicht täuschen. Es gab aber tatsächlich eine Anzahl psychischer Symptome, die sich körperlich äußerten. In sorgfältiger Differentialdiagnose bemühte er sich, den nervösen Ursprung der Beschwerden zu erkennen und den verkrampften Seelenzustand zu lösen. Die damit verbundene baldige Besserung wirkte zuweilen wie eine „übernatürliche" Heilung. So wurde der „Wunderdoktor" auch zu Konsultationen ins Ausland gerufen, wohin sein Ruhm vorausgeeilt war. Unter anderem zu einem bisher als „hoffnungslos" geltenden Fall nach London, wo Munthe vor den kritischen Augen der englischen Ärzte mit glücklicher Hand eine beeindruckende Demonstration seines Könnens bot: „Meine beiden Kollegen beobachteten mich mit einem Achselzucken ihrer breiten Schultern, als ich der Kranken meine Hand auf die Stirn legte und mit ruhiger Stimme sagte, sie brauche kein Morphium für diese Nacht, sie würde sowieso gut schlafen, sich schon am Morgen viel besser fühlen und, ehe ich am anderen Tage London verließe, aus aller Gefahr sein. Einige Minuten später schlief sie fest, während der Nacht fiel die Temperatur fast zu rasch für meinen Geschmack, der Puls wurde stetig, am Morgen lächelte sie mich an und sagte, es ginge viel besser."

Axel Munthe, der zuweilen als Hypnotiseur bezeichnet wurde, äußerte sich später zu dieser Behandlungsmethode: „Ich selbst war nie ein sogenannter Hypnotiseur, aber ein Nervenarzt, der häufig diese Waffe brauchen mußte, wenn andere Mittel sich als nutzlos erwiesen hatten, und ich habe oft wunderbare Erfolge mit dieser noch unverstandenen Heilmethode erzielt."

Hinsichtlich der Psychoanalyse war er sehr zurückhaltend: „Was die Psychoanalyse angeht, so möchte ich hier nicht darüber reden [im Buch von San Michele – W. G.]; persönlich halte ich nicht viel davon."

Manche zu Beginn seiner ärztlichen Praxis gestellten Diagnosen, wie „Überfütterung und Trägheit", die verständlicherweise wenig Beifall fanden, hatte er sich inzwischen durch bessere Menschenkenntnis und größere Erfahrungen abgewöhnt. Äußerst beliebt war hingegen die „Blinddarmentzündung", geradezu eine Modekrankheit seiner Pariser Zeit: „Was sie alle gern haben wollten, war Appendicitis. Nach Blinddarmentzündung war damals viel Nachfrage bei wohlhabenden Leuten, die sich nach einem passenden Leiden umsahen. Alle diese nervösen Damen hatten sie, wenn auch nicht im Unterleib, so doch im Kopf – und gediehen herrlich dabei, ebenso wie ihre ärztlichen Ratgeber."

Eine aus den USA kommende Schreckensnachricht, nach der die Chirurgen einen Feldzug gegen den Blinddarm eröffnet hatten und diesen ohne viel Federlesen einfach herausschnitten, brachte schlagartig die allgemeine Heilung.

Ein neues, vor dem Skalpell sicheres Leiden mußte erfunden werden, um „die allgemeine Nachfrage zu befriedigen." Die magische Diagnose war Colitis. „Colitis verbreitete sich wie ein Steppenbrand", die Zahl der Patienten wuchs von Tag zu Tag. Colitis-Spezialist und Modearzt Munthe hatte Eingang in die Pariser Gesellschaft gefunden. Die „elegante Welt" riß sich um ihn, lud ihn zu Diners, Festlichkeiten und zu Besuchen auf ihren Landsitzen und Schlössern ein. Als er bezüglich einer gewissen Gräfin Snoilsky auch noch ins Gerede kam, potenzierte sich die Aufmerksamkeit der Damen für den arrivierten gut aussehenden jungen Arzt.

Axel Munthe hatte reichlich Gelegenheit, das Leben eines „Modearztes" aus eigener Erfahrung kennenzulernen. Und er warnt: „Wenn ihr einem solchen begegnet, beobachtet ihn vorsichtig aus sicherer Entfernung, ehe ihr euch in seine Hände begebt. Er kann ein guter Arzt sein, aber in vielen Fällen ist er es nicht. Erstens ist er meist viel zu beschäftigt, um eure langen Berichte geduldig anzuhören. Zweitens wird er fast immer ein Snob, wenn er es nicht von Natur aus ist."

Selbst wenn er ein guter Arzt ist, würde er an der für seine Kategorie typischen „Berufskrankheit", dem „verhärteten Herzen", leiden: „Gleichgültig wird er werden wie die ganze vergnügungssüchtige Gesellschaft, in der er lebt, und fühllos für das Leiden anderer."

Munthe hatte bald die fachlichen, vor allem aber menschlichen Gefahren eines solchen unausgefüllten Modearztdaseins erkannt: „Ja, dachte ich, weit, weit weg von diesem erniedrigenden Leben voller Schwindel und Betrug, von all diesen verkünstelten Leuten ..."

Sein Leben schien gesichert, der Weg zu Luxus und Wohlstand vorprogrammiert, doch sein soziales Gewissen war wach geblieben: „Plötzlich fragte ich mich verwundert, warum gerade ich es sei, der einen so schönen warmen Pelz trug, während der Alte, der sich da vor mir her schleppte, bloß seinen dünnen, verschlissenen Rock hatte. Warum wartete ein Frühstück auf mich und nicht auf ihn? Warum sollte ich ein flammendes Feuer haben in meinem gemütlichen Zimmer, während der Alte den ganzen Tag die Straßen durchirren mußte, um nicht zu verhungern, bis er dann abends in das öde Loch schlich, wo er, wehrlos gegen die Kälte der Winternacht, für den nächsten Tag und seinen Kampf ums Brot ausruhte?"

Die Welt des Reichtums, ihre Oberflächlichkeit und Gefühllosigkeit stieß ihn ab: „Zu meinem Glück hatte ich auch andere Patienten. Sogar reichlich, und sie bewahrten mich davor, restlos zum Scharlatan zu werden."

Axel Munthe hatte seine Freunde und Patienten in den Armenvierteln nicht vergessen. „Herrlich ist der Sommer in Paris, wenn man zu dem ‚Paris qui s'amuse‘ [Paris, das sich amüsiert] gehört, aber wenn man zu dem ‚Paris qui travaille‘ [Paris, das arbeitet] gehört, sieht die Sache ganz anders aus." Im Villette-Viertel führte er einen erbitterten Kampf gegen den Typhus bei Hunderten skandinavischer Arbeiter, und im Quartier Montparnasse gegen die Diphtherie bei den zahllosen Kindern seiner italienischen Freunde, von denen keiner Geld für einen Arzt hatte. Wohl in jedem Hause wütete die gefährliche Kinderkrankheit, deren Erreger Friedrich Loeffler (1852–1915) kürzlich (1884) entdeckt hatte und gegen die der „Retter der Kinder", Emil von Behring (1854–1917), sieben Jahre später endlich ein Mittel fand. Jetzt aber rangen die Kinder unter schrecklichen Erstickungsanfällen noch mit dem Tode. Die Hospitäler waren überfüllt, doch „wäre auch ein Bett frei gewesen, für diese fremden Kinder Aufnahme zu erlangen, war so gut wie ausgeschlossen".

Unter schwersten Bedingungen kämpfte Axel Munthe, ungeachtet der eigenen Infektionsgefahr, gegen den drohenden Tod: „Wer als Arzt durch die Prüfung gegangen ist, eine Diphtherieseuche unter den Allerärmsten zu bekämpfen, ohne Desinfektionsmöglichkeiten für sich und andere, kann daran nicht ohne Grauen denken, mag er noch so abgehärtet sein." Stundenlang pinselte er den kleinen Patienten den Hals aus. Was aber konnte er noch tun, wenn die Luftwege versperrt waren und das Kind zu ersticken drohte? Konnte er, obwohl nicht gerade ein Experte auf chirurgischem Gebiet, den Luftröhrenschnitt wagen, „ohne auch nur einen Tisch, um das Kind darauf zu legen, auf diesem niedrigen Bett oder auf den Knien seiner Mutter, beim Licht dieser kümmerlichen Öllampe und mit keinem anderen Assistenten als einem Straßenfeger?" Er mußte es riskieren, es gab keine andere Rettung. Ergreifend die Dankbarkeit der Eltern, rührend ihre Fürsorge für die Kleinen. Hätten sie auch einen Krankenhausplatz erhalten, „die ganz arme Mutter, die weder lesen noch schreiben kann, weicht nie von der Seite ihres kranken Kindes ...".

Axel Munthe bekämpfte nicht nur die Krankheiten. Entschieden setzte er sich auch mit gewissenlosen Spekulanten auseinander, die sogar aus den in feuchte, dunklen Hinterhoflöchern hausenden Ärmsten der Armen noch Profit schlagen wollten.

Eindrucksvoll ist seine Beschreibung einer vom Elend gezeichneten Greisin: „Die arme Alte hatte Grund genug, den Kopf nicht hoch zu tragen. Das Leben hatte längst ihren Nakken unter das Joch der täglichen Mühsal gebeugt, ihre Augen konnten nicht drohen, sie hatten zu oft um Brot betteln müssen. Sie wußte nicht anzuklagen, sie war ungehört zu ewigem Unterdrücktsein verurteilt worden; sie verstand es nicht, Recht zu fordern, das ganze Leben hatte ihr Unrecht gegeben. Ihr Weg war durch Not und Dunkel gegangen, sie hatte so wenig vom Sonnenschein des Lebens gesehen, die Gedanken unter der gefurchten Stirn waren trübe."

Der Wert des Menschen wurde am Wert seiner Ware Arbeitskraft gemessen. Bestand kein Bedarf an Arbeitskräften oder war der Mensch nicht arbeitsfähig, so sank sein Wert gegen Null.

Um sich so teuer wie möglich verkaufen zu können, mußte man gesund sein. Das Motiv zur Gesunderhaltung war nicht mehr geprägt von den humanistischen Grundwerten über das Wesen des Menschen, wie sie das frühe bürgerliche Menschenbild ausgezeichnet hatten – es wurde bereits bestimmt von dem ökonomischen Zwang, erwerbsfähig zu bleiben oder wieder zu werden.

Erschöpft und todmüde kehrte Axel Munthe von seinen Visiten in eine völlig andere Welt zurück: „Während ich meine Tage in Villette und Montparnasse verbrachte, waren die Pariser eifrig beim Packen ihrer Koffer, um in ihre Schlösser oder Lieblingsseebäder zu fahren. Die Boulevards fielen den vergnügungssüchtigen Fremden anheim, die von allen Enden der zivilisierten und unzivilisierten Welt nach Paris strömten, um ihr überflüssiges Geld auszugeben. In meinem Sprechzimmer saßen viele von ihnen ..."

Leitbild Pasteur

Das wissenschaftliche Interesse Axel Munthes konzentrierte sich nicht allein auf die Psychiatrie. Während des Studiums hatte er in dem Laboratorium Louis Pasteurs (1822–1895) experimentell gearbeitet und war von der Persönlichkeit dieses hervorragenden Gelehrten so beeindruckt worden, daß er auch als junger Arzt die Arbeiten an Pasteurs Wirkungsstätte fortsetzte.

Der russische Mikrobiologe Ilja Iljitsch Metschnikow (1845–1916), der während seiner Reise 1887 eine erste Begegnung mit Pasteur hatte (er war später 28 Jahre am Pasteur Institut tätig), informiert über die mehr als bescheidenen Bedingungen, unter denen der große Gelehrte seine bahnbrechenden wissenschaftlichen Erfolge erzielte: „Als ich in ein kleines Laboratorium eintrat, das sich in einer Baracke im sogenannten Quartier Latin von Paris befand, die zur Durchführung von Tollwutschutzimpfungen schnell errichtet worden war, erblickte ich einen gebrechlichen alten Mann von kleinem Wuchs, dessen linke Körperhälfte semiparalysiert war. Er hatte durchdringende graue Augen, einen grauen Schnurr- und Backenbart und trug eine schwarze Kappe, die das kurzgeschnittene, stellenweise ergraute Haar bedeckte. Über dem Jackett war er mit einer weiten Pelerine bekleidet. Die krankhafte blasse Gesichtsfarbe und das müde Aussehen sagten mir, daß ich es mit einem Menschen zu tun habe, dem nur noch wenige Jahre zu leben geblieben waren."

Seit 1880 widmete sich Pasteur vor allem der Tollwutforschung, die auch Munthes besonderes Interesse fand. Pasteur hatte mit Untersuchungen zur Strukturchemie in der zweiten Hälfte der vierziger Jahre seinen Ruf begründet und bei der Erforschung des Gärungsprozesses nachgewiesen, daß die Gärung ein mit der Lebenstätigkeit von Mikroorganismen verbundener Prozeß ist. Seine Theorie der Gärung und Fäulnis, die bald auch Eingang in die Medizin fand, hatte als endgültige Widerlegung der Urzeugungshypothese, nach der Lebewesen aus nicht lebender Materie im spontanen Schöpfungsakt entstehen können, auch ausschlaggebende weltanschauliche Konsequenzen. Die Intensität seiner Arbeitskraft war 1868 durch einen schweren Schlaganfall, der eine teilweise Lähmung der linken Körperhälfte zur Folge hatte, stark beeinträchtigt worden. Mit der Ausdehnung seines Arbeitstages konnte Pasteur in einer ungeheuren Energieleistung die Behinderung mehr als ausgleichen und weitere bahnbrechende wissenschaftliche Erfolge erzielen. Dabei waren seine Forschungen, wie die Entwicklung eines Impfstoffes gegen die Hühnercholera (1880) und gegen den Milzbrand (1882), stets von einem engen Bezug zur Praxis gekennzeichnet.

In der Tollwutforschung ging Pasteur, seine bewährte Methode forsetzend, wiederum von der Suche nach dem Erreger aus. Die bisher unbekannte Infektionsursache ließ die Ärzte bei der Behandlung im dunklen tappen.

So widersprüchlich alle bisherigen Hypothesen auch waren, in der überwiegenden Mehrheit war man sich einig, daß der Speichel tollwütiger Tiere den pathogenen Stoff enthalten müsse, der durch den Biß übertragen würde.

Ohne den Erreger wissenschaftlich exakt nachgewiesen zu haben, entschloß sich Pasteur, wie bereits beim Milzbrandbazillus, die Mikrobe in ihrer Virulenz abzuschwächen, um mit ihr eine Immunität zu erzeugen. Eine Ende Mai 1884 auf seinen Wunsch gebildete Expertenkommission bestätigte in vollem Umfang seine tierexperimentellen Ergebnisse, und noch im gleichen Jahr konnte Pasteur auf dem internationalen Ärztekongreß in Kopenhagen seine Impferfolge bekanntgeben.

Der Zufall zwang ihn, die bisher ungelöste Grundfrage zu klären, ob auch Menschen durch das gleiche Impfverfahren geschützt werden könnten. Am 4. Juli 1885 wurde der neunjährige Schüler Joseph Meister von einem tollwütigen Hund gebissen. Der Landarzt erinnerte sich der aufsehenerregenden Versuche Pasteurs, und zwei Tage später bat die verzweifelte Mutter den Wissenschaftler, ihrem Sohn zu helfen. Pasteur konnte sich zunächst nicht zu dem Wagnis entschließen. Waren die Ergebnisse der Tierversuche auf den Menschen übertragbar? Doch welche Alternative bot sich? Würde er das Risiko nicht eingehen, war das Schicksal des Kindes, das stand fest, besiegelt. Um das Schreckliche abzuwenden, galt es unverzüglich zu handeln, da eine erfolgversprechende Behandlung der Infektion nur zu Beginn der Inkubationszeit möglich war.

Pasteur entschloß sich schweren Herzens, die Impfung durchzuführen, und nach einer Woche schrieb der überglückliche Forscher: „Alles geht gut, das Kind schläft gut, hat guten Appetit, und der Impfstoff wird von einem Tag auf den anderen verabreicht, ohne die geringste Spur zu hinterlassen ..."

Pasteurs Großtat fand weltweite Anerkennung. Der Neurologe Edme Felix Alfred Vulpian (1826–1887) erklärte im Namen der Ärzteschaft: „Die Tollwut, diese schreckliche Krankheit, an der bisher alle therapeutischen Versuche gescheitert sind, hat endlich ihr Heilmittel gefunden: Herr Pasteur, der auf diesem Gebiet keinen anderen Vorgänger gehabt als sich selbst, ist durch eine Reihe von jahrelang ohne Unterbrechung fortgesetzten Untersuchungen dazu gelangt, eine Behandlungsweise zu schaffen, mit deren Hilfe man die Entwicklung der Tollwut bei einem kurz vorher von einem tollwütigen Hund gebissenen Menschen mit Sicherheit verhindern kann."

Von tollwütigen Tieren Gebissene suchten in Pasteurs Laboratorium als einziger Stätte, wo ihnen geholfen werden konnte, Zuflucht. Besonders spektakulär war im Frühjahr 1886 die Hilfeleistung für 19 von einem tollwütigen Wolf angefallene Russen, die aus dem Rayon Smolensk nach Paris gereist waren. Fünf von ihnen waren jedoch in einem so schrecklichen Zustand, daß sie unverzüglich im Hôtel Dieu einer chirurgischen Behandlung unterzogen werden mußten. Axel Munthe, der an der Betreuung dieser Patienten beteiligt war, erinnert sich: „Sie wurden in einer besonderen Abteilung des Hôtel Dieu unterge-

bracht, unter der Obhut von Professor Tillaux, dem hervorra-
gendsten und humansten Pariser Arzt jener Zeit …

Das ganze Hospital war in Aufregung. Niemand wollte den
Flügel betreten, sogar die mutigen Schwestern flohen entsetzt.
Ich sehe noch das weiße Gesicht Pasteurs, wie er schweigend
von Bett zu Bett ging, den Blick auf die unglücklichen, ihrem
Geschick verfallenen Menschen gerichtet, unendliches Mitleid
in den Augen. Er sank in einen Stuhl, den Kopf zwischen den
Händen. Gewöhnt, ihn jeden Tag zu sehen, hatte ich bisher nie
bemerkt, wie krank und mitgenommen er aussah, obwohl mir
ein fast unmerkliches Zögern in seiner Sprache und eine ganz
leichte Unsicherheit seiner Hand schon verraten hatte, wie es
um ihn stand. Es waren die ersten warnenden Vorboten des Ge-
schickes, dem er bald darauf erliegen sollte."

Munthe nimmt hier Bezug auf den zweiten Schlaganfall, den
Pasteur im Oktober 1887 erlitt und der ihm trotz Besserung
nach langem Krankenlager nur noch unter großer Anstrengung
die Möglichkeit gab, stundenweise an seiner Wirkungsstätte tätig zu sein.

Von den schwer verletzten russischen Patienten waren nach
der Erstimpfung drei gestorben, Anlaß für die ewig Gestrigen,
gegen Pasteur zu polemisieren, noch schlimmer aber Ursache,
um bei dem von Krankheit gezeichneten Wissenschaftler erneut Zweifel in sein Werk zu wecken. Doch es gab kein Zurück
mehr, kein Ausweichen. Die Impfaktion wurde fortgesetzt und
16 Russen gerettet, die – wieder außer Lebensgefahr – in ihre
Heimat zurückkehrten. Der Humanist Pasteur hatte seinen
größten Erfolg erlebt.

Ihm folgten hohe Anerkennungen, vor allem aber auch
materielle Hilfe. Der Zar, der Pasteur das Großkreuz des russischen Sankt-Annen-Ordens in Brillanten verlieh, stellte
100 000 Francs zur Verfügung, der Grundstein für eine internationale Spendenaktion zur Gründung des weltbekannten „Institut Pasteur".

Freund und Helfer der Tiere

Der Tierfreund Munthe hatte auch erkrankte Tiere aller Art in
seiner Pariser Praxis betreut. Seine besondere Liebe aber galt

den Hunden. Ja, er galt bald als der „berühmteste konsultierende Hundearzt" seines Patientenkreises.

Ein Leben ohne Tiere war für Axel Munthe unvorstellbar. Die Freundschaft zu ihnen gehörte seit der Kindheit zu seinem Lebensinhalt und hat wesentlich zur Herausbildung und Festigung seiner Humanitätsideale beigetragen. Dabei beschränkte er sich nicht auf die Verbundenheit mit den vierbeinigen Hausgenossen; im Interesse der allzu oft noch unverstandenen oder gar mißhandelten Kreatur führte er unerbittliche Gefechte für das Wohlergehen seiner Freunde. Zunächst, als er nur über geringe Mittel verfügte, mit der Feder als Waffe, sobald er aber die Möglichkeit dazu hatte, ließ er auch Taten folgen. Große Teile seines Honorars stellte er dem Tierschutz zur Verfügung. Telegraphisch finanzierte er eine große Hilfaktion für Hunderte Schwäne, die auf einem nordischen Binnensee vom plötzlich einsetzenden Frost überrascht worden waren.

Im Stockholmer Dagbladet erhob er am Weihnachtsabend 1896 Protest gegen die schändliche Modeerscheinung der Wandermenagerien: „Menagerien auf Märkten haben nichts mit Wissenschaft zu tun. Sie haben noch nie die Forschung zu irgendeiner Entdeckung geführt, sie sind lediglich Stätten sinnloser Tierquälerei."

Ergreifend sind seine anklagenden Schilderungen von Tierschicksalen in Menagerien, die er in seinem Erzählungsband „Seltsame Freunde" gab: „Hier siehst du einen Bären, Ursus Arcticos. Sein Zwinger ist so klein, daß er sich kaum in ihm bewegen kann. Er sitzt aufrecht und wiegt seinen schweren, gutmütigen Kopf hin und her. Reichst du ihm ein Stück Brot, so drückt er die Schnauze gegen die Stäbe und nimmt dir langsam und vorsichtig die Gabe aus der Hand. Seine Nase ist durchbohrt von dem Eisenring, den er ehemals darin trug, seine Augen sind blutunterlaufen und tränen von dem grellen Gaslicht, aber der Blick ist nicht böse, er ist freundlich und klug wie bei einem alten Hunde. Ab und zu greifen die gewaltigen Pranken in die Eisenstäbe und rütteln ohnmächtig am Käfig ... Rüttele du nur, alter Braun, die Gitterstäbe sind aus Stahl, stärker als deine Pranken, du kommst nicht heraus, du wirst in deinem Gefängnis sterben."

Oder der auf seiner Stange kauernde Adler, der „stolzeste Vertreter der Vogelwelt". Jung gefangen, sitzt er hier, „bei Tag schläft er, aber in den langen Nächten ist er wach, und wenn alles still ist, hört man aus einem Käfig eine seltsam schauerliche Klage. Drei Jahre alt! Er ist nicht der bedauernswerteste hier, denn er wird nicht lange leben ..."

Die engsten Beziehungen hatte Munthe zu Hunden, bis zu acht zählten zu seinen Hausgenossen in San Michele. Munthes · Neffe berichtet: „Zwischen ihm und seinen Hunden herrschte so etwas wie eine feste und gut eingespielte Verteilung von Rollen und Rechten. Beide Partner schienen die größte Rücksicht aufeinander zu nehmen und sorgfältig zu bedenken, was der andere wohl in diesem Falle für Wünsche und Gedanken haben könnte."

Munthe lobt Intelligenz und Treue seiner Freunde: „Einen Hund kann man beinahe alles lehren mit freundlicher Ermutigung, Geduld und einem guten Bissen zur Belohnung, wenn er seine Aufgabe mit Fleiß gelernt hat. Niemals darf man die Geduld verlieren oder irgendwelche Gewalt anwenden."

Nicht selten von Menschen enttäuscht, zog er zuweilen die Gesellschaft der Tiere vor: „Der Hund kann nichts verbergen, kann nicht betrügen und nicht lügen, denn – er kann nicht sprechen ... Er ist offen und ehrlich von Natur."

Am Lebensabend, über viele Rückschläge und menschliches Versagen verbittert, vertiefte sich seine Tierbeziehung und nahm zunehmend sentimentale Züge an: „Man sagt, die Liebe zu den Menschen sei die höchste aller Tugenden. Ich bewundere diese Menschenliebe und bin überzeugt, daß sie nur edlen Seelen gegeben ist. Meine Seele ist zu klein, meine Gedanken fliegen zu nahe an der Erde, um je so weit zu kommen; ich muß bekennen, ich entferne mich immer mehr von diesem hohen Ideal, je länger ich lebe ...

Aber ich liebe die Tiere, die verkannten, unterdrückten Tiere, und es stört mich wenig, daß man über mich lacht, wenn ich sage, daß ich mich bei ihnen wohler fühle als bei den meisten Menschen, die mir begegnen."

Dieser Gefühlsüberschwang wird besonders bei seinem Abschied von dem Lieblingshund deutlich, als Munthe Italien verließ und nach Schweden übersiedelte: „Wolf, ich gehe fort auf eine lange Reise in ein unbekanntes Land. Diesmal kannst du nicht mit, mein Freund. Du mußt hier bleiben, wo du und ich so lange zusammen gelebt und Freud' und Leid geteilt haben.

Du sollst nicht um mich trauern, du sollst mich vergessen, wie mich alle vergessen werden, denn das ist das Gesetz des Lebens. Mach dir keine Sorge, mir wird es gut gehen, und dir auch. Alles was für dein Glück getan werden konnte, ist getan. Du wirst in deiner altvertrauten Umgebung bleiben, freundliche Menschen werden dich pflegen mit derselben liebenden Sorgfalt wie ich. Täglich, wenn die Glocken Mittag läuten, wird dir dein reichliches Mahl vorgesetzt werden ... Der große Garten, in dem du tolltest, ist noch dein ... Und schließlich, wer weiß, ob wir uns nicht wiedersehen? Ob groß oder gering, unsere Aussichten sind die gleichen!"

Ehrfurcht vor dem Leben

In seiner aktiven Lebensphase war Munthes Tierfreundschaft jedoch keineswegs rührselig-sentimental, sondern durch eine realistische Einstellung geprägt. Menschen- und Tierliebe galt für ihn als Tugend aller Tugenden. Ein Vergleich mit Albert Schweitzers „Lehre der Ehrfurcht vor dem Leben" drängt sich auf: „Das Wesen des Guten ist: Leben erhalten, Leben fördern, Leben auf seinen höchsten Weg bringen." Ethik, die sich nur auf das Verhalten zu den Mitmenschen orientiert, kann sehr tief und wirksam sein, sie bleibt aber unvollständig: „Es geht uns auf, daß die Ethik es nicht nur mit den Menschen, sondern auch mit den Geschöpfen zu tun hat. Diese haben mit uns ja gemein, daß auch sie Wohlergehen ersehnen, Leiden erleiden und Grauen vor dem Vernichtetwerden haben. Wer sich ein unversehrtes Empfinden bewahrt hat, findet Bedürfnis der Anteilnahme am Schicksal aller Lebewesen natürlich."

Munthe unterschied wie Schweitzer nicht zwischen wertvollem und weniger wertvollem Leben. Aus gutem Grund – wie Schweitzer mahnt: „Im Gefolge solcher Unterscheidung kommt dann die andere auf, daß es wertloses Leben gäbe, dessen Schädigung und Vernichtung nichts auf sich habe. Unter wertlosem Leben werden dann, je nach den Umständen, Arten von Insekten oder primitive Völker verstanden. Dem wahrhaft ethischen Menschen ist alles Leben heilig, auch das, was uns vom Menschenstandpunkt aus als tiefer stehend vorkommt."

Tierliebe war für Munthe keine sentimentale Idee, sondern

Ausdruck eines edlen Charakters, Ergebnis humanistischen Gedankengutes, Kennzeichen der Humanitätskultur eines Menschen.

Gewiß ist es ein schöner Traum, das Mensch-Tier-Verhältnis könnte vor allem von ethischen Prinzipien bestimmt werden. Auch hier sind die gesellschaftlichen und ökonomischen Bedingungen von entscheidendem Einfluß. Im harten Existenzkampf der Menschen ums Überleben waren zarte Seelenregungen zuweilen ein Luxus, den sich weite Bevölkerungskreise nicht leisten konnten. So vermochte Axel Munthe in seinem erbitterten Kampf gegen das Töten der Vögel, die auf Capri Zuflucht suchten, nur einen Teilerfolg erringen. Die eigentlichen Schuldigen an diesem Gemetzel waren nicht die hungernden Landbewohner, sondern diejenigen, die in den Nobelrestaurants der Welt Wachtelragout oder Nachtigallenzungen als die Krönung ihrer Schlemmerei betrachteten.

Tierschutz und Tierexperiment

Axel Munthe war keineswegs ein nur im Stillen wirkender Freund der Tiere. Unermüdlich und zielstrebig setzte er sich gegen viele Widersacher auch für eine konsequente gesetzliche Regelung des Tierschutzes ein.

Dieses Anliegen reicht weit in die Geschichte zurück. Die erste gesetzliche Fixierung finden wir in dem „Codex Hammurabi", den der Begründer des altbabylonisch-ammuritischen Reiches um 1700 vor unserer Zeitrechnung zur Festigung seiner Staatsgewalt formulieren ließ. Freilich bildeten hierbei Nützlichkeitserwägungen den Leitgedanken. Ob bei der Herdenhaltung nomadisierender Viehzüchter, dem Einsatz von Nutztieren der Ackerbauern oder der Domestikation des Hundes für die Herdenhaltung, war die Fürsorge für das Tier, dessen Gesundheit auch dem Wohl des Menschen diente, nicht uneigennützig.

Tierschutz auch aus ethischer Sicht brachten die griechischen Philosophenschulen der Pythagoreer und Epikureer zum Ausdruck. Als Wegbereiter des modernen Tierschutzes und klassischer Tierfreund gilt der Franziskanerpater Franz von Assisi (1182–1226).

Mutterland des Tierschutzes in Europa ist England, wo bereits seit 1770 Tierquälerei gerichtlich verfolgt werden konnte. Ein von Erskine 1809 im Unterhaus vorgelegter Gesetzentwurf fand zunächst keine Billigung, doch wurde schließlich am 22. Juli 1822 das erste Tierschutzgesetz verabschiedet.

Gesetze allein genügen jedoch nicht, zu ihrer Durchsetzung fanden sich aktive Tierschützer in Vereinen zusammen. Die noch heute bestehende, 1824 in London begründete „Gesellschaft zur Verhütung von Grausamkeiten an Tieren" ist der älteste europäische Tierschutzverein. Unter seinem Einfluß drang die Idee aktiven Tierschutzes auch nach Deutschland, wo sich Pfarrer A. Knapp als „Vater der deutschen Tierschutzbewegung" besondere Verdienste erwarb. In kurzer Folge entstanden, ausgehend von Stuttgart, der Wirkungsstätte Knapps, nach 1837 in weiteren deutschen Großstädten Vereinigungen, die nach englischem Vorbild um gesetzliche Regelungen kämpften. Nach Sachsen (1838) folgten Württemberg (1839) und Preußen (1851). Die preußischen Erlasse waren schließlich auch Grundlage der entsprechenden Kapitel des Reichsstrafgesetzbuches.

Im Rahmen der Tierschutzbewegung hatte die Problematik des medizinischen Tierexperiments besondere Brisanz. Die Frage nach seiner Notwendigkeit und Berechtigung wurde von einzelnen Tierfreunden seit langem gestellt, doch erst in den 60er Jahren des 19. Jahrhunderts entwickelte sich, ausgehend von der steigenden Zahl der Versuche, eine Kontroverse großen Ausmaßes. Dabei wurden die Auseinandersetzungen mit zunehmender Härte, nicht selten emotionsgeladen und damit, von welcher Position aus auch immer, der Sache wenig dienlich, vom persönlichen Haß diktiert, geführt.

Bereits die von den Gegnern der Experimente gewählte Bezeichnung „Vivisektion" mußte bei breiten Bevölkerungskreisen die falsche Vorstellung wecken, es würde wie bei den Sektionen das lebende Tier „zerschnitten".

Der Schweizer Boerhaave-Schüler, der Anatom und Physiologe Albrecht von Haller (1708–1777), hatte mit seinem Bestreben, mit Hilfe des Experiments das Wesen der Lebensvorgänge zu erklären, die moderne Experimentalphysiologie begründet und damit der empirisch-experimentellen Forschung starke Impulse verliehen.

Doch nur in harten Auseinandersetzungen mit den noch immer vorherrschenden spekulativen Denkformen konnten Hallers Anregungen Ende des 18. Jahrhunderts durch den Naturforscher Lazzaro Spallanzani (1729–1799) und Jiri Prochaska (1749–1820) fortgesetzt und schließlich der Irrweg naturphilosophischen Denkens durch die Physiologen Francois Magendie (1783–1855) und Johann Evangelista Purkinje (1787–1865) verlassen werden.

Dank der experimentellen Forschung und naturwissenschaftlichen Batrachtungsweise des Organischen hatte die Medizin Mitte des 19. Jahrhunderts unbestreitbare Erfolge aufzuweisen. Unter den vielfältigen Methoden, mit denen man die Funktionen der einzelnen Organe und Organsysteme erforschte, bildete das Tierexperiment eine entscheidene Quelle neuer Erkenntnisse.

Trotz dieser wissenschaftlichen Erfolge, die sich allerdings noch nicht sichtbar auch in therapeutischen Anwendungen zeigen konnten, sammelte sich die Oppostion zum Kampf. In ihren Reihen waren nur wenige Ärzte zu finden, und diese wenigen waren in der Regel als Verfechter der vegetarischen Lebensweise Propagandisten naturärztlicher Heilverfahren. Daß sie dabei in der für Dogmatiker aller Schattierungen bezeichnenden Penetranz vorgingen, machte ihre Argumente nicht überzeugender und sie persönlich nicht sympathischer. So fingen sie sich, der Sache wenig dienlich, in der selbst gegrabenen Grube der Erfolgslosigkeit.

In der wachsenden Zahl der Laienkritiker ist zu differenzieren:

Einer kleineren, aber dafür um so aktiveren Gruppierung aus religiös-kirchlichen Kreisen diente der Protest gegen die Tierversuche vor allem als Vorwand, um gegen die naturwissenschaftlichen Methoden, deren führende Vertreter, wie der Physiologe Emil Du Bois-Reymond (1818–1896), aus ihrer materialistischen Einstellung keinen Hehl machten, Front zu machen.

Von Sachkenntnis zwar ungetrübt, aber ehrlichen Herzens, erhoben dem Tierschutzgedanken verpflichtete Humanisten die Stimme. Und beklagenswerterweise hatten sie auch guten Grund zu Protest. Wie sie nachweisen konnten, waren Gefühllosigkeiten gegen Versuchstiere durchaus keine Seltenheit. Details wollen wir unseren Lesern besser ersparen. Ob derartige Fehlhaltungen aus Unüberlegtheit, Bequemlichkeit oder gar, was allerdings äußerst selten war, aus Roheit resultierten, war für die Qualen der Tiere unerheblich. Von solchen, die wissenschaftliche Methode in Mißkredit bringenden Kollegen distanzierten sich die seriösen Forscher mit aller Konsequenz.

Entgegen der häufigen Unterstellung, südliche Länder verhielten sich gegen Tiere herzloser, hatten die nachdrücklichen Proteste gegen die Vivisektion in Florenz ihren Anfang genommen. Der seit 1863 auf den Lehrstuhl für Physiologie berufene Magendieschüler Moritz Schiff (1823–1896) konnte, als angeblicher Tierquäler verschrieen, der Beschimpfungen überdrüssig, sein Heil nur noch in der Flucht in die Schweiz suchen.

Doch was er in Florenz an Schikanen über sich ergehen lassen mußte, die sich im wesentlichen gegen seine Person richteten, war verglichen mit dem Trommelfeuer, dem die Forscher in England, dem Mutterland des europäischen Tierschutzes, ausgesetzt waren, eine Kleinigkeit. Die Angriffe, die nicht nur ihre Person diffamierten, sondern auch die Forschung behinderten, waren um so gefährlicher, da namhafte und einflußreiche Persönlichkeiten, wie der Earl of Shaftesbury und Kardinal Henry Edward Manning (1808–1902), sich im Namen der exklusiven Gesellschaftskreise (die allerdings gegen Hetzjagden keine Einwände hatten) zu Wortführern machten.

Schließlich sah sich die Regierung 1875 veranlaßt, eine Expertengruppe zur Untersuchung des Problems einzusetzen. Von 47 Wissenschaftlern, denen zuvor die Frage über die Notwendigkeit wissenschaftlicher Tierversuche vorgelegt wurde – zu ihnen zählten so hervorragende Gelehrte wie Charles Darwin (1809–1882) sowie die Chirurgen Joseph Lister und James Paget (1814–1899), stimmten 45 mit ja!

Trotz dieses klaren Votums mußte sich der einzige in den Ausschuß des Parlaments berufene Wissenschaftler, der Biologe Thomas Henry Huxley (1825–1895), in den Beratungen wie vor einem Tribunal verantworten.

Als Königin Victoria offen zugunsten der Opposition Partei ergriff, war die Entscheidung bereits gefallen. Die am 9. August 1876 verkündete Vivisektionsbill, ein schwerer Rückschlag für die wissenschaftliche Forschung, verbot zwar nicht generell das

Tierexperiment, untersagte aber Versuche mit Hunden und Katzen.

Die Vivisektionsgegner waren keineswegs zufriedengestellt. Bis Mitte Januar 1877 lagen dem britischen Parlament zahlreiche Petitionen mit nahezu 150 000 Unterschriften vor, die, begleitet von einer Flut von Flugschriften, ein völliges Verbot aller Tierexperimente forderten. Die Wissenschaftler wehrten sich, geführt von der British Medical Association, energisch gegen die noch stärkeren Fesseln und wiesen auf die unabsehbaren Folgen für die Forschung und die ärztliche Praxis hin. Dabei fanden sie durch den 1881 in London stattfindenden Internationalen Medizinischen Kongreß, dessen 3 181 Teilnehmer einstimmig eine Resolution zugunsten des Tierexperiments annahmen, willkommene Hilfe.

Während sich die Situation in Frankreich weniger dramatisch zeigte, da hier zunächst unter englischem Einfluß nur einzelne ihre Stimme erhoben, deren Resonanz sich allerdings durch die 1884 von Victor Hugo (1802–1885) gegründete „Gesellschaft gegen Vivisektion" verstärkte, spitzte sich die Lage in Deutschland spürbar zu. Hier hatten die Vivisektionsgegner ihren Kampf 1870 mit der Übersetzung einer englischen Flugschrift eröffnet, der unter dem Einfluß der Antivivisektionsbill zahlreiche weitere Publikationen folgten.

Die deutschen Wissenschaftler konnten, von dem Geschehen in England gewarnt, rechtzeitig ihre Abwehrpositionen einnehmen. Den Angriff als beste Methode aktiver Gegenwehr nutzend, brandmarkte der Naturforscher Carl Vogt (1817–1895) die Auseinandersetzungen als „Krieg zwischen Wissenschaft und Glauben"; diese allzu einseitige, die humanistische Haltung aufrichtiger Tierfreunde brüskierende Auslegung fand jedoch kaum Resonanz.

Zum Führer der sich ausweitenden Antivivisektionsbewegung hatte sich, sein Organisationstalent nutzend, der 1879 von einer mehrjährigen Afrikaexpedition zurückgekehrte Baron Ernst von Weber gemacht. Seine weitverbreitete Schrift „Die Folterkammern der Wissenschaft" wirkte wie der Funke im Pulverfaß. Weber war nicht ungeschickt zu Werke gegangen. Die Hauptargumente lieferten ihm die Physiologen selbst, aus deren Büchern er lange Zitate übernahm. Er verschwieg dabei allerdings, daß eine Vielzahl dieser grausamen Experimente bereits historische Versuche waren. Die Menge der entsetzenerregenden Details blieb nicht ohne Wirkung.

Ein ernst zu nehmender Widersacher war auch der Naturarzt und erfahrene Publizist Ernst Grysanowski. Die Vielzahl seiner Schriften hob sich im Gegensatz zu den haltlosen Schmähschriften seiner Epigonen durch das Bemühen um Sachlichkeit hervor. Allerdings versuchte er mit dem Trick, auch unter den Pseudonymen Jastro und Hammer zu veröffentlichen, den Eindruck zu erwecken, daß sich noch mehr Ärzte als Vivisektionsgegner zu Worte meldeten.

Es verdient hervorgehoben zu werden, daß die deutschen Tierschutzvereine in der Tierexperimentfrage überwiegend eine gemäßigte Haltung zeigten. Sie forderten, die Versuche auf ein Mindestmaß zu beschränken, die Tiere vor schmerzhaften Experimenten zu narkotisieren und nach dem Versuch schmerzlos zu töten. Tierexperimente sollten grundsätzlich nur unter strenger staatlicher Kontrolle erfolgen. Diese maßvollen Forderungen ermöglichten durchaus potentielle Übereinstimmungen mit den Experimentatoren, in deren Namen vor allem der Physiologe Rudolf Heidenhain (1834–1897) in Wort und Schrift Kompromißbereitschaft bekundete.

Carl Ludwig (1816–1895), dessen Institut ein Mekka für die Physiologen aus aller Welt wurde, war selbst langjähriges Mitglied des Leipziger Tierschutzvereins, zeitweilig sogar dessen Vorsitzender. Für den Tierfreund waren Tierversuche ein Greuel, doch er hielt sie im Interesse der Wissenschaft für unverzichtbar. In der „Gartenlaube" schrieb er 1879, sich an breite Leserkreise wendend: „Wem, wie dem Arzte, täglich die markerschütternde Grausamkeit der Krankheit vor Augen tritt, wer dem gleichen Jammer bei reich und arm begegnet und die Unschuldigsten und Besten mit einer Klugheit und List, die ihresgleichen sucht, angefallen und dahingerafft sieht, dem müßte das Herz verdorrt sein, wenn er sich nicht feierlich gelobte, mit allen Kräften, die ihm zu Gebote stehen, solchem Elend zu steuern."

Die einsichtige Haltung von 140 deutschen Tierschutzvereinen war von Weber zu lasch, und er gründete als Sammelbekken der radikalen Richtungen 1880 den „Internationalen Verein zur Bekämpfung der wissenschaftlichen Thierfolter", der seine Hauptstützpunkte in den Universitätsstädten hatte. Wie groß die Zahl der kompromißlosen Extremisten war, zeigt die Tatsache, daß sich die Mitgliederzahl, zu der auch die Fürstin von Bismarck, Richard Wagner und Franz Liszt gehörten, in wenigen Monaten von 566 auf etwa 6 000 erhöhte.

Ihr Ziel war die Abschaffung des Tierexperiments, und sie bombardierten die Parlamente mit Petitionen und Unterschriftenlisten. Die Petitionskommission des Reichstages veranlaßte 1880 den Abgeordneten und führenden Pathologen Rudolf Virchow zu einem Sachverständigengutachten, in dem dieser nachdrücklich die Notwendigkeit des Tierexperiments begründete und auf die gefährliche Wirkung der britischen Antivivisektionsbill hinwies.

Auch auf dem bereits erwähnten Internationalen Londoner Medizinischen Kongreß setzte er sich überzeugend mit den Gegnern auseinander.

Trotz ihres Mißerfolges bei der Petitionskommission setzten die Antivivisektionisten durch eine Schmähschriftenattacke ihre Aktionen fort, und es gelang ihnen schließlich, 1882 eine große Reichstagsdebatte durchzusetzen. Auch hier vertrat Virchow die Positionen der Wissenschaft. Sein Widersacher, der Zentrumsführer Ludwig Windhorst, versuchte mit Beispielen von Mißbräuchen und dem Nachweis des unangemessenen Übermaßes an Versuchen zu kontern. Dem diplomatischen Geschick des preußischen Kultusministers Gustav von Gossler, der auf die streitenden Parteien mäßigend einwirkte, war es zu danken, daß kein Majoritätsbeschluß gefaßt wurde, der die Wissenschaft behinderte.

Bereits wenige Monate später erfolgte eine weitere, in vielem identische Parlamentsdebatte, die jedoch mit dem entscheidenden Unterschied endete, daß mit den Stimmen der Konservativen, des Zentrums und einiger Freikonservativer den Antivivisektionisten ein parlamentarischer Erfolg beschieden war, den sie weiter auszubauen beabsichtigten. Das veranlaßte von Gossler, um Schaden für die Wissenschaft abzuwenden, zu einer Erhebung bei allen preußischen Universitäten, ob der Tierversuch eine unentbehrliche Forschungsmethode sei. Im Ergebnis seiner Umfrage erließ er eine Verordnung, mit der den Extremisten, deren Anhänger sich nach und nach verloren, eine endgültige Niederlage zugefügt wurde.

Wegen ihrer wissenschaftshistorischen Bedeutung und als

Beleg für die Situation an den damaligen deutschen For-
schungsstätten geben wir die Verfügung im Wortlaut wieder:
„Die infolge meines Erlasses vom 13.12.1883 seitens der medizinischen Fakultäten bezüglich der sogenannten Vivisek-
tionsfrage erstatteten Berichte haben mich in der Überzeugung
bestärkt, daß auf unseren Landesuniversitäten bei Anwendung
und Ausführung der Versuche am lebenden Tier nach maßvollen und billigenswerten Grundsätzen verfahren wird und daß
dabei neben den Interessen der wissenschaftlichen Forschung
und des akademischen Lehramtes auch die Anforderungen der
Humanität gebührende Beachtung gefunden haben. Um in dieser Richtung auch in Zukunft allen Zweifeln vorzubeugen,
erachte ich es für sachdienlich, die der bisherigen Praxis zu-
grundeliegenden Gesichtspunkte durch eine allgemeine Anord-
nung gegen die Möglichkeit von individuellen Abweichungen
sicherzustellen. Zu diesem Zwecke bestimme ich hierdurch was
folgt:
1) Versuche am lebenden Tier dürfen nur zum ernsten For-
   schungs- und wichtigen Unterrichtszwecke vorgenommen
   werden.
2) In den Vorlesungen sind Tierversuche nur in dem Umfange
   statthaft, als dies zum vollen Verständnis des Vorgetragenen
   notwendig ist.
3) Die operativen Vorbereitungen zu Vorlesungsversuchen
   sind in der Regel noch vor Beginn der eigentlichen Demonstration und in Abwesenheit der Zuhörer zu bewerkstelli-
   gen.
4) Tierversuche dürfen nur von den Professoren und Dozenten
   oder unter deren Verantwortlichkeit ausgeführt werden.
5) Versuche, welche ohne wesentliche Beeinträchtigung des
   Resultats an niederen Tieren gemacht werden können, dürfen nur an diesen und nicht an höheren Tieren vollzogen
   werden.
6) In allen Fällen, in welchen es mit dem Zweck des Versuches
   nicht schlechterdings unvereinbar ist, müssen die Tiere vor
   dem Versuch durch Anästhetika vollständig und in nachhal-
   tiger Weise betäubt werden."
Gossler wußte sich in diesen Forderungen mit der weitaus
größten Mehrheit der deutschen Wissenschaftler einig, in deren
Namen sich bereits Rudolf Virchow für die Bestrafung von

Mißbrauch und für die Errichtung einer Aufsichtsbehörde eingesetzt hatte.

Zur Frage des Tierexperiments erklärte Axel Munthe: „Die Zoologischen Gärten, in denen man wie Darwin Gewohnheiten und Lebensweise der Tiere studieren kann, lassen sich ebenso rechtfertigen wie die Vivisektion, wenn sie von Männern ernster Forschung ausgeübt wird." Zu den Attacken der Antivivisektionisten erklärte er: Wann werden sie einsehen, „daß ihre Forderung nach einem ausnahmslosen Verbot aller Versuche am lebenden Tier unmöglich erfüllt werden kann? Pasteurs Tollwutimpfung hat die Sterblichkeit an dieser schrecklichen Krankheit auf ein Minimum beschränkt, und Behrings Diphtherieserum rettet jährlich über hunderttausend Kindern das Leben. Genügen nicht diese beiden Tatsachen allein, um den wohlmeinenden Tierfreunden klarzumachen, daß die Entdekker neuer Welten, wie Pasteur, oder neuer Heilmittel gegen bisher unheilbare Krankheiten, wie Koch, Ehrlich und Behring, die Möglichkeit haben müssen, ihren Forschungen unbehindert durch Verbote und ohne störende Einmischung von Außenseitern nachzugehen? Diejenigen, denen man diese Freiheit zuerkennen muß, sind zudem so wenig zahlreich, daß man sie an den Finger aufzählen kann. Für die übrigen sind zweifellos strenge Vorschriften angebracht, wenn nicht gar absolutes Verbot."

Axel Munthe steht damit wiederum in völliger Übereinstimmung mit der Auffassung Albert Schweitzers: „Wer sich von der Ethik der Ehrfurcht vor dem Leben leiten läßt, schädigt und vernichtet Leben nur aus der Notwendigkeit, der er nicht entrinnen kann, niemals aus Gedankenlosigkeit ...

Diejenigen, die an Tieren Versuchsoperationen unternehmen oder ihnen Krankheiten einimpfen, um mit den gewonnenen Resultaten Menschen Hilfe bringen zu können, dürfen sich nie allgemein dabei beruhigen, daß ihr grausames Tun einen wertvollen Zweck verfolge. In jedem einzelnen Falle müssen sie erwogen haben, ob wirklich die Notwendigkeit vorliegt, einem Geschöpf solches Opfer für die Menschheit aufzuerlegen. Ängstlich müssen sie darum besorgt sein, das Weh, soviel sie nur können, zu mildern. In wissenschaftlichen Instituten dürfen keine Narkosen, um Zeit und Mühe zu ersparen, unterbleiben. Ein Frevel ist es auch, wenn Tiere der Qual unterworfen werden, nur um Studenten allgemein bekannte Phänomene zu demonstrieren.

Gerade dadurch, daß das Tier als Versuchstier in seinem Schmerze so Wertvolles für den leidenden Menschen erwirbt, ist ein neues, einzigartiges Solidaritätsverhältnis zwischen ihm und uns geschaffen worden. Ein Zwang, einer Kreatur alles irgend mögliche Gute anzutun, ergibt sich daraus für jeden von uns.

Indem ich einem Insekt aus seiner Not helfe, tue ich nichts anderes, als daß ich versuche, etwas von der immer neuen Schuld der Menschen an der Kreatur abzutragen. Wo irgendein Tier zum Dienst der Menschen gezwungen wird, muß jeder von uns mit den Leiden beschäftigt sein, die es um dessentwillen zu tragen hat. Keiner von uns darf ein Weh, für das die Verantwortung nicht zu tragen ist, geschehen lassen, soweit er es nur hindern kann. Keiner darf sich dabei beruhigen, daß er sich damit in Sachen mischen würde, die ihn nichts angehen. Keiner darf die Augen schließen und das Leiden, dessen Anblick er sich erspart, als nicht geschehend ansehen. Keiner mache sich die Last seiner Verantwortung leicht."

Der Tierversuch behielt seine fundamentale Bedeutung für die medizinische Wissenschaft. Erkenntnisfortschritte und Verbesserungen der Methodik haben ihn in vieler Hinsicht grundsätzlich verändert. Die früher vorwiegend biophysischen wurden weitgehend von biochemischen Methoden abgelöst. Experimente am Ganztier erfolgen nur noch bei der Lösung bestimmter, begrenzter Fragen, wie der Herz-Kreislauf-Forschung. Der größte Teil der Experimente erfolgt auf zellulärer und subzellulärer Grundlage oder im Milieu der Körperflüssigkeiten als sogenannte „invitro-Methoden".

Die Schilderung von Axel Munthes enger Beziehung zu den Tieren abschließend, noch eine kleine, aber bezeichnende Geste. Mit vielen edelmütigen Menschen teilte er den tiefen Widerwillen gegen alles Vordergründig-Plakative. Orden und ähnliche Dekorationen, mit denen er überladen wurde, waren ihm ein Greuel. Freiwillig und mit Stolz legte er nur ein kleines Ehrenzeichen an, die Medaille des schwedischen Tierschutzvereins, sie trug die Silhouette eines Zugvogels.

Erlebniswelt Italien

Das Honorar von seinen wohlhabenden Patienten ermöglichte
es Axel Munthe, oft helfend einzugreifen, allerdings auf Kosten
seiner Ersparnisse. Und so rückte die Erfüllung eines seit seiner
Jugend gehegten großen Wunschtraumes immer wieder in die
Ferne. Sogenannten „besseren Zeiten" folgten äußerst magere
Perioden, in denen er sogar borgen mußte. Und was seine Lage
nicht verbesserte, ein Meister im Wirtschaften oder gar der
Buchführung war er nie. Mit dem Postschiff war Axel Munthe
als Achtzehnjähriger während der Semesterferien erstmals nach
Capri gekommen und sofort von der überwältigenden Schönheit der Insel fasziniert worden. „Auf einem solchen Erden-
fleck zu leben – und zu sterben" wurde das Ziel seiner Wünsche. Dafür wollte er fleißig studieren und gewissenhaft
arbeiten.

Er hatte auf Capri den Weinbauern Mastro Vicenzo kennengelernt, der altershalber sein Anwesen verkaufen wollte. Würde
er jemals in der Lage sein, es zu erwerben und sich damit seinen Wunsch zu erfüllen?

Oberhalb des auf dem Grundstück angelegten Weinberges
stand „San Michele", eine uralte kleine verfallene Kapelle. Die
Dachkuppel war eingestürzt, doch das Mauerwerk noch erhalten. In seiner Phantasie verband Axel Munthe begeistert Haus
und Kapelle durch Rebengewinde und Zypressengänge, errichtete er sonnenüberflutete weiße Loggien, zu ihren Füßen die
Insel in ihrer ganzen Schönheit. Ein Phantom? Er „schloß die
Augen, um die schönen Bilder festzuhalten, die Wirklichkeit
verblaßte in traumhaftem Dämmerlicht".

War jetzt, nach einigen Praxisjahren, die Zeit der Verwirklichung des Traumes gekommen? Munthe steckte in einem psychischen Tief. Das Leben mit seinen sozialen Widersprüchen
zermürbte ihn. Es fiel ihm immer schwerer, gegenüber den zah-

lenden eingebildeten Kranken das Gesicht zu wahren. Die Antwort ließ nicht auf sich warten. Er begann, die „schlüpfrige Leiter des Erfolgs" hinab zu steigen. Sein „einziger Wunsch war, allein gelassen zu werden, zu schlafen".

Da kam Norström auf die Idee, ihn nach Capri zur Erholung zu schicken, dann würde er bestimmt mit neuen Kräften, gestärktem Lebenswillen wieder an die Arbeit gehen. Munthe äußerte sich dazu: „Ich sagte, nie würde ich mehr nach Paris zurückkehren, wenn ich jetzt fortführe, mehr und mehr haßte ich dieses unnatürliche Leben der Großstadt. Ich wollte nicht länger meine Zeit verlieren in dieser Atmosphäre von Krankheit und Verfall. Ich wollte endgültig fortgehen und nicht länger ein Modearzt sein; je mehr Patienten ich bekäme, um so schwerer drückten mich meine Ketten. Ich hätte andere Interessen am Leben, als mich um reiche Amerikaner zu kümmern und alberne nervöse Frauenzimmer …

Ich wollte ein einfaches Leben führen unter schlichten ungebildeten Leuten. Wenn sie nicht lesen und schreiben konnten, um so besser.

Ich brauchte nichts als ein getünchtes Zimmer mit einem harten Bett, einen Tannenholztisch, ein paar Stühle und ein Klavier, Vogelgezwitscher vor den Fenstern und aus der Ferne das Rauschen des Meeres. Alles, was ich wirklich liebte, war für ganz wenig Geld zu haben, ich würde in der bescheidensten Umgebung ganz glücklich sein, wenn ich nur nichts Häßliches zu sehen brauchte."

Norström war konsequent: „Ich gebe deinen Fall auf. Wenn du willst, daß deine Karriere vor die Hunde geht, wenn du weder auf Namen noch auf Geld Wert legst, wenn dir dein gekalktes Zimmer auf Capri lieber ist als deine schöne Wohnung hier, dann mach um Himmels willen, daß du fortkommst, je eher, desto besser, auf deine geliebte Insel, und werde glücklich, statt hier verrückt zu werden." Munthe folgte seinem Rat. In Capri hatte er in einem kleinen sauberen Bauernhause Quartier bezogen. Korrekter in Anacapri. Zwar hatte sich die jahrhundertealte Kontroverse zwischen den beiden Inselgemeinden wesentlich abgeschwächt, war aber keineswegs verschwunden. Die Bewohner von Anacapri würden es schwerlich verzeihen, „ihren" Axel Munthe als Wahlcapresen bezeichnet zu sehen.

Die größte Längenausdehnung der Insel beläuft sich auf etwa

6,5 Kilometer und die größte Breite auf knapp 3 Kilometer. Die gesamte Landfläche von 10,4 km² hat einen Umfang von wenig mehr als 15 Kilometern, sie kann also in kurzer Zeit umrundet werden.

Die Gemeinde Capri zählte zu Munthes Zeiten etwa 2 000 Einwohner (heute 7 900), das höher gelegene Anacapri 2 200 (heute 4 500).

In alten Fremdenführern werden die Leute von Anacapri durchweg freundlicher bedacht, sie seien „nüchterner, mäßiger, arbeitsamer und häuslicher". Hier spielt offensichtlich der Umstand eine Rolle, daß die Bewohner des den Touristen leichter zugänglichen Capri, die man als weltkundiger und gewandter charakterisiert, sich eher an den Umgang mit Fremden gewöhnt und von diesen mancherlei weniger erfreuliche Praktiken übernommen hatten.

Munthe war auf der Insel kein Unbekannter mehr. Er hatte Capri schon wiederholt besucht, war durch seine Volkstümlichkeit und Hilfsbereitschaft sehr beliebt. Mit Mastro Vicenzo längst handelseinig, lag es in seiner eigenen Hand, ob und wann sein Wunschtraum sich erfülle. Von Sonnenaufgang bis zum späten Abend arbeitete er, um die Fundamente für die Loggia seines künftigen Hauses auszuheben. In Mastro Nicola und seinen drei Söhnen hatte er fleißige Helfer gefunden. Gern folgten sie Munthes wunderlichen Plänen, der offenbar selbst noch nicht recht wußte, was da entstehen sollte: „Von meinen Arbeitsgefährten konnte keiner lesen und schreiben, keiner hatte je an einem anderen Bau als an dem eines Bauernhauses gearbeitet, die einander alle sehr ähnlich sind. Aber Mastro Nicola verstand es, Bögen zu bauen wie schon sein Vater und Großvater seit undenklichen Generationen; die Römer waren ihre Lehrmeister gewesen. Daß dies Haus anders werden würde als irgendeins, das sie jemals gesehen hatten, schien ihnen schon zu dämmern, sie waren alle ungeheuer gespannt, bisher wußte niemand, wie es aussehen würde, und ich auch nicht. Unsere einzige Richtschnur bestand in einer Art flüchtiger Skizze, die ich mit Kohle auf die weiße Gartenmauer gezeichnet hatte."

Das Ausschachten war äußerst beschwerlich. Immer wieder stießen sie auf römische Mauern, „hart wie Granit". Es war geschichtsträchtiger Boden, auf dem Axel Munthe sein San Michele errichtete. Der Cäsarerbe Augustus (63 v. u. Z.–14 u. Z.) hatte im Jahre 29 v. u. Z., zu Beginn seiner Alleinherrschaft, Capri im Tausch gegen das wesentlich größere und fruchtbarere Ischia von den Neapolitanern erworben. Er liebte die felsenreiche Insel und wollte hier eine kaiserliche Domäne errichten, wo er fern von dem Getriebe der Metropole wenigstens zeitweilig, umgeben von Künstlern und Gelehrten, ein beschauliches Leben führen konnte.

Der „Vater des Vaterlandes", wie der erste römische Kaiser genannt wurde, der, da er die Bürgerkriege beendete, auch als Friedenskaiser in die Geschichte eingegangen ist, zählte es zu seinen besonderen Leistungen, das aus alten Backsteinbauten bestehende Rom in eine repräsentative Marmorstadt verwandelt zu haben. Imposante Bauten sollten in späteren Zeiten von der Größe eines Imperators Zeugnis ablegen. In Capri aber strebte er nicht nach Pracht, hier sehnte er sich nach der Behaglichkeit schöner Landhäuser. Nach seinem Tode (der Sterbemonat wird noch heute nach ihm August genannt), trat sein Stiefsohn, der bedeutendste Feldherr der augustinischen Zeit, Tiberius (42 v. u. Z.–37 u. Z.), die Nachfolge an. In seltener Übereinstimmung wird er in den Kaiserbiographien des Sueton (70–140) und bei Tacitus (55–115) geradezu als Ungeheuer beschrieben. So viel einseitige Parteinahme erregt Verdacht. Axel Munthe prüfte den Sachverhalt und kam zu dem Ergebnis:

„Was die düsteren Gerüchte in den Annalen des Tacitus betrifft, erzählte ich Lord Dufferin [Britischer Botschafter – W. G.], die Geschichte sei nie einem größeren Irrtum verfallen, als sie diesen großen Kaiser ehrloser Gemeinheiten zieh ... Tacitus war ein glänzender Schriftsteller, aber seine Annalen sind historische Novellen, nicht Geschichte. Er mußte aufs Geratewohl die zwanzig Zeilen über die Orgien in Capri einfügen, um das typische Bild des Tyrannen der rhetorischen Schule, der er angehörte, zu vervollständigen. Es bietet keine Schwierigkeiten, die mehr als verdächtige Quelle ausfindig zu machen, aus der er diese üblen Gerüchte schöpfte."

In seiner „Psychological Study of Tiberus" ging Munthe gründlich den Quellen nach. Er entdeckte Widersprüche selbst in den Aussagen der „Kronzeugen" Tacitus und Sueton. Bis zu dem Erscheinen der Tacitus-Annalen, also 80 Jahre nach dem Tode des Tiberius, habe es in Rom keinen Mann des öffentlichen Lebens gegeben, „der im Ruf edleren und untadeligeren Lebenswandels stand als der alte Kaiser. Keiner der Zeitgenossen des Tiberius, die doch die beste Gelegenheit hatten, allen Klatsch der bösen Zungen in Rom zu hören, berichtet ein Wort über die Orgien in Capri."

Munthe weist sich in seiner Studie als profunder Kenner der griechisch-römischen Literatur und Geschichtsschreibung aus. Der jüdisch-griechische Philosoph Philon von Alexandria (um 25 v. u. Z.–um 50 u. Z.) preise das „reine und einfache Leben", das Caligula, der spätere römische Kaiser Gaius Cäsar Germanicus (12–41) bei seinem Adoptivgroßvater führen mußte. Er hatte sogar, „wenn er in Capri auf Abenteuer ausging", eine Perücke aufsetzen müssen, „um dem strengen Auge des alten Kaisers zu entgehen".

Der als unnachsichtiger Sittenrichter geltende stoische Philosoph und Dichter Seneca d. J. (4 v. u. Z.–65), der Erzieher Kaiser Neros (37–68), sowie Plinius d. Ältere (23–79), der bei dem Versuch, Hilfe zu leisten, beim Vesuvausbruch ums Leben kam, rühmten die ernste Zurückgezogenheit des Tiberius.

Der griechische Historiker Cassius Dio Cocceianus (150–235) hatte offenbar von den Gerüchten gehört, schenkte ihnen aber als unbewiesen in seiner umfangreichen römischen Geschichte keine Aufmerksamkeit. Selbst der Satirendichter Juvenal (um 60–nach 127), der schonungslos die Verderbtheit der herrschenden Schichten, die Verschwendungssucht und Laster der Reichen anprangerte, spricht nur von dem „ruhigen Alter des Kaisers in seiner Inselheimat, umgeben von Freunden und Astronomen". Er hätte sich mit Sicherheit einen solchen Stoff nicht entgehen lassen. Auch der strenge Moralist Plutarch (46–um 120) schilderte nur die würdige „Einsamkeit des alten Mannes während seiner letzten zehn Lebensjahre".

Zweifellos waren die tendenziösen Entstellungen des Tiberius als Tyrann und Wüstling von der ihm feindlich gesinnten römischen Aristokratie beeinflußt worden. Als Frohnatur kann man ihn allerdings auch nicht bezeichnen. Nach langer Zurücksetzung war er erst nach dem Tode aller anderen möglichen Thronkandidaten im Jahre 4 von Augustus adoptiert und für die Thronfolge vorgesehen worden. Die offensichtliche Benachteiligung verletzte ihn tief und prägte seinen schwierigen Charakter.

Menschenscheu und mißtrauisch gegen die Opposition, die er im Interesse der Stärkung der Zentralgewalt mit Härte bekämpfte, zog er sich aus der Metropole zurück und lebte ab 26 dauernd in Kampanien, vor allem auf Capri, das so für elf Jahre zum „Mittelpunkt der Welt" wurde.

Da die Architektur die Bedeutung eines Herrschers ausdrükken sollte, ließ er die Villa des Augustus zur Prachtanlage ausbauen und weitere luxuriöse Bauwerke erstaunlich schnell und mit großem Aufwand errichten. Nach Tacitus war jedes von ihnen einer olympischen Gottheit geweiht. Seine Lieblingsresidenz war die Villa Jovis, die reichste und prächtigste der Kaiservillen. Über schwindelndem Abgrund gelegen, bot sie einen faszinierenden Blick aufs Meer.

Axel Munthe gibt folgende kurze Charakterskizze des Tiberius: „Der Kaiser lebt auf der Insel als ein einsamer alter Mann, ein müder Herrscher einer undankbaren Welt, ein schwermütiger Idealist, verbittert und mit gebrochenem Herzen. Man würde ihn heute vielleicht einen Hypochonder nennen, dessen überragender Geist und seltener Humor noch seinen Glauben an die Menschheit überlebten. Er mißtraute seinen Mitmenschen und verachtete sie; kein Wunder, fast jeder Mann und jede Frau, denen er vertraute, hatten ihn verraten."

Nach dem Tode des Tiberius war Capri nicht mehr Sitz eines Imperators, wohl aber nutzten diese die von ungebetenen Besuchern schwer erreichbare und gut zu bewachende Insel als Verbannungsort für widerspenstige Gattinnen und sonstige unbotmäßige Familienangehörige. So ließ der Kaiser Commodus (161–192) seine Frau Crispina und auch seine Schwester Lucilla, die ihn in seinem ausschweifenden Leben störten, nach Capri bringen und schließlich sogar töten.

Immer mehr geriet der „Mittelpunkt der Welt" in Vergessenheit, die Prachtbauten verfielen. Das Gelände war von antiken Mauerresten bedeckt, unter denen sich unschätzbare Werte verbargen.

Angeregt durch die in der 1. Hälfte des 18. Jahrhunderts eingeleiteten Ausgrabungen von Pompeji, die seit 1860 planmäßig erfolgten, wurden von dem Italiener Luigi Giraldi 1777 erste Versuche zur Erkundung der Altertümer auch auf Capri unternommen. Allerdings weniger, um sie zu erforschen, als vielmehr, um sich zu bereichern. In diesem Streben wurde er wenige Jahre später noch von dem Österreicher Norbert Hadrawa übertroffen, der als Mitgied seiner Gesandtschaft am neapolitanischen Hofe wiederholt in Begleitung von Ferdinand IV., der dort auf Wachteljagd ging, nach Capri gekommen war. Hadrawas Jagdleidenschaft galt einer einträglicheren Beute als den harmlosen Vögeln. Er leitete praktisch, wenn auch aus egoistischen Motiven, die systematischen Ausgrabungen ein.

Zentnerweise wurde von ihm bunter Fußboden-Marmor weggeschafft. Relief-Fragmente kamen in den Besitz des österreichischen Gesandten. Stuckmalereien, Marmorköpfe, Skulpturen und anderes fanden Abnahme bei der russischen Zarin, dem englischen Gesandten und Kunstsammler Lord William Hamilton und weiteren Interessenten.

Aus dem Blickpunkt der internationalen Politik geraten, fand Capri während der Napoleonzeit wieder weltweites Interesse. Kurz zuvor hatten sich hier sogar „revolutionäre Umtriebe" ereignet.

Papst Pius VII. traf aus seiner Sicht eine schlechte Wahl, als er 1776 Nicola Saverio Gamboni in das geistliche Hirtenamt nach Capri berief. Weniger, weil dieser gewissen Neigungen nachging, die schließlich sechs Nonnen veranlaßten, ihn wegen Sittenlosigkeit anzuklagen. Schlimmer war, daß er – beeinflußt von dem revolutionären Geschehen in Neapel – allen Pfarrern seiner Diözese befahl, die Kokarde zu tragen. Nach Niederschlagung der Parthenopäischen Republik fand Gambonis „revolutionäres Regime" ein jähes Ende. Zu seinem Glück konnte er sich jedoch bald des Wohlwollens Napoleons erfreuen.

Während der napoleonischen Kriege erlangte Capri als strategischer Stützpunkt wesentliche Bedeutung. Unter Admiral Sidney Smith, dem Kommandanten der britischen Mittelmeerflotte, war die Insel im Mai 1806 von den Engländern erobert und zu einem kleinen Gibraltar ausgestaltet worden. Der britische Gouverneur Hudson Lowe machte sie zu einem Beobachtungsposten und Informationszentrum über die Vorgänge auf dem italienischen Festland.

Napoleon Bonaparte (1769–1821) war über die Niederlage seines Bruders Joseph (1768–1844), den er 1806 als seinen Vasallen feierlich zum König von Neapel ausgerufen hatte und der sich das Juwel Capri abjagen ließ, sehr verärgert. Sein Schwager, Marschall Joachim Murat (1765–1815), wollte die Schlappe ausmerzen. Und knapp drei Jahre später eroberten die Franzosen am 4./5. Oktober 1808, geführt von Maximilian Lamarque, die Insel im kühnen Handstreich nach heftigem Kampf zurück. Nach einem Scheinangriff am Nord- und Südufer war der völlig unerwartete Sturm mit 180 Landungs- und 30 Kanonenbooten über die Steilküste erfolgt, wo eine Möglichkeit des Aufstiegs ausgekundschaftet worden war.

Neuer Gouverneur wurde der neapolitanisch-französische General Giovanni Thomas, ein begabter Landschaftszeichner und Freund der Künste. 1815 kehrte nach der Befreiung der von Napoleon okkupierten Gebiete mit Neapel auch Capri wieder unter die bourbonische Herrschaft zurück.

Nach der „archäologischen Forschung" Hadrawas hatten im Auftrage von Kunstsammlern und -händlern weitere Glücksritter ungestraft ihr Unwesen treiben und wertvolle antike Kostbarkeiten entführen können. Großen Schaden richteten auch die Schanz- und Befestigungsarbeiten der Besatzungstruppen an.

Die archäologisch wichtigen Gebiete der Insel wurden praktisch ohne Rücksicht auf kulturhistorische Werte umgepflügt. Wen wundert es, wenn die armen Inselbauern und Fischer aus den freigelegten Mauern und Gegenständen ihnen geeignet erscheinendes Material zum Bau ihrer Häuser verwendeten?

Beim Graben fanden Axel Munthe und seine Freunde noch immer Vasen, alte Münzen und Fragmente frührömischer Skulpturen. All diese Dinge rettete er ehrfurchtsvoll und reservierte ihnen einen Ehrenplatz. Tausende Teilchen polierten Marmos nutzte er für die Fußböden der großen Loggia und der Terrassen. Auf dem Terrain seines Grundstückes hatte, wie die antiken Ruinen zeigten, eine Römervilla gestanden. Sicher keine Kaiservilla, wahrscheinlich ein Haus, das der Kaiser einem Patrizier seines Gefolges oder aber auch einem Freigelassenen zugewiesen hatte.

In Axel Munthes Phantasie ragte das entstehende weiße Traumhaus in klaren Konturen empor. Ein Binnenhof aus weißem Marmor, eine Art Atrium mit erfrischender Fontäne in der Mitte. Von einer großen Terrasse sollte der Blick weit über das Meer schweifen. Eine Pergola mit mehr als 100 Säulen führte zu der wiedererrichteten kleinen Kapelle mit freundlichen bunten Glasfenstern.

Alle waren begeistert am Werk und saßen zur Mittagszeit in fröhlicher Runde bei einer Riesenschüssel schmackhafter Makkaroni, um danach, bis zum Abendläuten, die Arbeit fortzusetzen.

Selten hatte sich Munthe so wohl gefühlt, seit Jahren nicht mehr so gut geschlafen. Erst die unerwartete Ankunft seines Freundes, des schwedischen Gesandten, führte ihn aus seiner Entrücktheit in die Wirklichkeit zurück. Er war eigentlich in der Absicht gekommen, ihn nach Paris zurückzubringen, wo er Wichtigeres zu tun hätte, als seine Zeit „unter Bauern in Anacapri zu verlieren". Es fiel Munthe nicht schwer, ihn vom Gegenteil zu überzeugen.

Ein Argument des Freundes war jedoch nicht von der Hand zu weisen: Ringsumher nichts als ausgehobene Gruben und halbfertige Wände. Womit wollte er sein Grundstück bauen? Die etwa 15 000 Franc, die er als ganzes Kapital in einer Schublade aufbewahrte, würden zusammenschmelzen wie Schnee in der Sonne. Und wovon wollte er leben, wenn das Haus einmal fertig wäre? Fragen, die geeignet waren, einen Taum unsanft zu unterbrechen, keineswegs aber, ihn zu beenden.

Da Munthe es strikt ablehnte, nach Paris zurückzukehren, sollte er in Rom eine ärztliche Praxis eröffnen und dort während der Wintermonate arbeiten; der Sommer könnte wieder Capri gehören. Ein wenig lakonisch klingt Munthes Feststellung: „Zwei Wochen darauf hatte ich mich im Hause von Keats in Rom als Arzt niedergelassen." Die Einsicht in das Unvermeidliche hatte gesiegt.

In der „Ewigen Stadt"

Seit Gründung des einheitlichen italienischen Nationalstaates hatte die Einwohnerzahl der Hauptstadt stark zugenommen. Manche enge Gasse mußte den neuen, einer Metropole angemesseneren Prachtstraßen weichen. Noch immer war das Viktor Emanuel II. (1820–1878) gewidmete monströse Denkmal im Bau, dessen gewaltige weiße Marmorpracht – über Schönheit ließ sich streiten – das Werk des Schöpfers der nationalen Einheit für ewige Zeiten preisen sollte.

Die Bewohner der „Ewigen Stadt" hatten sich nie über mangelnden Zuspruch Fremder zu beklagen gehabt. Gläubige aus aller Welt sahen es seit eh und je als ihre Pflicht an, dem Oberhaupt der römisch-katholischen Kirche wenigstens symbolisch ihre Aufwartung zu machen. Der Heilige Vater Pius IX. (1792–1878) mußte sich allerdings höchst unfreiwillig einschränken. Seit Mai 1871 erstreckte sich seine Souveränität nur noch auf Vatikan, Lateran und Castel Gandolfo. Die nationale und demokratische Bewegung des „Risorgimento" war auch am Kirchenstaat nicht vorübergegangen. Während der Revolution hatte die Nationalversammlung am 9. Februar 1849 die Römische Republik proklamiert und die weltliche Macht des Papstes für erloschen erklärt. Die konterrevolutionären Truppen ermöglichten zwar im Juli 1849 die Rückkehr des im November 1848 nach Gaeta geflohenen Heiligen Vaters, doch seine Rolle als Hemmschuh der nationalen Einigung hatte er ausgespielt. Auch nachdem unter Viktor Emanuel II. Rom zur Hauptstadt des Landes erklärt worden war, blieb seine Regentschaft auf das päpstliche Territorium der Vatikanstadt beschränkt. Aus Protest blieben die Päpste fortan bis 1929 als „Gefangene" im Vatikan.

Leo XIII. (1810–1903), der Nachfolger des starrsinnigen Pius IX., der den Verlust des Kirchenstaates nie hatte verkraften können, wußte sich in das Unvermeidliche besser zu fügen. Er vollzog mit seinen Reformen die Anpassung des Vatikans an das kapitalistische System, und dies wurde von entscheidender Bedeutung für den modernen Katholizismus.

Die 1880 gegründete Bank von Rom sowie weitere päpstliche Finanz- und Wirtschaftsinstitute machten den Vatikan zu einem Großunternehmen mit beachtlichem wirtschaftlichem und politisch-ideologischem Einfluß, der sich infolge des Ausbaus der diplomatischen Beziehungen zunehmend auch international bemerkbar machte. Die von Leo XIII. am 15. Mai 1891 verkündete Enzyklika „Rerum novarum" bemühte sich in einer Zeit wachsender sozialer Widersprüche und Auseinandersetzungen, den Klassenkampf zu schlichten. Die gottgewollte

111

Grundlage der Gesellschaft sei die Klassenharmonie, die zur Förderung des „Gemeinwohls" vor allem der sittlichen Wohlfahrt bedürfe. Im Hinblick auf die ewige Seligkeit seien Reichtum oder Armut ohnhin nicht von Belang.

Der Lebensrhythmus der Stadt wurde deutlich von all diesen politischen, sozialen und ideologischen Faktoren beeinflußt. Ihr Zauber als Monument vergangener Größe und Pracht war allerorts spürbar, wenn auch viele Glanzstücke des alten Imperiums nur noch Ruinenfelder waren.

Wohl kaum eine Stadt war so reich an Palästen. Etwa fünfzig befanden sich noch im Besitz ehrwürdiger römischer Adelsfamilien und wurden nach alter Tradition geführt. Danach bewohnte das Familienoberhaupt im ersten Stock die „Adelsetage", der älteste Sohn das nächste Geschoß, während alle weiteren Familienangehörigen den Rest des Hauses, dessen Prachtstück meist eine großartige Bibliothek war, bevölkerten. In den Palazzi fanden als „Schutzbefohlene" alle Bediensteten Unterkunft, und ein Aristokrat von Ansehen nahm auch Künstler und Gelehrte unter die Schirmherrschaft seiner Familie. Doch die große Zeit der Palazzi und ihrer kulturellen Ausstrahlung war zu Ende. So manche Nobilität war aus finanziellen Gründen gezwungen, Teile des Palastes zu vermieten oder ihn zu verkaufen. So war der wohl schönste römische Palast, der Palazzo Farnese, an dessen Bau einst Michelangelo mitgewirkt hatte, Sitz der französischen Botschaft.

Auch Axel Munthe bezog ein nobles Quartier. Das ehemalige Wohnhaus des englischen Romantikers John Keats (1795–1821), der in Italien vergebens die Genesung von einem Lungenleiden erhofft hatte, lag unmittelbar an der berühmten Spanischen Treppe, einem Zentrum des Ausländerviertels. Das weltbekannte Bauwerk, Ziel jedes Romtouristen, bietet die begehrte Aussicht in Richtung Tiber und Peterskirche. Seinen Namen hatte es nach dem zu seinen Füßen gelegenen Palazzo des spanischen Botschafters erhalten.

Das nahegelegene Cafe Greco, in der Via dei Condotti, war Lieblingstreffpunkt der Künstler und wohlhabender Bohemiens. Lord Byron, Richard Wagner und August Strindberg waren hier zu Gast. Der gegenüber gelegene berühmte Teesalon von Anna Maria Babington war ein Zentrum der englischen Kolonie, in die sich Axel Munthe einbürgerte. Mit ihm hatte einer der letzten Mieter das Keats-Haus bezogen, ehe es von der Keats-Shelley-Memorial-Association zu einer Gedenkstätte gestaltet wurde. Hier, im Bereich der Piazza di Spagna, mit der Spanischen Treppe als Mittelpunkt, dem „englischen Viertel", wohnte und arbeitete Axel Munthe.

Die Engländer und auch die Franzosen waren den Deutschen als aktive Rombesucher vorangegangen. Seit Anfang des 19. Jahrhunderts hatte die Ende des 18. Jahrhunderts einsetzende deutsche Künstlerinvasion jedoch beträchtlich zugenommen. Sie alle fanden hier mit touristengefälligen Motiven in den Scharen der römischen Winterbesucher zahlungskräftige Käufer für ihre Bilder und so ein auskömmliches Dasein.

Die Römer, ohnehin bereits von großen Scharen der Gläubigen heimgesucht, waren von den wachsenden Besucherzahlen weniger begeistert, zumal sich die Fremden oft für längere Zeit einquartierten. Im Gegensatz zu den Reichen in ihren Nobelwohnungen hatte ein Großteil der Einwohner, in verwinkelten Gassen zusammengepfercht, kaum Veranlassung, den Zauber der Stadt zu preisen.

Munthes erste Patientin war die Gattin eines einflußreichen Bankiers. Seit drei Jahren war sie infolge eines Unfalls gelähmt, und trotz vieler Bemühungen hatte ihr bisher niemand helfen können. Selbst Charcot, den sie konsultiert hatte, war machtlos; er hatte ihr aber als Tip Munthes Adresse gegeben, eine wesentliche Hilfe für seinen Praxisanfang: „Es war wirklich ein sehr günstiger Fall, um damit meine Praxis in Rom zu beginnen; war doch diese Patientin die bekannteste Frau der Fremdenkolonie."

Munthe diagnostizierte, „daß ein Schock und keine dauernde Verletzung des Rückgrates die Ursache ihrer Lähmung war und daß Glaube und Massage sie in ein paar Monaten wieder auf die Beine bringen würden".

Nach weniger als einem Vierteljahr war die Patientin wieder soweit genesen, daß sie, auf einen Stock gestützt, in der Villa Borghese kleine Spaziergänge machen konnte. Munthe war der Held des Tages. „Man betrachtete als eine Wunderkur, was in Wirklichkeit eine sehr einfacher und leichter Fall war." Als erstes öffneten sich ihm in der großen britischen Kolonie Roms alle Türen. Ein Jahr später war er Arzt der britischen Botschaft und hatte allein mehr englische Patienten als die elf in Rom praktizierenden englischen Ärzte.

Auch eine Reihe angesehener italienischer Häuser gaben ihm ihr Vertrauen. Ein Freund führte ihn schließlich in die französische Kolonie ein, und bald war sein Wartezimmer mit Patienten gefüllt.

Der amerikanische Neurologe Selas Weir-Mitchel (1829–1914), der Munthe von Paris her gut kannte, „fuhr fort, seinen Überschuß an verlebten Millionären nebst ihren nervenschwachen Frauen" zu ihm zu schicken. „Auch ihre überspannten Töchter, die ihre ehrgeizigen Hoffnungen auf den ersten besten verfügbaren römischen Prinzen gesetzt hatten, fingen an, mich in ihre düsteren Palazzi holen zu lassen, um mich wegen ihrer diversen Enttäuschungssymptome zu konsultieren. Die große Menge von Amerikanern folgte ... und bald teilten die zwölf amerikanischen Ärzte das Schicksal ihrer englischen Kollegen", berichtet Munthe. Verständlicherweise waren die Gefühle der arg gebeutelten Konkurrenz für ihn wenig freundschaftlich. Eines Tages erschien bei ihm ein gewisser Dr. Pilkington, um ihn in seiner Eigenschaft als Doyen der ausländischen Ärzte zum Eintritt in ihre kürzlich gegründete „Gesellschaft zur gegenseitigen Hilfe und Unterstützung" aufzufordern. Abgesehen von dem stadtbekannten Rauhbein Campbell, hatten sie sich schon alle friedlich zusammengefunden. Das Hauptinteresse des Gremiums galt jedoch weder dem praktischen Erfahrungsaustausch, noch der gegenseitigen wissenschaftlichen Anregung oder wenigstens dem kollegialen Kontakt. Im Vordergrund stand eine Übereinkunft, den Mindestsatz für eine ärztliche Konsultation auf 20 Franc festzulegen, das Maximum blieb jedem selbst überlassen.

Sehr ungehalten sei man über Munthes „unkollegiale" Verfahrensweise, sogar unentgeltlich zu behandeln. – Wie in Paris hatte er sich neben seiner zahlungskräftigen Klientel auch mittellosen Kranken gewidmet und dabei als neue effektivere Behandlungsmethode in dem Armenviertel Trastevere ein „Ambulatorio" eröffnet. – Dieses „unsolidarische" Verhalten schädige das „Geschäftsinteresse" seiner Kollegen und sollte unter allen Umständen unterbunden werden. Da hatte man sich allerdings in der Adresse geirrt. Entschieden wies Munthe das Ansinnen zurück und widmete sich weiterhin den Hilfsbedürftigen. Von früh bis spät war er auf den Beinen und schlief nachts, falls er nicht geweckt wurde, was kaum geschah, wie ein Murmeltier.

Voller Liebe und Hochachtung schildert Munthe einen anderen alten Kollegen, das ganze Gegenteil zu den habgierigen Hyänen. Bereits seit vierzig Jahren übte der Deutsche Dr. Ehrhard, der Prototyp eines Hausarztes, seine Praxis in Rom aus. Munthe bedauert zutiefst das Aussterben dieses Arzttypus. Oft beriet er sich in schwierigen Fällen mit dem erfahrenen Kollegen: „Mag sein, daß er mit den allerneuesten Beschwörungsformeln unseres Handwerks nicht so vertraut war und sich den neuesten, patentierten Wundermitteln aller Länder und Glaubensrichtungen etwas fernhielt; aber seinen wohlerprobten alten Arzneischatz handhabe er meisterhaft; sein durchdringender Blick entdeckte das Übel, wo es sich auch immer versteckt hielt. Nichts blieb ihm verborgen in Herz und Lunge, sobald er sein altes Ohr ans Stethoskop gelegt hatte. Keine irgendwie wichtige moderne Entdeckung entging seiner Aufmerksamkeit. Er interessierte sich lebhaft für Bakteriologie und Serumtherapie, damals neue Wissenschaften, und er kannte seinen Pasteur mindestens so gut wie ich. Er war der erste Arzt in Italien, der Versuche mit Behrings Antidiphtherie-Serum machte." Gemeinsam mit Dr. Ehrhard wandte Munthe das segensreiche Mittel in Rom an und konnte so die noch in Paris praktizierte gefährliche Tracheotomie zur Rettung in Lebensgefahr stehender Kinder vermeiden.

Um Zeit zu sparen und weil er Pferde liebte, aber wohl auch um Eindruck zu machen, hatte Axel Munthe einen eleganten roträdrigen Zweispänner für seine Patientenbesuche erworben. Eine seiner Hoffnungen, die er beim Verlassen von Paris gehegt hatte, endlich von der Behandlung „nervenkranker Frauen" verschont zu werden, erfüllte sich nicht: „In meinem Sprechzimmer auf der Piazza di Spagna wimmelte es von ihnen, und nicht nur alte und gefürchtete Bekannte aus der Avenue de Villiers tauchten hier auf, auch andere abgekämpfte Nervenspezialisten schoben mir in berechtigtem Selbsterhaltungstrieb immer neuen Vorrat zu. Allein die Scharen halt- und hemmungsloser Damen jeden Alters, die mir Professor Weir-Mitchel zuschanzte, hätten genügt, um die Widerstandskraft des Gehirns und die Geduld eines jeden Mannes auf eine harte

Probe zu stellen. Auch der Wiener Professor Krafft-Ebing, der berühmte Autor der Psychopathia sexualis, schickte mir fortwährend Patienten beiderlei oder keinerlei Geschlechts ..."

Treuer Begleiter bei seinen Patientenbesuchen war der Lappenhund Tappio, der sich nicht über Einsamkeit beklagen konnte. Munthes Haus wurde zu einem Domizil für kranke und verletzte Tiere. Alles, was er fand und der Hilfe bedurfte, wurde bei ihm aufgenommen. So auch ein späterer langjähriger zutraulicher Freund, eine kleine Eule, die er mit gebrochenem Flügel aufgelesen hatte, und die er – nachdem die Verletzung geheilt war – wieder in Freiheit setzen wollte. Schon zweimal war er mit seinem Schützling an der Stelle gewesen, wo er ihn gefunden hatte: „Zweimal flog sie meinem Wagen nach und setzte sich mir auf die Schulter, sie wollte von einer Trennung nichts wissen. Seitdem saß die kleine Eule auf ihrer Stange in der Ecke meines Eßzimmers und sah mich liebevoll mit ihren goldenen Augen an. Sie gab es sogar auf, bei Tag zu schlafen, um mich nicht aus den Augen zu lassen. Wenn ich ihren weichen kleinen Körper streichelte, pflegte sie vor Wonne die Augen halb zu schließen und mit ihrem scharfen kleinen Schnabel ganz zart an meinen Lippen zu knabbern ..."

Eine Art Pflegemutter für seine Tiere hatte er in Miß Hall gefunden. Das „Urbild der frühviktorianischen alten Jungfer ... dürr wie ein Stock, sechs Fuß und drei Zoll hoch". Viele Jahre ihres ereignislosen Lebens hatte sie in zweitklassigen Pensionen verbracht und jetzt eine Lebensaufgabe gefunden. Dazu zählte auch die sorgfältige Registratur aller „gesellschaftlichen Ereignisse" in Munthes Leben. Ganz besonders war ihr dabei an Kontakten mit „höheren", ja „höchsten Gesellschaftskreisen" gelegen. Unbeschreiblich ihr Wonnegefühl, wenn Axel Munthe für sie eine Einladung zum Empfang der britischen Botschaft anläßlich des Geburtstages der Königin erhalten konnte.

Der schwedische Gesandte wachte aufmerksam über die „Geschäftsführung" seines Freundes. War doch ein wesentliches Anliegen seiner Praxis die finanzielle „Grundsteinlegung" zur weiteren Verwirklichung seiner Träume.

Wenn der Sommer nahte, gab es für Axel Munthe kein Halten. Mit Giovanna und Rosina, den beiden Mädchen, die er aus Anacapri als Hausgehilfen nach Rom mitgenommen hatte, Miß Hall und den Tieren ging es ab nach Capri. Die Mädchen,

Miß Hall und die Hunde reisten mit der Bahn und dem Dampfschiff, während Munthe, der Pavian Billy, der Mungo und die kleine Eule eine Segelfahrt bevorzugten. Zur Mittagszeit gingen sie bei Capri vor Anker und bereits zwei Stunden später war Axel Munthe im Garten bei der Arbeit: „In unablässigem Schaffen von Sonnenaufgang bis Sonnenuntergang war San Michele nun so gut wie fertig geworden, aber im Garten war noch viel zu tun. Eine neue Terrasse sollte hinter dem Hause errichtet werden. Über den beiden kleinen römischen Zimmern, die wir im Herbst entdeckt hatten, sollte eine neue Loggia entstehen." San Michele gefiel ihm immer besser: „Das Haus war klein, es hatte nicht viel Zimmer, aber ringsumher waren Terrassen, Loggien und Pergolen, um Sonne, Meer und Wolken zu betrachten, die Seele braucht mehr Raum als der Körper.

Nicht viel Hausrat war in den Zimmern, aber was da war, war nicht für Geld allein zu kaufen. Nichts Überflüssiges, nichts Häßliches, kein Krimskrams, keine Nippes. Ein paar frühe Malereien, eine Dürerradierung und ein griechisches Relief an der weißgekalkten Wand. Alte Teppiche auf den Mosaikböden, ein paar Bücher auf den Tischen, alles voller Blumen in leuchtenden Vasen aus Faenza und Urbino. Die Zypressen aus der Villa d'Este, die den Weg zur Kapelle umsäumten, waren schon zu einer stattlichen Allee aus diesen edelsten aller Bäume herangewachsen.

Endlich war die Kapelle, die meinem Heim den Namen gab, mein Eigentum geworden. Sie sollte meine Bibliothek aufnehmen."

Schrecken von Messina

In der Nacht des 28. Dezembers 1908 wurden innerhalb weniger Minuten die drei Städte Messina, Reggio Calabria und Villa San Giovanni sowie viele an der Straße von Messina gelegene kleinere Ortschaften nahezu vollständig zerstört. Ohne Vorwarnung, sekundenschnell war das Unheil über die schlafenden Menschen hereingebrochen.

Bereits im Jahre 1783 hatte das große Erdbeben von Kalabrien etwa 30 000 Opfer gefordert und Messina in eine Trümmerstätte verwandelt. Dann kam die Erde einige Zeit zur Ruhe, bis am 8. September 1905 und am 23. Oktober 1907 an der Südküste Italiens erneut starke seismische Bewegungen auftraten. Das wiedererstandene Handelszentrum Messina war zu dieser Zeit weitgehend verschont geblieben. Doch am 28. Dezember 1908, um 5 Uhr 21 Minuten 15 Sekunden, trat das Entsetzliche ein.

Ein Augenzeuge berichtet: „Nichts lag in der Luft, was ein Unheil verkünden konnte. Die Familie hatte sich nach einem traulich verbrachten Sonntagabend ruhig schlafen gelegt, als etwa nach fünf Uhr in der Nacht ... die in der Kammer des Dienstmädchens befindliche Katze ein jämmerliches Geheul begann, so daß das Mädchen davon erwachte. Sie hörte, wie die Katze in höchster Angst große Sprünge machte und hinaus wollte ..., als plötzlich mit ungeheurer Gewalt der Boden unter den Füßen senkrecht gehoben wurde, um sogleich wieder mit derselben Plötzlichkeit und einem fürchterlichen Ruck herabzustürzen ...

Nach jenem ersten senkrechten Stoße mochten wohl ... 45–50 Sekunden verflossen sein, als unter gräßlichem unterirdischem Geheul und Getöse die Erde in entsetzliche Wirbelbewegung geriet. Das Haus wurde nach allen Seiten gerüttelt und gehoben. Die ganze nach dem Meer zu gelegene Front des Hauses ... stürzte ein, während die andern Wände stehen blieben ...

Im Augenblick des zweiten Stoßes, sicher nur wenige Sekunden später, rollte eine mächtige Woge vom Meer ins Land hinein, die das fürchterliche Weltuntergangsgetöse noch erhöhte. Gleich darauf zog sich das Meer um mindestens 50 Meter zurück, so daß weithin der Meeresboden freilag."

Mit 90 000 Opfern wurde die Erdbeben-Katastrophe von Lissabon, vom 1. November 1755, bei der 50 000 Menschen starben und 20 000 Häuser zerstört wurden, weit übertroffen.

Zur Zeit des Unglücks befanden sich drei russische und ein englisches Schiff im Hafengebiet. Die Besatzungen gingen sofort unter Einsatz ihres Lebens an die Bergung der Verschütteten. Da die städtischen Gesundheitseinrichtungen zerstört waren, leisteten vier russische Schiffsärzte erste medizinische Hilfe. Auf Handelsschiffen konnte nur ein kleiner Teil der Verletzten Aufnahme finden.

Den großen Wert der russischen Hilfeleistung würdigt ein italienischer Zeuge des Geschehens: „Worte vermögen nicht zu schildern, mit welcher Selbstaufopferung die russischen Matrosen arbeiteten. Wo nur irgendeine besondere Gefahr drohte, wo sich niemand hinwagte, dorthin gingen sie und verrichteten in aller Ruhe ihr Werk.

Wir Italiener waren besonders darüber erstaunt, daß sie alles zur Hand hatten: Beile und Hacken und Stricke, ja selbst leinene Handschuhe, damit sie sich nicht die Hände verletzten oder ansteckten. Wahrhaft rührend war ihr Verhalten gegen die Kinder und Frauen. Man muß gesehen haben, welche Behutsamkeit, welchen Zartsinn sie ihnen gegenüber an den Tag legten; sie redeten eine Sprache, die keins verstand, aber die erschreckten Kinder ließen sich ohne Scheu von ihnen auf die Arme nehmen, so sehr fühlten sie instinktiv ihr heißes Bemühen, zu trösten und zu lindern."

Maxim Gorki (1868–1936), der sich zu dieser Zeit in Italien aufhielt (siehe S. 135), bestätigt diesen Eindruck: „Das erste Fahrzeug langt in Neapel an – es ist die russische ‚Sslawa', deren Besatzung, wie die Presse Italiens mit begeisterter Einmütigkeit bezeugt, dem Namen des Schiffes, der soviel wie Ruhm bedeutet, alle Ehre macht. Die Matrosen des Geschwaders haben in der Tat während der Schmerzenstage Italiens mit wahrem Heldenmut gearbeitet."

Die zerstörte Stadt bot ein Bild des Entsetzens. Immer wieder stürzten Ruinen ein und begruben Menschen unter sich, die in panischem Schrecken durch die Trümmer irrten, in der Hoffnung, noch Angehörige zu finden.

„Das unterirdische Rollen, das Poltern der Steine, das Krachen des Gebälks wird durch Hilfegeschrei, das Stöhnen der Verwundeten, die wahnsinnigen Rufe der Verzweiflung übertönt. Unaufhörlich steigen immer neue graue Staubwirbel zum Himmel empor, sie hindern am Atmen und verschleiern den Ausblick, daß man nicht sieht, wo die Gefahr geringer, wohin man flüchten kann …

Wer noch Kraft genug fühlt, folgt schweigend dem Rufe, preßt die Zähne aufeinander, räumt mit bloßen Händen Steine und Schutt zur Seite, jeden Augenblick gegenwärtig, daß die verschobenen, geborstenen Mauern zusammenbrechen und ihn unter ihren Trümmern begraben."

Auf den Plätzen drängten sich die erschöpften, frierenden Menschen aneinander. Eiskalter Regen strömte auf sie herab. Die Schreckensnachricht durcheilte das Land. Bereits eine halbe Stunde, nachdem die Meldung Neapel erreicht hatte, wurden Hilfsaktionen organisiert, Geld, Kleidungsstücke und Lebensmittel gesammelt. Es spendeten in dieser Stadt der Armut buchstäblich alle. Viele Familien erklärten sich bereit, Waisenkinder aufzunehmen.

Aus freiwilligen jungen Ärzten und Studenten bildete ein Professor Sanitätskolonnen und errichtete in Messina ein Notlazarett. Auch Axel Munthe zählte zu den ersten Helfern.

Für die Bergungsarbeiten wurden viele kräftige Männer gebraucht. Die neapolitanischen Hafenarbeiter eilten auf Hilfsdampfern herbei. Axel Munthe, der für seinen Einsatz später mit einer Rettungsmedaille geehrt wurde, stellte bescheiden fest: „Was ich in Messina getan habe, war sehr wenig im Vergleich zu dem, was ich Hunderte von namenlosen und nie erwähnten Menschen unter Lebensgefahr tun sah."

Er hatte eine Anzahl Menschen durch künstliche Beatmung gerettet. Fehlendes Verbandmaterial setzte seiner Hilfe jedoch Grenzen, so daß er bis zum Eintreffen des Lazarettschiffes nur bei akuten lebensbedrohlichen Zuständen eingreifen konnte. Viele Schwerverletzte mußten zunächst, nur notdürftig versorgt, liegenbleiben. In der Mehrzahl waren es Arm- oder Beinbrüche, Kopfwunden und Rückenverletzungen.

Die vom Meer zurückgespülten und die noch immer unter den Trümmern liegenden Leichen bedeuteten eine zunehmende Seuchengefahr. Zuerst mußten die Lebenden gerettet, erst später die Toten geborgen werden: „Zehntausende von Menschen- und Tierleichen verwesten ringsum, und ein widerlicher Fäulnisgeruch, vermischt mit dichtem, schwerem Qualm umgab die Menschen wie mit einer Pestwolke." Fehlendes Trinkwasser und Lebensmittelnot erhöhten das Elend. Nach pausenloser Arbeit senkte sich am Abend die einbrechende Dunkelheit auf die „Stätte des Todes und der Qualen".

Neapel erwartete die Verletzten und hatte sich in ein Krankenhaus verwandelt. In zwei Tagen entstanden in Privathäusern Hospitäler und Notunterkünfte, in denen Tausende Aufnahme finden konnten.

Mit der gleichen Hilfsbereitschaft und Energie stand das

ganze Land von der Hauptstadt bis zur kleinsten Landgemeinde bereit. In Rom wurde ein „Plebiszit der Trauer" gegründet, das auf allen öffentlichen Plätzen Sammelplätze für Geld- und Sachspenden – besonders gefragt war warme Kleidung – errichtete. Eine „stetig wechselnde Menge flutete den ganzen Tag, ihre Opfer zu bringen. Kinder schütteten ihre Sparbüchsen aus."

Maxim Gorki war voller Bewunderung: „Die Schnelligkeit, mit der alle diese Maßnahmen und Anweisungen zur Erleichterung einer so gewaltigen, von so vielen zugleich zu leistenden Arbeit ersonnen und bekanntgegeben werden, die Einmütigkeit und lebendige Teilnahme der gesamten Bevölkerung erregen ein so tiefes Staunen, machen einen so märchenhaften Eindruck, daß der auf der Seele lastende Eindruck der Tragödie der Vernichtung und des Todes unwillkürlich sich abschwächt und verschwindet beim Anblick dieses gewaltigen Bildes des Lebens, das in diesen Tagen gesättigt ist von dem tiefen Gefühle brüderlicher Eintracht ..."

In den ersten Tagen hatte sich die ganze Aufmerksamkeit auf Messina und die größeren Orte konzentriert, „die kleineren Ortschaften hatten unter dem Hunger, der Abwesenheit jeglicher Hilfe und der verzweifelten Stimmung um so mehr zu leiden".

Der Notruf eines Deputierten machte auf diese Situation aufmerksam: „Ich kann Euch die Vorgänge und die augenblickliche Lage in allen Ortschaften der kalabrischen Küste, wie Catona, Villa San Giovanni, Cannitello genau schildern. Scilla, Farazzina und Bagnara sind fast gänzlich zerstört. Alle diese Orte, selbst die größeren unter ihnen, waren nach dem Festland zu gänzlich isoliert, ohne jede Verbindung mit der Welt ... Sie konnten und können bis zum Augenblick nur von der Seeseite her Hilfe erhalten."

Hier leisteten die englischen Kreuzer „Exmouth" und „Duncan" wertvolle Dienste. In diesem Sodom und Gomorra war auch Axel Munthe tätig: „Noch furchtbarer war der Anblick der zwischen den Orangenhainen verstreuten kleinen Küstenstädte Scilla, Canitello, Villa San Giovanni, Gallico, Archi, San Gregorio. Was einst wohl die schönste Gegend Italiens gewesen, war ein großer Friedhof geworden, wo mehr als dreißigtausend Tote und viele Tausende von Verletzten lagen. Zwei Nächte blieben sie in strömendem Regen liegen, dann setzte ein eisiger Nordwind ein. Sie hatten keinerlei Hilfe, Tausende rannten wie irrsinnig halbnackt durch die Straßen und schrien nach Nahrung. Weiter südlich schien die Heftigkeit des Erdbebens ihren Höhepunkt erreicht zu haben. In Pellaro zum Beispiel, wo von fünftausend Einwohnern nur ein paar hundert am Leben blieben, konnte ich nicht einmal unterscheiden, wo einst die Straßen gewesen waren. Die Kirche, in die sich die verängstigten Menschen gedrängt hatten, war beim zweiten Stoß eingestürzt und hatte alle begraben."

Und doch erwuchs aus dem Ruinenfeld, in dem Tausende ihr Grab gefunden hatten, bald wieder neues Leben: „Nach und nach kehren die Menschen wieder zum Leben zurück. Am Morgen erscheinen die Straßenhändler und rufen ihre einfachen Waren aus, da und dort hat sich jemand einen kleinen Laden hergerichtet, und so kommt Handel und Wandel allmählich wieder in Gang ... Viele Familien richten sich in den von den städtischen Ingenieuren erbauten Baracken häuslich ein."

Hilfssendungen mit Medikamenten, Lebensmitteln und Kleidung trafen aus aller Welt ein. Maxim Gorki schließt seinen Bericht: „Schwere Wunden hat Italien davongetragen – aber seine Seele ist lebendig, in den Tagen nationalen Leidens hat sie der Welt Wunder der Tapferkeit und Liebe gezeigt, und hell ist in diesen Tagen die Fackel des hochherzigen italienischen Demokratismus emporgelodert."

San Michele

Munthes Sonnentempel war schießlich fertiggestellt. Sein Neffe beschreibt die bezaubernde Lage: „San Michele, dessen Name von einer alten Kapelle herrührt, liegt unglaublich schön auf der Nordseite von Anacapri, dem westlichen und größten Teil der Insel. Von Capri führt eine Straße hinauf, die sich in kühnen Windungen emporschlängelt. Schon von weitem sieht man die weiße Villa wie ein Adlernest liegen, wie einen Wachtposten hoch über dem Golf von Neapel."

Will man die 1872 fertiggestellte Straße nicht benutzen, kann man die Villa auch auf einem kleinen steilen alten Römerpfad erreichen, der in einen gemauerten Torbogen einmündet.

„Was dem Hause seinen Charakter verleiht, sind vor allem die offenen Loggien mit den zierlichen, von gewundenen Säulen getragenen Bögen. Die Villa steht auf den Überresten einer alten römischen Anlage, nach archäologischen Funden zu urteilen, aus der Zeit des Tiberius und nicht, wie man früher annahm, des Augustus."

Axel Munthe war sein eigener Baumeister. Dabei hatte er es als Amateurarchitekt hervorragend verstanden, ästhetisch reizvoll die stilistischen Elemente der mittelalterlichen südlichen Architektur mit den Überlieferungen der Renaissance zu verbinden. Sein Anliegen war, „teils die großartigen Ausblicke über den Golf soweit wie möglich auszunutzen, teils die Villa in den Traditionen der Vergangenheit zu verankern, die so stark aus den Ruinen spricht und in Capri weiterlebt; Überlieferungen aus den Tagen des Tiberius wie aus dem Mittelalter. Daher verwandte Axel Munthe von Resten alter Bauten alles, dessen er habhaft werden konnte, und zwar nicht nur, was er auf eigenem Grund und Boden fand, sondern auch Ausgrabungen aus der Umgebung, um alles nach eigenem Geschmack oft recht zufällig, dem Ganzen einzufügen ... Das Schöne an San Michele ist vor allem das Äußere, die Lage, die Loggien, die die alte Kapelle umgeben, die Pergola, die Allee mit den Zypressen aus der Villa d'Este – all die vielen Einfälle und Überraschungen, die an jeder Ecke den Beschauer entzücken."

Und vor allem überall Blumen, die in tropischer Üppigkeit gediehen. An der Pergola rankte sich junger Wein und an den Säulen prächtige Rosen empor. Besonderer Anziehungspunkt ist die Loggia, an deren beiden Seiten antike Kunstwerke und Bronzekopien ihren Ehrenplatz haben, wobei es Axel Munthe weniger auf deren jeweiligen Wert als vielmehr auf die Schönheit ankam.

Die Loggia umschließt einen kleinen Garten und führt in die Pergola, von deren weißen Säulen sich ein herrlicher Rundblick auf Capri und die Marina Grade bietet. Im Hintergrund liegen die Ruinen der „Villa Jovis", des Lieblingspalastes des Tiberius.

Das Gebäude mit seinem sonnendurchfluteten Marmorhof hat relativ bescheidene Ausmaße. Axel Munthe, der selbst tüchtig Hand angelegt hatte, standen ja keine großen Mittel zur

Verfügung. Über der Eingangstür leuchtet ein prächtiges farbiges Glasfenster, das die weltbekannte Schauspielerin Eleonora Duse (1858–1924) ihrem Freund bei einem ihrer Besuche geschenkt hatte.

Auch das Innere erscheint keineswegs anspruchsvoll. Das Speisezimmer ist mit italienischen Möbeln und schwedischem Zinngeschirr aus dem 18. Jahrhundert im Renaissancestil eingerichtet. Im Schlafzimmer steht ein einfaches Metallbett. Munthe liebte die Möbel des 18. Jahrhunderts in ihrer zeitlosen Schönheit.

Die kleine restaurierte Kapelle beherbergte die Bücher und seinen Konzertflügel. Hier konzertierten zu Ehren ihres Freundes hervorragende Musiker aus aller Welt, hier widmete sich Axel Munthe der geliebten Musik, war sein schöner Bariton zu hören.

Überall waren Tiere zu Hause. Sie hatten allerorts freien Zutritt, besonders die Hunde, deren Morgentoilette nach wie vor mit größter Ausdauer der Pavian Billy besorgte, der einem Gläschen Likör nicht abgeneigt war.

Auch in Capri war Axel Munthe der Arzt der Armen: „Der Glaube an die Macht des Signor Dottore wuchs von Tag zu Tag. Gegen Trunksucht, Liebeskummer und alle Nöte des Leibes und der Seele wurde seine Hilfe angerufen. Manchmal wurde ihm dies unbegrenzte Vertrauen fast unheimlich."

Vor allem war er Helfer für von Sorgen Belastete oder psychisch Kranke. In der allgemeinen Hausarztpraxis wurde er zunehmend gegen Medikamente skeptisch, zeigte er Vorbehalte gegen allzu starre Dogmen der Schulmedizin. „Er wußte wohl immer, welche Reserven an Heilkraft die Natur des Kranken noch bereithielt, die zum Widerstand aufgerufen werden konnten." Bei seiner Behandlungsmethode fand er nicht immer den ungeteilten Beifall seiner Berufskollegen.

Mit „San Michele" hatte Axel Munthe keine Attraktion schaffen wollen, sondern ein Refugium für sich selbst erstrebt, eine behagliche Heimstatt, in die er sich zurückziehen konnte, um ungestört seinen künstlerischen Neigungen nachzugehen oder ganz einfach die Schönheit zu genießen.

Sein Neffe aber informiert uns: „Als San Michele endlich fertig war, hatte er kaum mehr den Wunsch, dort zu wohnen; es war eigentlich die Arbeit daran, die ihn gereizt hatte. Sein

Hang zu Traum und Dichtung hatte sich dabei auswirken können."

Der Hauptgrund, der Axel Munthe San Michele zu verleiden
begann, waren die zahllosen Touristen. Mag es auch ein wenig
pietätlos klingen, wenn einer unserer Zeitgenossen sagt, die
„Attraktion" Axel Munthe sei, als es mit dem Fremdenverkehr
wieder abwärts zu gehen drohte, die Rettung der Wirte gewesen, so steckt doch weitaus mehr als nur ein Körnchen Wahrheit darin. Zum großen Leidwesen Munthes hatte er keineswegs die ersehnte Ruhe. Es kamen nicht nur die vielen
neugierigen Urlaubsreisenden. Es kam auch, und das war für
ihn mindestens ebenso lästig, die „Große Welt" zu Gast.

Unbeschwerte Lebensfreude

Ungeachtet so manchen Ärgers war Axel Munthe fest in das
Leben Anacapris integriert. Nicht nur mit seinem engeren
Freundeskreis war er verbunden, auch die Ortsobrigkeit hatte
ihn zum Ehrenbürger erklärt.

Das größte Ereignis des Jahres war das Fest des Heiligen Antonius, des Ortsheiligen. Schon wochenlang vorher war das
Dorf mit den Vorbereitungen beschäftigt. Die Häuser wurden
frisch getüncht, die Straßen gesäubert und die Kirche auf
Hochglanz gebracht.

Das allerwichtigste aber war die Musik. Mit der Ankunft der
Kapelle begannen bereits am Vorabend des großen Tages die
Festlichkeiten. Laut mußte sie spielen, vor allem laut, mußte es
doch bis in die Ohren der Capresen dringen, die ihnen ihr schö-
nes Fest mißgönnten. Sie sollten sich schwarz ärgern über die
Daseinsfreude, die hoch oben über ihrem Neste herrschte.

Es wurde kein Pardon gegeben, auch beim steilen Anstieg
auf die 777 Stufen der Phöniziertreppe mußte unaufhörlich geblasen und mit Leibeskräften auf die Trommeln und Triangeln
geschlagen werden. Man gönnte sich, falls man vor Aufregung
überhaupt schlafen konnte, nur eine kurze Nachtruhe. Früh
um vier ging das Spektakel los. Eine besinnliche Stunde trat gegen elf Uhr mit einer Predigt zu Ehren des Heiligen Antonius
und seiner vielfältigen Wunder ein, der sich der Höhepunkt,
die große Prozession auf der Piazza, anschloß: „Zuerst kam ein

Dutzend kleiner Kinder, fast noch Säuglinge, Hand in Hand. Einige trugen kurze kleine Tuniken und Engelsflügel wie Raffaels Putten, andere waren völlig nackt, nur mit Girlanden aus Weinblättern geschmückt und mit Rosenkränzen um die Stirn. Sie schienen wie aus einem griechischen Relief geschnitten. Dann kamen die Figlie di Marra, große schlanke Mädchen in weißen Gewändern, mit langen blauen Schleiern, die an blauem Bande die silberne Medaille der Mutter Gottes auf der Brust trugen. Ihnen folgten die Bizzoche, schwarz gekleidet und verschleiert, vertrocknete alte Jungfern, die ihrer ersten Liebe Jesus Christus treu geblieben waren; sodann kam mit ihrem Banner die ‚Congreta di Carita‘ (Bruderschaft der Barmherzigkeit), alte ernstblickende Männer in charakteristischen schwarzweißen Kitteln der Zeit Savonarolas. Die Musiker in ihren goldbetreßten Uniformen aus der Zeit der Bourbonenkönige von Neapel – voran der prunkvolle Kapellmeister – bliesen, so laut sie konnten, eine wilde Polka, ein besonderes Lieblingsstück des Heiligen, wie ich hörte. Von der Salve des Feuerwerkes begrüßt, inmitten der Priesterschar im vollen Ornat, erschien nun Sant' Antonio hoch auf seinem Thron, die Hand zum Segen ausgestreckt."

„Dicht an seinen Fersen" folgte in Begleitung des Bürgermeisters der Ehrenbürger Axel Munthe, als Zeichen besonderer Würde eine Wachskerze tragend. Dann kamen die Gemeinderäte und die „Notabeln" des Ortes: der Arzt, der Notar, der Apotheker, der Barbier, der Tabakhändler, der Schneider, schließlich das Volk, die Seeleute, Fischer und Bauern, „denen in respektvoller Entfernung ihre Frauen und Kinder" folgten.

Als „Nachhut" trotteten „ein halbes Dutzend Hunde, einige Ziegen mit ihren Zicklein und ein paar Schweine" hinterher.

Die Prozession führte an San Michele vorbei, wo eine kurze Rast gemacht wurde. Munthes Leute warfen zum Gruß „mit vollen Händen Rosen aus den Fenstern, der alte Pacciale läutete die Glocken der kleinen Kapelle. Etwas beunruhigt verfolgten die Hunde das große Ereignis von der Pergola aus, der Mungo ließ sich nicht ablenken." Billy, der Pavian, der sich allzuoft schon als „Ungläubiger" demaskiert hatte, war vorsorglich ins Affenhaus eingesperrt worden, „wo er einen infernalischen Lärm vollführte", am Schloß rüttelte und „gräßliche Schimpfworte ausstieß".

Auf der Piazza, „von einem ohrenbetäubenden Kanonenschlag begrüßt", kehrte schließlich Sant' Antonio in seinen Ehrenschrein in der Kirche zurück.

Nach dem Mittagessen ging das bunte Treiben weiter. San Michele war jetzt das Ziel des Jubels. Punkt 16 Uhr wurden die Tore geöffnet, und, wie Axel Munthe schreibt, „eine halbe Stunde später war das ganze Dorf in meinem Garten. Arm und reich, Männer und Frauen, Kinder und Säuglinge, Krüppel, Schwachsinnige, Blinde und Lahme. Wer nicht selbst gehen konnte, wurde von den anderen auf den Schultern getragen ... In der Pergola reihte sich Tisch an Tisch von einem Ende zum anderen. Dort standen Riesenkrüge von San Micheles bestem Wein. Der alte Pacciale, Baldassare und Mastro Nicola waren unermüdlich, die Gläser immer von neuem zu füllen, Giovannina, Rosina und Elisa gingen herum und boten den Männern Zigarren, den Frauen Kaffee und den Kindern Kuchen und Süßigkeiten an. Die Musik, die ich dem Magistrat für den Nachmittag abgemietet hatte, blies unentwegt auf der oberen Loggia. Alle Türen meines Hauses standen offen, nichts war weggeschlossen, alle meine Kostbarkeiten lagen wie immer in scheinbarer Unordnung auf Tischen, Stühlen und dem Fußboden umher. Mehr als tausend Menschen gingen ungehindert durch alle Räume, nichts wurde angerührt, nichts wurde je gestohlen. Wenn die Glocken das Ave-Maria läuteten, war der Empfang vorüber und alles zog nach vielem Händeschütteln heim in gehobener Stimmung ..."

Noch Anfang der 50er Jahre unseres Jahrhunderts gab es, wie Gudrun von Uexküll feststellte, auf Capri alte Leute, die sich aus ihrer Jugendzeit an Axel Munthe erinnerten, „und immer geht ein Leuchten über ihre Züge, wenn sie von ihm zu erzählen beginnen".

Munthes bester Freund war der Fischer Francesco, mit dem er viele kühne Segeltouren unternahm.

Zu seinen Vertrauten zählte der wohlhabende Weinbauer Domenico Arcucci, der stolz darauf verwies, daß seine Familie bereits seit dem 12. Jahrhundert an gleicher Stelle Wein und Öl anbaute. Ihm hatte Axel Munthe manchen guten Rat beim späteren Ausbau von Materita zu danken.

Die Bauern warteten schon auf ihn, wenn er täglich um die Mittagszeit mit seinen Hunden einen ausgedehnten Spaziergang unternahm, der im Sommer meist mit einem erfrischenden Bad endete; jetzt konnte Mittagspause gemacht werden.

Die einzige Unstimmigkeit, die es zwischen Munthe und den Inselbewohnern gab, war der Vogelfang. Es wollte dem Tierschützer nicht gelingen, sie davon zurückzuhalten. Was war der Unterschied zwischen Fisch- und Vogelfang, der für sie zu einem unverzichtbaren Broterwerb geworden war? Und die Tafel der Reichen forderte doch derartige „Köstlichkeiten".

Es kostete Axel Munthe manche Summe, den einen oder anderen doch vor dem Fallenstellen zurückzuhalten. Auch wenn im Winter die Fremden ausblieben und die Feldarbeit brach lag, war er mancher Familie Helfer in bitterer Not. Mit Recht konnte sein Neffe feststellen: „Diese armen, treuherzigen, anspruchslosen Fischer waren es, denen Axel Munthe begegnete, als er zuerst nach Capri kam, und sie wurden seine Freunde fürs Leben. Er verstand sie, half ihnen in ihren Sorgen, und sie verstanden und bewunderten den Fremden, dem es mit der Zeit gelang, einer der ihren zu werden."

Das Geheimnis der Blauen Grotte

Touristen dürsten nach Sehenswürdigkeiten. Als am 15. Mai 1820 der Zugang zu der Grotta Oscura, bisher eine Attraktion, verschüttet wurde, war das für den Fremdenverkehr, namentlich für den Umsatz der damals noch kleinen Gastwirtschaft des Giuseppe Pagano, ein schwerer Verlust. Er mußte sich zur Neubelebung des Geschäftes etwas einfallen lassen. Da kamen ihm im August 1826 die beiden deutschen Maler August Kopisch (1799–1853) und Ernst Fries (1801–1833) gerade recht. Gespannt lauschten sie seinen Berichten über die Geschichte der Insel, in der die Missetaten des tyrannischen Wüstlings Tiberius eine zentrale Rolle spielten. Die Insel als Sündenpfuhl bot ihnen als Maler herrliche „marktgerechte" Motive.

Wie Pagano zu berichten wußte, befand sich unterhalb der Villa des Tiberius die größte Lasterhöhle, in der ständig schöne Mädchen für ihn reserviert werden mußten. Ungefähr ahnte Pagano diesen Ort, es habe sich aber bisher noch niemand gewagt, durch die schmale Öffnung einzudringen.

Weiterer Erläuterungen bedurfte es nicht. Das Entdeckerfie-

Bild 33. Anna
Munthe

Bild 34. Eleonora
Duse

Bild 35. Treppe von der Marina Grande nach Anacapri (oben rechts San Michele)

Bild 36–39. San Michele

Bild 36. Vorderfront

Bild 37. Innenhof

Bild 38. Speisezimmer

Bild 39. Arbeitszimmer

Bild 40. Brief an Thure von Uexküll mit Rezept

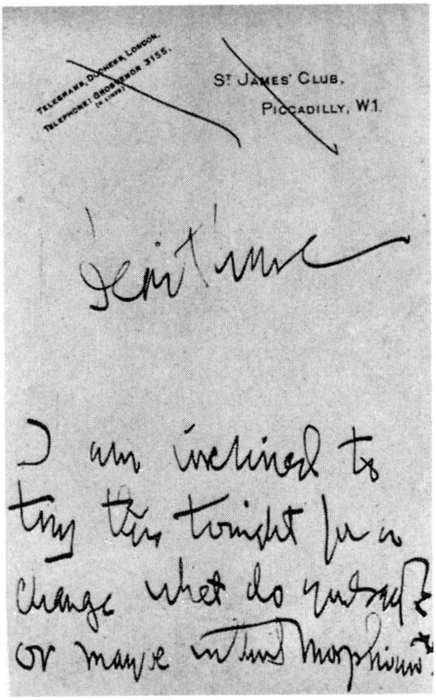

Telegrams: Duchess, London.
Telephone: Grosvenor 3155. (2 lines)
St James' Club,
Piccadilly, W1.

Dear Thure

I am inclined to try this tonight for a change what do you say? or maybe without morphium?

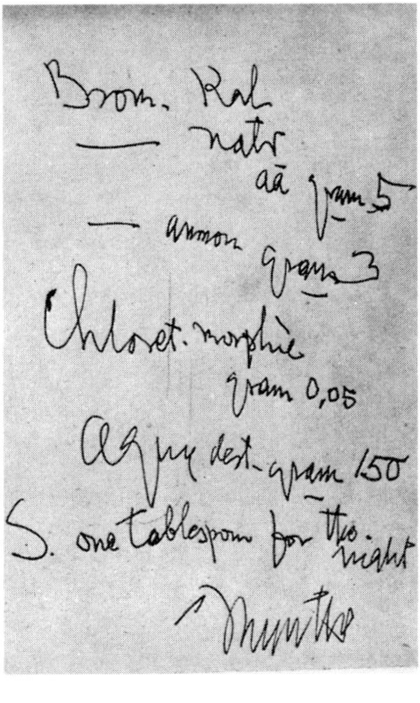

Brom. Kal
— natr
aa gram 5
— ammon gram 3
Chloret. morphie gram 0,05
Aqua dest. gram 150
S. one tablespoon for the night

Bild 41. Straße in London

Bild 42–45. Werke Axel Munthes

VAGARIES

By AXEL MUNTHE

AUTHOR OF 'LETTERS FROM A MOURNING CITY'

LONDON

JOHN MURRAY, ALBEMARLE STREET

1898

Bild 46. Casa Caprile. Wohnsitz der Königin Victoria auf Capri

Bild 47–49. Torre de Materita

Bild 47a. Vor der Erneuerung

Bild 47 b. Nach der Erneuerung

Bild 48. Eßzimmer

Bild 49. Schlafzimmer

Bild 50. Porträtskizze von
William Rothenstein

Bild 51. Axel Munthe um
1930

Bild 52. Mit König Gustav von Schweden

Bild 53. Mit Schwester Brita Elmgren

ber der beiden Maler war geweckt. Der alte Seebär Angelo Ferraro ruderte die Freunde zum Ort der Lüste und der geschickte Schwimmer Kopisch drang, mit einer Fackel versehen, ein. Die „Entdeckung" war gemacht. Begeistert schrieb er in das Fremdenbuch: „Freunde wunderbarer Naturschönheiten mach ich auf eine von mir nach den Angaben unsres Wirts Giuseppe Pagano mit ihm und Herrn Fries entdeckte Grotte aufmerksam, welche furchtbarer Aberglaube jahrhundertelang nicht zu besuchen wagte."

Wen kümmerte es, daß der Fund bereits 1606 in Capaccios „Geschichte von Neapel" erwähnt, im Jahre 1696 auf einer Karte als „Gradola" verzeichnet war und daß selbstverständlich die capresischen Fischer, nicht zuletzt Ferraro selbst, die jeden Zoll ihrer Heimatinsel kannten, um das „Geheimnis" wußten. Gewiß hat Kopisch die Grotte nicht entdeckt, doch sie bekannt und auf ihre Schönheit aufmerksam gemacht zu haben, bleibt sein Verdienst.

Entscheidend war, daß wieder etwas für die Belebung des Fremdenverkehrs getan wurde. Bis zur Erweiterung des Zugangs hielt sich das Interesse noch in Grenzen, dann aber, vor allem als erste begeisterte Schilderungen veröffentlicht wurden, setzte der Interessentenstrom ein.

Einer der ersten schwärmerischen Berichte stammt von Felix Mendelssohn-Bartholdy (1809–1847), der 1831 hier weilte und manche Impressionen in seiner „Italienischen Sinfonie" verarbeitete. Weltbekannt wurde die Grotte durch Hans Christian Andersens (1805–1875) poesievolle Darstellung in dem Roman „Der Improvisator" (1836).

Während einer Italienreise beschreibt Alexander Dumas (1802–1870), der allerdings auf die Greuelgeschichten um Tiberius hereinfiel, die Faszination der Grotte: „eine ungeheure azurne Höhle, als hätte es Gott Spaß gemacht, aus dem Rest des Firmaments ein Zelt zu machen" – und mit dem Blick auf Tiberius: „ein rechter Ort, den Lüsten zu frönen".

Auch Axel Munthe war eifrig beschäftigt, die Blaue Grotte zu erforschen. Ganze Tage verbrachte er in der etwa 15 m hohen und 30 m breiten Höhle. Allmählich gewöhnte sich das Auge an das Halbdunkel. Dann aber nahm man einen phantastischen optischen Eindruck wahr. Aus dem Dämmerdunst erstrahlte ein leuchtendes azurblaues Licht.

Offensichtlich war der unterirdische Gang, der angeblich zu der Villa des „Wüstlings" führen sollte, nicht gebaut, sondern durch langsames Eindringen des Wassers entstanden. Munthe hatte sich selbst Gewißheit verschafft: „Ich war über siebzig Meter weit hineingekrochen und hatte mich unter Lebensgefahr überzeugt, daß er blind endete."

Der britische Botschafter, Lord Dufferin, der sich auch brennend für das Geheimnis interessierte, zog es vor, im Ruderboot zu warten. Stundenlang saßen beide nach einem erfrischenden Bad am schmalen Eingang des „geheimnisumwitterten Ganges" und tauschten ihre Meinungen über die ruhmreiche Vergangenheit der Insel aus.

Insel der Musen

Der Kontakt Axel Munthes zu der einheimischen Bevölkerung war wesentlich enger als mit den vielen Kunstjüngern, die sich, einer alten Tradition folgend, mehr oder weniger in kleinen, teilweise miteinander in Fehde liegenden Künstlerkolonien auf Capri angesiedelt hatten oder vereinzelt von Zeit zu Zeit hier aufkreuzten. Es war ein recht buntes Völkchen, das sich hier zusammenfand, überschäumend von Künstlerseligkeit oder vom Weltschmerz verfolgt, zumeist aber ein Gegenpart zu dem Ruhe und Schönheit suchenden Axel Munthe, der seine Kreise unliebsam gestört sah.

Zweifellos aber fand er unter den Inselgästen auch Persönlichkeiten, die einen nachhaltigen Einfluß auf ihn ausübten.

Zum besseren Verständnis seiner Lebens- und Verhaltensweise erscheint ein kurzer Überblick über den recht vielgestaltigen, auch von Traditionen geprägten „spiritus loci" der berühmten Capreser Inselwelt sinnvoll.

Lange Zeit, noch bis ins 17. Jahrhundert, hatte die Furcht vor den Türken die Reisenden von der Insel ferngehalten. Verbürgt ist nur ein Mutiger, der Altertumswissenschaftler und Angehörige der französischen Gesandtschaft Jean Jacques Bouchard (geb. 1606), ein Gelehrter und Abenteurer mit, wie es heißt, „erotischen Neigungen", der im Mai 1632 für wenige Tage nach Capri gekommen war.

Als erster auf der Insel ansässig gewordener Fremder gilt der wohlhabende Engländer Nathaniel Thorod. Er war Mitte des 18. Jahrhunderts einem wunderschönen Mädchen gefolgt, von dem er sich nicht mehr trennen konnte. Bei der Geistlichkeit scheint sein Vorgehen Unwillen erregt zu haben, denn die Chronik vermerkt ihn als Heiden und Häretiker. Die Inselbevölkerung hingegen erinnert sich seiner als Wohltäter.

Fortan erschienen zunächst nur vereinzelte Besucher, bis die in den 60er Jahren des 19. Jahrhunderts aufkommende Dampfschiffahrt das Reisen bequemer und schneller machte und die Reiselust vergrößerte.

Zu den ausländischen Künstlern, die das begehrte Capri-Motiv für sich entdeckten, zählten vor allem deutsche Maler. Natürlich hatten vor ihnen bereits Neapolitaner das ansprechende Lokalkolorit zu gestalten gewußt.

Als während der Choleraepidemie von Neapel 1884/85 die Insel gänzlich vom Festland isoliert wurde, nutzte der Maler und Schriftsteller Heinz Hoffmeister (1851–1894) die Zeit, um den Saal des Albergo Pagano, der inzwischen gewachsenen Gastwirtschaft, mit Fresken auszuschmücken. Beteiligt waren an dem Unternehmen auch die ebenfalls in Capri weilenden Künstler Georg Koch (geb. 1857), Karl Weichardt (1846–1906), Ludwig Streitenfeld (1849–1930), Karl Lorenz Rettich (1841–1904), Carl Breitenbach (1833–1907), Georg Estler (geb. 1860) und der russische Schlachtenmaler Alexander Willewalde (geb. 1857).

Das alte Albergo Pagano mußte wegen des wachsenden Zuspruchs erweitert und modernisiert werden. Nach dem Tode des Vaters übernahm der Sohn Don Michele die beliebte Künstlerpension, in der sich sehr zum Ärger des Klerus eine fröhliche Runde nahezu ausschließlich deutscher Künstler zusammenfand, die allerdings in zunehmender Weise auch höchst unliebsame nationalistische Mißtöne erklingen ließen und bei der Bevölkerung wenig beliebt waren.

Die deutsche Künstlerkolonie hatte sich in dem Haus des 1892 nach Capri gekommenen Malers Christian Wilhelm Allers (geb. 1857) einen weiteren Treffpunkt geschaffen. Der wegen seiner Bismarck-Porträts weithin als „Bismarck-Allers" bekannte Maler hatte nahe der Punta Tragara eine Terrassenvilla mit einem großen Atelier errichten lassen, in dem die Gäste stets willkommen waren.

Seine Zyklen „Kapri" und „La bella Napoli" sind eine realistisch-heitere Schilderung des südlichen Volkslebens. Die anerkannt schönsten Capri-Bilder schuf der von Goethe und Großherzog Karl August von Weimar geförderte Maler Friedrich Preller (1804–1878) mit seinem Odysseezyklus. Beeindruckend sind die phantasievollen malerischen Rekonstruktionen der alten Römerbauten von Karl Weichardt.

Das Lokalkolorit der Caprimotive war ein Renner in der Publikumsgunst, daß dabei das künstlerische Niveau zuweilen erheblich leiden mußte, bedarf keiner näheren Erklärung.

Der Grottenzyklus von Karl Wilhelm Diefenbach (geb. 1851) entsprach noch den Käufervorstellungen. Doch sein Bestreben, messianische Typen in die schöne Landschaft zu setzen, störte, so daß er bei seinem Tode neben beträchtlichen Schulden stapelweise unverkäufliche Bilder hinterließ.

Sammelplatz deutscher Besucher und deshalb auch „Kleindeutschland" genannt war auch das beliebte Künstler- und Intellektuellen-Café „Zum Kater Hiddigeigei". Groß ist die Liste bekannter deutscher Schriftsteller, die hier zu Gast waren.

Als erster sei Josef Viktor von Scheffel (1826–1886) genannt, da er dem weltbekannten Unternehmen den Namen gegeben hat. In seiner 1853 in Capri entstandenen, damals ungemein beliebten und verbreiteten Versdichtung „Der Trompeter von Säckingen" heißt es: „Wer ist dort der blonde Fremde, / Der auf Don Paganos Dache / Wie ein Kater auf und ab geht?"

Etwa zur gleichen Zeit arbeitete hier ein Lieblingsdichter des deutschen Bürgertums, Paul Heyse (1830–1914), an seinen Novellen „L'Arrabiata", „Auf Capri" und „Hochzeit auf Capri"; sammelte der Kunsthistoriker Ferdinand Gregorovius Material für seine brillante Schilderung der „Wanderjahre in Italien".

Zuvor hatte bereits der vor der spießigen „feudalen Ruine" Deutschland nach Italien geflohene bürgerlich-republikanische Dichter August von Platen (1796–1835) in Gedichten und Tagebuchaufzeichnungen 1827 die Schönheit der Insel gerühmt, hatte sein gleichgesinnter Freund Wilhelm Friedrich Waiblinger (1804–1830) im Auftrage des Verlegers Johann Friedrich Cotta (1764–1842) an einem Hohenstauffendrama gearbeitet.

Gerhart Hauptmann (1862–1946) war erstmals 1883 auf der Insel. Interessant ist seine im „Abenteuer meiner Jugend" gegebene Schilderung, da sie die geistige Haltung vieler „Möchtegern-Künstler", die sich hier breitmachten, charakterisiert: „Wir waren noch nicht acht Tage in unserem Hotel, als wir bereits spürten, daß wir von unseren Landsleuten heimlich befehdet wurden. Wir waren naiv genug, nicht zu wissen warum. Wir schlossen uns wenig an, da wir uns selbst genug waren, was bei der familiären Einheit des nur von Deutschen besetzten Hotels als unerlaubt und verletzend gebucht wurde.

Das gab den Ausschlag indessen nicht.

Wir mögen in unvorsichtiger Weise unsere Ansichten über Reformbedürftigkeit der Gesellschaft und anderes mehr geäußert haben, wodurch wir mißliebig werden mußten.

In diesen Kreisen war die Siegesstimmung seit 1871 noch nicht einen Augenblick abgeflaut. Das ganze Jahr feierten sie Sedanfest. Sie betrachteten es als bedauerlichen Umstand, daß Kaisers Geburtstag nicht alle Tage sein konnte. Überall markierten sie Siegernation und wurden nicht nur den gesitteten Menschen anderer Völker, sondern auch denen im eigenen Lande peinlich. Die Grobheit, das präpotente Wesen, die Ungezogenheit und Unerzogenheit des Deutschen, der ins Ausland kam, war damals für viele ein Ärgernis: sie hat manchen Schaden gestiftet.

Bei Pagano blieben die Deutschen unter sich. Ihre Nationalfreude, ihre Überheblichkeit, ihr ewiges Hurra-Hurra-Geschrei wirkten deshalb nach außen weniger aufreizend ... Toleranz für eigene, dem Parvenügeiste nicht entsprechende Meinungen kannte man in diesem Kreise nicht."

Als Gerhart Hauptmann und sein Bruder Carl es schließlich wagten, am 22. März das Festessen zu Ehren von Kaisers Geburtstag abzulehnen, wurden sie „definitiv in die Acht getan".

Für einen anderen Deutschen hingegen mußte eine solche Atmosphäre wie Labsal wirken. „Zu schwach, um die Last der ererbten Millionen zu tragen", war Kanonenkönig Krupp nach Capri „geflohen". Hören wir dazu einen gewissen F. von Wantoch-Rekowski, einen jener Typen, die Gerhart Hauptmann den Aufenthalt vergällten, in seinen „Italienischen Erinnerungen": „Schon seit zwei Jahren hatte Friedrich Krupp, unser großer Krupp, auf den jeder deutsche Patriot stolz war und um den das gesamte Ausland uns beneidete, aus dem Sturm und Drang seines ungeheuren Geschäftsbetriebes in Essen flüchtend, alljährlich mehrere Monate auf der ihm besonders lieben malerischen Felseninsel Capri, fern vom Weltgetriebe, Ruhe und Erholung gesucht, er, der König über Stahl und Eisen mit dem menschenfreundlichen Herzen."

Doch hielt sich die Dankbarkeit für den „Wohltäter Capris", der hier ein „Paradies auf Erden" errichten wollte, wie Wantoch-Rekowski bekennen muß, in engen Grenzen: „Allein des Lebens ungetrübte Freude ward keinem Sterblichen zuteil: Und Undank ist der Welt Lohn!" Schatten fielen in das „frohe und helle Idyll". Eine „gehässige Parteiherrschaft" und die „eigensüchtigen und rachsüchtigen Naturkinder" mißverstanden die edlen Gefühle ihres Wohltäters und „heimtückische" Gegner wühlten gegen die „Krupp-Partei" bei den Gemeindewahlen. Schließlich machten sich auf Capri sogar „gewisse deutsche Landsleute breit ..., welche glaubten, sich dort alles erlauben zu dürfen".

Derartige dunkle Machenschaften verleideten dem „edlen Manne" seine Idylle, und als die „Naturkinder" ihm nachdrücklich nahelegten, die Insel zu verlassen, kehrte Krupp an seine Waffenschmiede zurück.

Krupp hatte sich besonders für die von Anton Dohrn (1840–1909) 1873 gegründete Zoologische Station in Neapel interessiert. Auf seiner Jacht Puritan unternahm er gemeinsam mit Dohrns Mitarbeiter Salvatore Lo Bianco meereszoologische Studien.

Von den deutschen Wissenschaftlern, die zeitweilig auf Capri Quartier bezogen, sind vor allem Ernst Haeckel (1834–1919) und Emil von Behring zu nennen.

Die Schönheit der Insel hätte Haeckel, 1859 auf einer Studienreise zur Erforschung der Radiolarienarten, seiner Doppelbegabung folgend, bald verführt, sich von der Naturwissenschaft der Landschaftsmalerei zuzuwenden. Im Jenaer Haeckel-Haus sind noch heute einige seiner Capribilder zu bewundern. Erst die dringende Mahnung des Vaters veranlaßte den Kunstschwärmer, sich von seinem Begleiter, dem Dichter und Maler Hermann Allmers (1821–1902), zu trennen und wieder der Forschungsarbeit im Golf von Messina zuzuwenden.

Zwanzig Jahre lang, in den Jahren 1890 bis 1912 war Emil von Behring ständiger, bei der Bevölkerung sehr beliebter Besucher der Insel. Mit seiner jungen Frau hatte er zunächst in der Via Tibero eine Villa bewohnt, später aber ein größeres Haus auf einem Ausläufer des Felsens von San Michele erworben. Hier empfing er viele Gäste.

Das ehemals von ihm bewohnte Haus wurde als die „Rote Villa" Maxim Gorkis weltbekannt. Bereits um 1900 hatte sich um den Symbolisten Dmitri Sergejewitsch Mereshkowski (1866–1941) eine kleine Gruppe russischer Dichter und Maler auf Capri niedergelassen und hier ein mystisch-fortschritts-feindliches Rußlandbild verkündet, das nicht ohne Einfluß auf westeuropäische bürgerliche Intellektuelle blieb.

Ganz anders war die russische Emigrantenkolonie, deren führender Kopf der sieben Jahre auf Capri lebende Dichter des revolutionären Proletariats, Maxim Gorki, war. Besonders eng waren seine Kontakte zu dem Erzähler und Lyriker Ivan Alexe-jewitsch Bunin (1870–1953), dem ukrainischen Schriftsteller Michail Michailowitsch Kozjubinski (1864–1913) und dem Sänger Fjodor Iwanowitsch Schaljapin (1873–1938), die wie-derholt für längere Zeit bei ihm zu Gast waren. Als Freunde und Genossen weilten bei ihm die Politiker Felix Edmundo-witsch Dzierzynski (1877–1926), Georgi Walentinowitsch Ple-chanow (1856–1918), die Maler Ilja Jefimowitsch Repin (1844–1930), Isaak Israilewitsch Brodski (1883–1939), der Schauspieler und Regisseur Konstantin Stanislawski (1863–1938), seine Verleger Konstantin Petrowitsch Pjatnizki und Iwan Dmitrijewitsch Sytin sowie der Schriftsteller Leonid Nikolajewitsch Andrejew (1871–1919). Zweimal, 1908 und 1910, besuchte ihn Lenin (1870–1924), mit dem er im ständi-gen Briefwechsel stand, wiederholt auch sein enger Vertrauter, der Politiker, Literat und Musikwissenschaftler Anatoli Luna-tscharski (1875–1933).

Nie zuvor hatte die Post von Capri so viele Sendungen zu be-arbeiten. Besonders die unzähligen Bücherpakete, die bei Gorki eintrafen, waren außergewöhnlich.

Gorkis Emigrantenkolonie bildete ein geistiges Zentrum. Im Gegensatz zu den abgeschieden lebenden Künstlerkreisen ver-anstaltete man musikalische und literarische Abende, an denen Schriftsteller aus neuen Werken vorlasen und Schaljapin Pro-ben seines großen Könnens bot.

Dreizehn russische Hörer waren Teilnehmer der von August bis Dezember 1909 auf Capri bestehenden Parteischule, die von der fraktionellen Gruppe um den Philosophen und Arzt

A. Bogdanow (1873–1928) geleitet wurde und an der Maxim Gorki Vorlesungen über russische Literatur hielt.

Lunatscharski berichtet: „In dieser Zeit des wahrlich ziemlich unerquicklichen Kampfes zwischen Lenin- und Bogdanow-Anhängern war die erste Parteischule, die wir auf Capri gründeten, ein Lichtblick. Irgendwann wird es wohl nötig sein, die Ereignisse ausführlich zu beschreiben, die mit meiner Freundschaft zu Gorki und zugleich mit dieser ganzen sehr originellen und bunten Schule zusammenhängen.

Ihre Entstehung hatte die Schule auf Capri in zweifacher Hinsicht einem vortrefflichen Manne, nämlich Michail Wilonow, zu verdanken. Von ihm stammte die Idee, und er war auch der Hauptorganisator. Dem muß man allerdings hinzufügen, daß er es auch war, der dann einen schweren Schlag gegen die Schule von Capri führte und sie damit teilweise desorganisierte. Genosse Wilonow, ein Arbeiter aus dem Uralgebiet, war auf Drängen und auf Kosten der Organisation, der er angehörte, nach Capri gekommen, um sich von der ihn verzehrenden Schwindsucht zu kurieren. Psychisch wie physisch eine ungewöhnlich kräftige Natur, war Genosse Wilonow an Schwindsucht erkrankt, als man ihn wegen seiner Flucht aus dem Gefängnis von Ufa aufs grausamste mißhandelt hatte.

Bald nach seiner Ankunft errang sich Wilonow die Hochachtung und Freundschaft Gorkis und Bogdanows, die zu jener Zeit auf Capri lebten, ebenso wie die meine."

Wilonow entwickelte den Vorschlag, „hier in diesem reizvollen, ruhigen Winkel Europas eine Parteiuniversität zu gründen, von der nach etwa vier Monaten mehr oder weniger politisch aufgeklärte Genossen nach Rußland zurückkehren würden …

So beschlossen wir, diese Schule mit Geldern der Partei und mit beträchtlicher Unterstützung Gorkis zu gründen."

Im Sommer 1910 kehrte Wilonow, der nach Rußland gefahren war, um Schüler zu werben, mit zwanzig Arbeitern zurück. „Es handelte sich um Leute von unterschiedlichem Niveau, manche waren einfache Arbeiter mit durchschnittlichen Gaben, andere wiederum zeichneten sich durch glänzende Fähigkeiten aus." Diese Bildungsunterschiede erwiesen sich als großes Problem.

Lunatscharski lehrte Geschichte der deutschen Sozialdemokratie sowie Theorie und Geschichte der Gewerkschaftsbewegung, führte praktische Agitationsübungen durch und hielt noch Vorlesungen über allgemeine Kunstgeschichte, die zu seiner Verwunderung „den größten Anklang bei den Arbeitern fanden".

„Der Unterricht in der Schule verlief angenehm, die Hörer waren von Enthusiasmus erfüllt. Die praktischen Übungen waren oft originell und fesselnd."

Bald aber ließen die politischen Auseinandersetzungen die „Wogen der Leidenschaft" in dem kleinen Kreis hochschlagen. Ein Geschehen, das auch in Capri für einiges Aufsehen sorgte. Verdächtig war das Unternehmen der emigrierten Revolutionäre ohnehin. Die Polizei hatte strikte Order, sie ständig zu überwachen.

Natürlich hielten sich die russischen Freunde nicht nur im Hause Gorkis auf. Wie Rainer Maria Rilke (1875–1926), der in der ersten Hälfte 1907 auf Capri war und Gorki kennengelernt hatte, feststellte, begannen sie den deutschen Einfluß im „Kater Hiddigeigei" zurückzudrängen.

Rilke, der zu Gast bei dem Naturwissenschaftler Jakob von Uexküll war, schrieb am 9. Februar 1907 an die schwedische Schriftstellerin Ellen Key (1849–1926): „Es scheint, daß Gorki für lange hierbleibt. Ich kenne ihn nicht und möchte mit jeder neuen Begegnung vorsichtig sein, besonders, da er hier und in Neapel wie ein Agitator sich feiern ließ, was ihn mir nicht gerade näher bringt ..."

Die erste Begegnung, die offenbar im „Kater Hiddigeigei" stattfand und an der nach Rilke auch Gorkis „jetzige Frau" und „ein paar verstimmte russische Männer, die von [ihm] keine Notiz nahmen", teilgenommen hatten, war, wie er Leonid Pasternak (1862–1945) informierte, nicht nach seinem Geschmack verlaufen.

Am 18. April 1907 aber richtete er Ellen Key herzliche Grüße von Gorki aus und schrieb, er sei eine Stunde bei ihm gewesen, und „es war lieb und herzlich, ihn zu sehen und zu hören".

Unter den verschiedenen Kolonien, die sich auf Capri eingerichtet hatten, dürfen die der Franzosen und Engländer nicht unerwähnt bleiben. Die Franzosen erstrebten ein Künstlerdasein à la Montparnasse und Montmartre, während sich die vornehmere englische Gruppierung bemühte, ein Stück „old England" zu etablieren.

Im Gegensatz zu dem zuweilen recht lockeren Treiben anderer Kreise, ging es hier respektabler zu. Die lange Jahre auf Capri lebende Genre- und Landschaftsmalerin Sofie Anderson sagte der „Orgie des Fleisches" erbitterten Kampf an. In ihrem Salon fand sich ein, was „englisch und langweilig war". Besonders beliebt waren im „Kreis der zu kurz Gekommenen" Gartenpartys mit Erdbeercreme.

Manche Landsleute bekamen diese Vornehmheit bitter zu spüren. So Oscar Wilde (1854–1900), der nach seiner skandalösen Haft auf Capri unterzutauchen hoffte, doch auch hier von hinter den „Dämmen der Moral" verschanzten Philistern gedemütigt wurde.

Leitfigur eines völlig anderen, den bigotten Moralnormen entgegengesetzten Kreises Gleichgesinnter war der zeitweilig in Capri lebende schottische Erzähler und Essayist George Norman Douglas (1868–1952). Sein 1917 entstandener Roman „Südwind" beschreibt die Schönheit der Tier- und Pflanzenwelt der Insel vor dem großen Touristenansturm.

Der Pole Joseph Conrad (1857–1924), nach dem Aufstand gegen das Zarenregime 1863 verbannt, wollte sich, inzwischen britischer Staatsbürger geworden, auf Capri von den zermürbenden Strapazen erholen.

John Galsworthy (1867–1933), der ihn 1893 bei der Arbeit an seinem ersten literarischen Versuch „Almayers Folly" (Allmayers Wahn) ermutigt hatte, schrieb hier 1913 seinen sozialkritischen Roman „Die dunkle Blume".

Weitere Gäste auf der Insel, mit denen Axel Munthe Verbindung hatte, waren der irische Lyriker, Dramatiker und Erzähler William Butler Yeats (1865–1939), der Schriftsteller und Essayist Louis Golding (1895–1958) und David Herbert Lawrence (1885–1930), der wegen seiner „sündigen Liebe" zu der Deutschen Frieda Weekley, geborene von Richthofen, die seinetwegen ihre Familie verließ (Lawrence heiratete sie 1914 nach ihrer Scheidung), den bigotten Puritanern höchst suspekt war.

Obwohl Henry James (1843–1916) aus seiner Vorliebe für die englische Aristokratie und deren Lebensstil keinen Hehl machte, ist er mit seinem Bestreben nach Humanisierung der menschlichen Beziehungen diesem Kreis zuzurechnen. Nach Aussage Axel Munthes war er es, der ihn zum Schreiben seines

„Buches von San Michele" ermunterte und damit zum großen Anreger dieses bedeutsamen Werkes wurde.

Natürlich überließen es die Capresen nicht allein den Fremden, von der reichen Geschichte und Schönheit ihrer Insel zu künden. Bereits in der zweiten Hälfte des 18. Jahrhunderts hatte der Naturwissenschaftler und Archäologe Luigi Giraldi mit seinem Schaffen den Grundstein zur Capriforschung gelegt, die von den Capresen Giuseppe Feola und dem Naturforscher Ignazio Cerio fortgesetzt wurde.

Erwähnt werden muß ein gewisser Oberst I. C. McKowen, der sich 1876, aus Amerika kommend, in Anacapri angesiedelt hatte. Als Arzt ein Widersacher Axel Munthes, hätte er ihn gern auf ein Duell „bis zum letzten Blutstropfen" herausgefordert.

Als Mann des amerikanischen Südens war und blieb er eine Sklavenhalternatur, der den „Verrat Lincolns" nicht verschmerzen konnte. Interessant waren die in seiner „archäologischen Villa", die er in ein Inselmuseum verwandelte, aufbewahrten vielfältigen Fundstücke.

Schließlich seien noch eine Reihe liebenswerter und typischer Capri-Originale nicht vergessen: An der kleinen Marina errichtete der Maler August Weber eine Sonnen-Naturheilanstalt, für die er voller Enthusiasmus und nicht ohne Erfolg Interessenten warb. Um das Schulwesen und die sozialen Einrichtungen der Insel erwarb sich der viele Jahre hier lebende Times-Korrespondent Henry Wreford (gest. 1892) große Verdienste. Für einen Zeitraum von vier Jahrzehnten sind seine Beiträge für die Inselhistoriker eine wertvolle Quelle der politischen und sozialen Verhältnisse. Ein halbes Jahrhundert lebte der Napoleonverehrer Joseph Bourgeois in seiner Wahlheimat und wurde sogar zweimal zum Bürgermeister gewählt.

Mehr ein Faktotum war der „Höhlenbewohner" Hans Pauli, der mit den Riten der Urmenschen auf sich aufmerksam machen wollte.

Patienten „höherer Gesellschaftskreise" hatten Axel Munthe bereits während seiner Pariser Praxis „die Ehre" gegeben. Seine engen, zum Teil freundschaftlichen Kontakte zu den Gesandten europäischer Länder ließen den Anteil dieser Schicht in Rom im doppelten Sinne wachsen: Zum einen rein zahlenmäßig, zum anderen aber auch hinsichtlich noch höherer Ränge, da jetzt auch internationale „Fürstlichkeiten" seinen Rat suchten.

Sie alle zu nennen, hieße den „Gotha" hersagen. Beschränken wir uns auf einige, die es sich nicht nehmen ließen, ihn bis in sein Traumschloß zu verfolgen, wie die Infantin Eulalie von Spanien, die Großherzogin von Weimar, eine Enkelin der Königin Viktoria, der Erzherzog von Österreich, diverse russische Großfürsten und die Kusine des russischen Zaren, die hier wochenlang residierte. Der Kaiserin von Österreich hatte San Michele so gut gefallen, daß sie nach der Abreise ihre Botschaft veranlaßte, mit Axel Munthe in Verkaufsverhandlungen zu treten. Ein Ansinnen, das von ihm ignoriert wurde.

Bei einem Untertan mit so großer internationaler Wertschätzung machte natürlich das schwedische Königshaus für sich Vorrechte geltend. Mit zunehmendem Unbehagen hatte Axel Munthe angesichts der sich vertiefenden internationalen Widersprüche die wachsende Annäherung Schwedens, das nach dem Deutsch-Französischen Krieg zunächst offene Sympathien für Frankreich bekundet hatte, an das kaiserliche Deutschland feststellen müssen.

In den sich zuspitzenden Spannungen zwischen den Großmächten neigten die führenden schwedischen Militärs und die Kreise am Hofe zu einer Parteinahme für den „germanischen Stammverwandten". Diese Haltung war auch in den bilateralen Beziehungen beider Länder deutlich geworden.

Während der Krönungsfeierlichkeiten des stockkonservativen Königs Oskar II., der eine Deutsche, die Tochter des Prinzen Wilhelm von Nassau, geheiratet hatte, machte Kaiser Wilhelm I., von einem Geschwader begleitet, 1872 seine Aufwartung. Auch künftig war er fast jährlich einmal in Schweden, was gewiß nicht nur auf seine Vorliebe für die skandinavische Landschaft zurückzuführen war. Während dieser Anlässe gehaltene pathetische Reden ließen über die eigentliche Absicht keine Zweifel aufkommen.

Auch Kronprinz Gustav V. (gest. 1950), der in seiner restaurativen Haltung dem Vater kaum nachstand, hatte sich für eine Deutsche entschieden. Eine Enkelin Kaiser Wilhelms, die Tochter des Großherzogs von Baden, war die Frau seiner Wahl. Kronprinzessin Viktoria machte all ihren Einfluß geltend, den deutschen Aktionsbereich zu verstärken. Der preußisch-deutsche Geist wurde zum prägenden Leitbild in den Schulen, das Ideal des Beamtentums und die Basis der Kultur der Adelskaste.

Dank solcher ideologischer Schrittmacherdienste konnten sich deutsche Monopolgruppen in der schwedischen Wirtschaft etablieren, wobei ihr besonderes Interesse auf die schwedischen Erzgruben gerichtet war. Axel Munthe wußte sich in seiner Opposition gegen diese verhängnisvolle Entwicklung mit den national gesinnten Kreisen des schwedischen Bürgertums einig, ganz zu schweigen von den energischen Protesten der Arbeiterklasse.

Ausgerechnet für die Exponentin dieser Entwicklung, Kronprinzessin Viktoria, die spätere schwedische Königin, sollte er als Leibarzt fungieren. Gegen ärztliche Konsultationen bei der „hohen Frau" hatte er keine Einwände, doch mit der Funktion des offiziellen Leibarztes verbanden sich, abgesehen von der engen Bindung an den Hof, weitere höchst unliebsame Aufgaben. Solange es nur ging, versuchte er, sich den „Nachstellungen" zu entziehen. Sein Neffe Gustav Munthe schreibt: „Das Hofleben konnte ihn nicht locken, und er sah nicht ohne Schrecken all die Verpflichtungen vor sich, die es mit sich bringen würde.

Schließlich gab er nach, aber unter der ausdrücklichen Bedingung, daß die Kronprinzessin genau wie jeder andere Patient behandelt würde." Das war 1903. Nun versuchte er sich wenigstens die starren Fesseln der Hofetikette zu ersparen. Die für den Leibarzt vorgeschriebene goldbetreßte Dienstuniform mit ihrem Zubehör, Zweispitz, Degen und Schärpe, war ihm ein Greuel. Bald galt er als „Enfant terrible" des Hofes, der sich über alle Vorschriften hinwegsetzte und damit zum Stein des Anstoßes für manchen dünkelhaften Gecken wurde. Am liebsten war es ihm, seine Leibarztverpflichtungen in Capri wahrzunehmen. Hier brauchte er sich um all die Kinkerlitzchen nicht zu scheren.

In Begleitung des Hofes mußte er das Königspaar bei Staatsbesuchen an königliche Residenzen begleiten, besonders „beliebt" waren bei ihm die unausbleiblichen abendlichen großen Galadiners.

Ein „besonderes Vorkommnis" ereignete sich während eines Besuchs am preußischen Hofe. König Gustav V. war als Kronprinz mit dem ehemaligen preußischen Gesandten, Fürst Philipp zu Eulenburg, befreundet gewesen, der inzwischen wegen manch offener Worte in Ungnade gefallen war. Man hatte ihm übel mitgespielt, und zur Zeit des Besuches war er sogar des Meineids angeklagt. Verleumdet und gemieden war er für seinen ehemaligen Freund eine Unperson geworden, zu der er aus Gründen der Staatsraison keine Kontakte mehr haben durfte. Nicht so Axel Munthe. Er suchte den Verfemten im Untersuchungsgefängnis auf und gab ihm damit neuen Lebensmut.

Kompliziert wurde Munthes Lage, als sich auf der Grundlage der Gegensätze zwischen den Großmächten bis 1914 die zwei großen politisch-militärischen Koalitionen herausbildeten: Der Dreibund zwischen Deutschland, Österreich-Ungarn und Italien und die Tripelallianz zwischen Frankreich, Rußland und England (Entente).

Politische Einstellung und sein Wesen ließen ihn eindeutig für England Partei nehmen. Hinzu kam, daß er 1907 in London eine zweite Ehe mit der fünfundzwanzig Jahre jüngeren Engländerin Hilda Pennington-Mellar, der Tochter eines Großkaufmanns und Besitzers einer ägyptischen Baumwollplantage, eingegangen war, so daß ihm England zur zweiten Heimat wurde.

In Schweden hatte sich unter maßgeblichem Einfluß der Königin, die zweifellos in Konspirationen verwickelt war (ihr Nachlaß bleibt bis zur Jahrtausendwende unter Verschluß), eine prodeutsche militante Kriegspartei herausgebildet, deren Kräfte in Deutschland allerdings weit überschätzt wurden. In dem unrealistischen Wunschdenken, wonach sich Schweden sofort bei Kriegsausbruch auf Seiten Deutschlands gegen den „Erbfeind" Rußland stellen würde, stützte man sich auf eklatante Fehleinschätzungen der Königin Viktoria, die von dem deutschen Gesandten Franz von Reichenau genährt wurden. In seinem penetranten Eifer mischte er sich in innerschwedische

Belange, was bis in konservative Kreise Unmut erregte und wohl oder übel König Gustav veranlaßte, Kaiser Wilhelm II. in einem „Privatbrief" mitzuteilen, „daß die Abwesenheit des Herrn von Reichenau dazu beitragen würde, das gute Verhältnis zwischen Deutschland und Schweden aufrechtzuerhalten und zu befördern". Unter normalen Verhältnissen sei er zwar „eine sehr angenehme und sympathische Persönlichkeit, er paßt aber nicht so gut zu der jetzigen ernsten Zeit".

Der übereifrige „Vaterlandsverteidiger" wurde aus „gesundheitlichen" Gründen zurückbeordert und von Hellmuth von Lucius (geb. 1869) abgelöst. Sein Vater war ein politischer und persönlicher Freund Bismarcks, die Mutter in England aufgewachsen, wo ihr Vater die Niederlassung einer Tuchgroßhandelsfirma leitete. Geprägt von der Bismarckschen Schule des Ausgleichs mit Rußland und proenglischen Haltungen, war Lucius frei von abenteuerlichem Kriegseifer und zum wachsenden Unwillen der Königin um eine Korrektur der unrealistischen Wunschbilder bemüht: „Die Sympathien Schwedens mögen für uns sein, die Lebensansprüche des in dürftigen Verhältnissen arbeitenden schwedischen Volkes weisen es nach dem Land hin, aus welchem es am mühelosesten neue Einnahmequellen erschließen, beziehungsweise die Produkte seiner höheren Kultur absetzen kann. Dieses Land aber ist Rußland."

Er warnte vielmehr: „Obgleich sich in letzter Zeit eine die neutrale Haltung der Regierung kritisierende Bewegung in Presse und kleinen Kreisen der Rechten bemerkbar macht, ist eine Kriegspartei mit bestimmendem Einfluß hier nicht vorhanden." Weder die schwedische Regierung und schon gar nicht die Masse des Volkes wünsche Krieg.

Seiner „undeutschen Geisteshaltung" wegen gerügt, selbst der schwedische Militärattachè in Berlin, ein Gefolgsmann Viktorias, beteiligte sich an den Angriffen, stellte Lucius auch nach Ausbruch des Krieges nochmals eindeutig fest: „Ich verkenne sicherlich nicht die starken deutschen Sympathien hier in Schweden, maßgebend für die Politik des Landes werden sie aber nie werden. Denn Schweden bildet sich immer mehr zu einem kommerziellen und sich in seinem Wohlstand behaglich fühlenden Volk aus. Jeder will hier ‚gut leben' und Leute wie Herr Sven Hedin und einige temperamentvolle Professoren und Abgeordnete, welche über den Krämergeist die Hände ringen

und dabei an Karl XII. und andere Helden erinnern, gehören
zu den Ausnahmen und werden von der großen Masse als
Schwärmer und Sonderlinge angesehen."

Bei Ausbruch des Weltkrieges erklärten die drei skandinavischen Staaten ihre Neutralität. Obwohl sich die Hoffnung der
Kriegspartei nicht erfüllt hatte, war Schweden deutschfreund-
lich orientiert, mit gewissen Abstrichen, aber mehr notgedrun-
gen, auch Dänemark, während Norwegen sich auf Großbritan-
nien ausrichtete.

Axel Munthe hatte sofort seine Entbindung vom Leibarzt-
dienst veranlaßt und sich nach England begeben, wo er aus
Furcht, Schweden würde sich doch noch auf die Seite der Deutschen stellen, die englische Staatsbürgerschaft beantragte. Sein
Freund Henry James, der als Amerikaner selbst eben erst „na-
turalisiert" worden war, wollte dafür die erforderliche Bürg-
schaft leisten.

„Rotes Kreuz und Eisernes Kreuz"

Das Unfaßbare war geschehen: „Der europäische Krieg, den die
Regierungen und bürgerlichen Parteien aller Länder jahrzehn-
telang vorbereitet haben, ist ausgebrochen. Das Anwachsen der
Rüstungen, die äußerste Zuspitzung des Kampfes um die
Märkte in der Epoche des jüngsten, des imperialistischen Ent-
wicklungsstadiums des Kapitalismus in den fortgeschrittenen
Ländern, die dynastischen Interessen der rückständigsten, der
osteuropäischen Monarchien, mußten unvermeidlich zu diesem Krieg führen und haben zu ihm geführt. Territoriale Er-
oberungen und Unterjochung fremder Nationen, Ruinierung
der konkurrierenden Nation, Plünderung ihrer Reichtümer,
Ablenkung der Aufmerksamkeit der werktätigen Massen von
den inneren politischen Krisen in Rußland, Deutschland, England und anderen Ländern, Entzweiung und nationalistische
Verdummung der Arbeiter und Vernichtung ihrer Vorhut, um
die revolutionäre Bewegung des Proletariats zu schwächen –
das ist der einzig wirkliche Inhalt und Sinn, die wahre Bedeutung des gegenwärtigen Krieges ..." (Lenin).

Um ihren Vorlauf in der Kriegstechnik auszunutzen und den
Rüstungen in Frankreich und Rußland zuvorzukommen, hatte

die deutsche Bourgeoisie nach langfristiger Kriegsvorbereitung den für sie günstigsten Zeitpunkt gewählt. Dem bereits 1905 erarbeiteten Schlieffenplan folgend, baute der deutsche Generalstab auf das Überraschungskonzept einer Blitzkriegsstrategie, das sich in den Erfolgen der Anfangsoffensive auf dem westeuropäischen Kriegsschauplatz zunächst auch zu bestätigen schien. Unter Verletzung der Neutralität Belgiens und Luxemburgs gelangen den deutschen Truppen erhebliche Geländegewinne.

In maßloser Überschätzung der Anfangserfolge, die man als bereits gewonnenen Krieg ansah, schrieb der Chef des Feldeisenbahnwesens an der Obersten Heeresleitung, Oberst Wilhelm Groener: „Unsere rechte Flügelarmee steht nur noch einen Tagesmarsch von Paris entfernt. Die Engländer haben sich nach Paris gerettet. Überall weichen die Franzosen in allzu großer Eile vor unseren Armeen zurück, so daß man sie nicht genügend einfangen kann. Das ganze Heer muß schon demoralisiert sein. Der Oberbefehlshaber Joffre sei abgesetzt oder hat sich selbst dünne gemacht, mehrere kommandierende Generale hätten den Gehorsam verweigert. Der Präsident Poincaré ist nach Bordeaux geflüchtet, die Regierung wohl mit … Wenn das so weiter geht, fehlt die Regierung, mit der über Frieden verhandelt werden kann, und gibt's noch manche Nuß zu knacken. Die erste Nuß sind neue Engländer, bei Dünkirchen und Ostende gelandet. Hoffentlich gelingt es, sie zu schlagen, ehe sie nach Antwerpen flüchten können."

Im Taumel der Überraschungssiege hatte man „übersehen", daß das Hauptziel, die Einkreisung der Ententemächte, die Voraussetzung für deren Zerschlagung, mißlungen war. Damit kündigte sich das Scheitern der Blitzkriegsstrategie an, das mit der am 6. September auf der gesamten Front von Paris bis Verdun einsetzenden Gegenoffensive der englisch-französischen Armeen besiegelt wurde. In der Marneschlacht war der deutsche Angriff nicht nur aufgehalten, die deutschen Truppen waren zum Rückzug gezwungen worden. Nach diesem ersten entscheidenden Wendepunkt des ersten Weltkrieges begann das, was die deutsche Heeresführung angesichts des ungleichen Kräfteverhältnisses unbedingt vermeiden wollte: ein erschöpfender langwieriger Stellungskrieg.

Axel Munthe hatte sich in England sofort freiwillig zum

Kriegsdienst gemeldet und wurde in einem Feldlazarett des britischen Expeditionskorps eingesetzt.

Am 26. August hatten die englischen Truppen bei Le Cateau auf dem rechten Flügel der Front durch die 1. deutsche Armee schwere Verluste erlitten. Es war ihnen durch erbitterten Widerstand jedoch gelungen, die geschlossene Front des nachdrängenden Gegners auseinanderzureißen und damit in ihrer Stoßkraft zu schwächen. Zur Überwindung des Stellungskrieges „erstrebten beide Seiten, die Nordflanke des Gegners zu umfassen. Daraus entwickelte sich der sogenannte Wettlauf zum Meer" (Otto, S. 55).

Die deutsche Heeresleitung verfolgte das Ziel, die französische Kanalküste zu beherrschen, um damit die englischen Truppentransporte bekämpfen und unterbinden zu können.

Nach dem Scheitern der Blitzkriegsstrategie und der Niederlage in der Marneschlacht suchte der deutsche Generalstab nach neuen Kampfmethoden, um dem zermürbenden langwierigen Stellungskrieg zu entgehen.

Der „Schwarze Tag von Ypern" leitete am 22. April 1915 ein neues Kapitel barbarischer Kriegsführung ein. Nach gründlicher Vorbereitung benutzten die deutschen Truppen Chlorgas als chemisches Kampfmittel, das aus 1 600 Druckgasflaschen mit je 40 kg Chlor über die feindlichen Stellungen geblasen wurde. Augenzeugen berichteten über das grauenhafte Verbrechen:

„Es wurde eine Chlorwolke von sechs Kilometer Breite gegen einen Frontabschnitt zwischen Bixschote und Langemarck abgeblasen, wo sich die englischen und französischen Linien berührten. ... Nachdem Ypern vom 20. bis zum 22. April 1915 von der deutschen Artillerie stark beschossen worden war, kam am Abend des 22. die Gaswolke angekrochen. Ein englischer Schriftsteller, Auld, schreibt: ‚Wer kann die Gefühle und den Zustand der farbigen Truppen schildern, als sie sahen, wie die ungeheure Wolke grün-gelben Gases aus dem Erdboden hervorquoll und sich langsam mit dem Winde auf sie zubewegte, wie der Dampf am Boden klebte, wie er in jedes Loch und in jede Vertiefung hineinkroch, und wie er die Gräben und Granattrichter, zu denen er kam, ausfüllte. Zuerst Erstaunen, dann Erschrecken! Dann, als der erste Saum der Wolke sie einhüllte und sie hustend und in Todesangst nach Luft ringen ließ, brach eine Panik aus. Wer sich noch rühren konnte, riß aus und lief und versuchte, der Wolke, die ihm unerbittlich folgte, zu entkommen, freilich meistens vergeblich.' Ein englischer Geistlicher schildert die Verwirrung folgendermaßen: ‚Wir waren in das offene Feld gegangen, um uns von der drückenden Luft in den Unterständen für einige Augenblicke zu erholen ... Da sahen wir plötzlich etwas, was unsere Herzen aufhören ließ zu schlagen – Menschen flohen wie toll und in Verwirrung über die Felder! Die Franzosen fliehen! riefen wir aus. Wir konnten unseren Augen kaum glauben ... Auch die Geschichte, die sie erzählten, können wir nicht glauben, und wir schrieben sie ihrer durch die Furcht und den Schrecken verwirrten Phantasie zu – eine grüngraue Wolke war auf sie zugekommen und war bei ihrem Zuge über das Land gelb geworden, hatte alles, was sie berührte, zerstört und hatte den ganzen Pflanzenwuchs vernichtet. Kein menschlicher Mut hätte einer solchen Gefahr ins Auge sehen können. Dann taumelten die französischen Soldaten in unsere Mitte. Sie waren blind, sie husteten, sie keuchten, ihre Gesichter tiefrot, vor Todesangst waren sie sprachlos, und hinter ihnen, in den gasgefüllten Gräben, stellten wir fest, daß sie Hunderte von toten und sterbenden Kameraden zurückgelassen hatten. Das Unmögliche war nur zu wahr. Es war die greulichste und nichtswürdigste Sache, die ich je gesehen habe.' "

Im Verlaufe des Krieges wurden weitere, noch grauenhaftere chemische Waffen eingesetzt. Die Vergeltung ließ nicht auf sich warten! Obwohl die Verluste hoch waren, denn die medizinischen Dienste waren in keiner Weise den neuen Anforderungen gewachsen, konnte mit dem gesteigerten Einsatz der chemischen Waffen nichts an der Frontlage geändert werden.

Doch damit der Scheußlichkeiten noch nicht genug, wurde von der Kaiser-Wilhelm-Stiftung für kriegstechnische Wissenschaften, wie das Mitglied dieses Kuratoriums, der Physikochemiker Walther Hermann Nernst (1864–1941) im August 1915 mitteilte, „ein gewisses anderes Projekt" entwickelt, gegen das die chemischen Waffen wesentlich „humaner" seien. Gemeint waren offensichtlich bakteriologische Kriegsvorbereitungen, die im ersten Weltkrieg glücklicherweise nicht mehr wirksam werden konnten.

Die im Jahre 1915 eingeleiteten französisch-englischen Offensiven blieben wegen mangelhafter strategischer Koordinierung beider Armeen ohne nennenswerten Erfolg. Erst das Jahr 1916 brachte den grundlegenden militärischen Umschwung zugunsten der Entente. Mit den im Sommer und Herbst durchgeführten stürmischen Offensiven riß sie auf dem westeuropäischen Kriegsschauplatz endgültig die strategische Initiative an sich.

Ein Großteil der Kriegslast ruhte auf dem etwa 600 000 Mann starken englischen Expeditionskorps, das erstmals in der Kriegsgeschichte Tanks als Kampfmittel einsetzte. Als im September 1918 nach schweren Verlusten der militärische Bankrott für Deutschland unübersehbar war, drängte die oberste Heeresleitung, um die Armee als intaktes Machtinstrument des Staates zu erhalten, auf Waffenstillstandsverhandlungen. Schließlich verhinderte der Ausbruch der deutschen Novemberrevolution auch an der Westfront weiteres sinnloses Blutvergießen.

Axel Munthe war während der Herbstoffensive 1915 in der Champagne zum Einsatz gekommen. Er erinnert sich an das schreckliche Geschehen: „Im Herbst 1915 verbrachte ich zwei unvergeßliche Tage und Nächte unter einigen Hunderten von sterbenden Soldaten, die, in ihre blutigen Mäntel gehüllt, auf den Fliesen einer französischen Dorfkirche lagen. Wir hatten kein Morphium, kein Chloroform, keine anästhetischen Mittel irgendwelcher Art, um ihre Qualen zu lindern, ihren Todeskampf abzukürzen."

Infolge der durch die furchtbare Zerstörungskraft der modernen Kriegstechnik hervorgerufenen ungeheuren körperlichen und seelischen Strapazen traten zunehmend neben organischen Leiden und kriegschirurgischen Fällen auch psychische Erkrankungen und neurasthenische Zustände auf. Insbesondere hier fand der erfahrene Nervenarzt Munthe ein weites Betätigungsfeld, bei dem er sich auch wieder der Hypnosetechnik bediente. Im krassen Gegensatz zu dem humanitären Wirken Axel Munthes steht das Bild eines deutschen Stabsarztes. Er vermittelte in seinem Vortrag „Zur Frage der Behandlung der Kriegsneurosen" wirksame Methoden, mit denen man gegen „Drückeberger" vorzugehen habe. Dabei räumte er ein, daß das „Durchsetzen der militärischen Autorität bis in alle Einzelheiten" in den von ihm kommandierten „Nervenbehandlungslazaretten" der „Gefühlslage auch manches als Sanitätsoffizier tätigen Facharztes mehr oder minder wider den Strich gehe".

Nicht milde Methoden, sondern „streng aktive Kuren" waren Grundlage seines „Heilplans": „Bedenken wir, daß gerade auf uns Nervenärzte die entscheidende Verantwortung fällt, die Reste der unklaren Massenvorstellung vom nervösen Zeitalter, die vom Frieden her in den Köpfen spukt, zu zerstören und gegebenenfalls auch unseren Feldgrauen zum Bewußtsein zu bringen, daß die Zeit zu ernst ist, um psychasthenischer Reizbarkeit oder köperlich nervöser Mißgestimmtheit nachzugeben." Zumeist handele es sich lediglich um „Mangel an Willen zum Symptomüberwinden", und eben dabei wollte er mit „starker rauher Hand" nachhelfen.

Hervorragend geeignet sei das Zwangsexerzieren, das den „gesunden Gliedern neue Stärke gibt".

„Ich glaube, daß es dem Seelenzustande des Soldaten durchaus konform ist, wenn auch die ärztliche Kur, die unter allen Umständen von einem Vorgesetzten ausgeführt wird, vom Gesetz des Gehorchenmüssens keine Ausnahme macht." Eine angemessene „Nachbehandlung" der „Versager" müsse dann durch einen strammen Sanitätsfeldwebel erfolgen. – Völlig fehl am Platz seien „Äußerungen eines gefühlsduseligen falschen Mitleids". Der Anblick jener selbst durch seine strenge Kur nicht geheilten Kriegshysteriker sei wehrkraftzersetzend und müsse unterbunden werden. Auch dafür hatte er ein Rezept parat: „... der ästhetisch unerfreuliche Zug, den die Träger grobsinnfälliger Symptome in das Straßenbild großer Städte bringen, könne eigentlich nur in rigorosen Ausgehverboten für diese Kranken ein einigermaßen ausreichendes Regulativ finden."

Oft genüge bei denjenigen, die auf Rente spekulierten, bereits der Hinweis, daß man ihn „im Rückfalle sofort wieder der Stätte seiner früheren Heilung zuführe". Wir wollen dem „Humanisten" die geringe Rückfallquote gern glauben.

Axel Munthe war von den Schrecken des Krieges und den Leiden unschuldiger Menschen zutiefst ergriffen. Seine Briefe und Aufzeichnungen aus den Kriegsjahren atmen, wie seine Familie mitteilt, „eine unversöhnliche Erbitterung gegen jene, die seiner Meinung nach die Schuld an dem Unglück tragen".

Axel Munthe lastete dem deutschen Reich die Alleinschuld

an dem Völkermorden an. Wie wir wissen, war der Krieg infolge der Widersprüche zwischen den imperialistischen Staaten entstanden, die ihn von langer Hand für die Neuaufteilung der Welt zu ihren Gunsten vorbereiteten. Dabei trifft allerdings den besonders aggressiven und raubgierigen deutschen Imperialismus die Hauptschuld. Angesichts dieser Aggressionspolitik traf Axel Munthe in Unkenntnis der gesellschaftlichen Zusammenhänge seine Fehleinschätzung, die zugleich vom tiefen Abscheu gegen den Bruch der Neutralität am Krieg unbeteiligter Völker und weiterer Kriegsverbrechen, die sich die deutsche Oberste Heeresführung zuschulden kommen ließ, diktiert war.

Ausdruck seiner Verbitterung gegen die Untaten deutscher Militärs war seine in Form einer Novelle gestaltete Kampfschrift „Red Cross and Iron Cross". Sie ist keineswegs, wie ihm vorgeworfen wurde, von Deutschenhaß diktiert. Dagegen spricht vor allem die Hauptperson, Dr. Martin, ein Deutscher, der als alter ego des Verfassers dessen humanitäre Gedanken vertritt. Dagegen sprechen auch die Taten Axel Munthes, der im Kriege gefangenen verwundeten deutschen Soldaten in gleicher Weise ärztliche Hilfe erteilte.

Munthes Haß galt nicht den Deutschen, sondern dem Kriege. Den deutschen Soldaten betrachtete er als ein von der Offizierskaste mißbrauchtes Werkzeug. Übrigens hatte er auch sein San Michele Lord Monson, dem Befehlshaber des britischen Roten Kreuzes, als Erholungsheim für verwundete Engländer zur Verfügung gestellt.

Munthes von der Liebe zum Frieden getragenes Antikriegsbuch rief in Deutschland eine Woge der Entrüstung und der Verleumdungen hervor, die noch Jahre anhielt. Als er das Honorar der 1931 erschienenen deutschen Ausgabe seines „Buches von San Michele" im Geiste der Völkerverständigung einer Stiftung für deutsche Kriegsblinde zur Verfügung stellte, sammelte eine Gruppe nationalistischer deutscher Ärzte, um dem „Verräter" das Geld „vor die Füße zu werfen". Die deutschen Kriegsblinden nahmen allerdings Munthes Spende dankbar entgegen.

Den Höhepunkt der Hetze gegen ihn lieferte das Faschistenorgan „Völkischer Beobachter" mit der Schlagzeile „Der Lump von San Michele".

Der Brief eines Arztes charakterisiert die damalige Lage in

der deutschen Ärzteschaft: „Es wird Ihnen allmählich bekanntgeworden sein, daß in Deutschland anläßlich Ihres Buches ‚Das Buch von San Michele‘ ein Sturm der Entrüstung angeblasen wurde, und zwar von Ärzten, welche Ihr Kriegsbuch ‚Red Cross and Iron Cross‘ gelesen haben. Dies ist um so verwunderlicher, als durch die ärztliche Zeitschrift ‚Das Hörrohr‘ für Ihr Buch von San Michele lebhaft Propaganda gemacht wurde ... Seit mehreren Jahren bemüht sich die deutsche Ärzteschaft um enge Fühlung mit der Regierung; sie erspäht darin jede Möglichkeit, um der Regierung ihre Unterwürfigkeit zu bezeugen, und darin suchen sich die beiden ärztlichen Spitzenverbände, nämlich der Hartmannbund in Leipzig und der Ärztevereinsbund in Potsdam, gegenseitig zu übertreffen. Nationalismus ist heute Trumpf in Deutschland. Die kriegslüsternen Stimmen von Hitler und anderen werden auch zu Ihnen über die Alpen gedrungen sein ... Ich will gleich einfügen, daß sehr viele Ärzte in Deutschland die Entwicklung der Ärzteschaft nicht gutheißen, denn sie sehen darin den Untergang der ärztlichen Freiheit und des Standes ...“ Er schließt seine aufschlußreiche Mitteilung: „Da es nicht möglich ist, in einer deutschen Ärztezeitung zu Wort zu kommen, so halte ich es für meine Pflicht, Ihnen meinen Standpunkt in dieser Sache darzulegen, um damit den Zoll der Wahrheit zu entrichten. Ich bitte auch von dieser Mitteilung eventuell ausgiebig Gebrauch machen zu wollen.“

Angesichts der widerlichen Ausfälle und da man ihn zum Widerruf drängte, schrieb Axel Munthe in einer Nachauflage der englischen Ausgabe seines Antikriegsbuches: „Doch ich weiß, daß ich nicht vergessen kann, was ich gesehen und gefühlt habe – solange mein Herz schlägt, denn das Herz kann nicht vergessen. Ich kann auch nicht zurücknehmen, was ich in diesem furchtbaren Buch geschrieben habe, ohne mich selbst zu belügen, denn ich schrieb die Wahrheit, wie ich sie damals sah – brennenden Auges und blutenden Herzens.“

Er hoffte auf eine Zeit gegenseitigen Verstehens: „Der Sturm hat sich gelegt, Blitz und Donner sind vorüber, die Sicht ist klarer, der Horizont hat sich geweitet – es ist Raum zum Verständnis.“

Axel Munthe leistete seine humanitäre Hilfe unter großen gesundheitlichen Beschwerden. Zunehmend wurde er von Asthmaanfällen geplagt, und ein schweres Augenleiden bereitete ihm große Schmerzen. Bereits vor Jahren war er während einer Konsultation in Drottningholm, dem königlichen Sommerschloß, ganz plötzlich an einer schmerzhaften Retina (Netzhaut)-Ablösung erkrankt. Sofort hatte er den bekannten Augenspezialisten Hermann Pagenstecher (1844–1932) in Wiesbaden aufgesucht, der ihm vier Wochen strenge Ruhe in einem dunklen Zimmer verordnete.

Doch das Auge erblindete. Noch immer aber war es außerordentlich lichtempfindlich und verursachte starke Schmerzen. Acht Jahre später ließ sich Munthe auf Anraten von Katz das erkrankte Auge entfernen und ein künstliches Auge einsetzen, damit war er endlich schmerzfrei.

Besorgniserregend aber war, daß auch das andere Auge von einer Entzündung bedroht wurde. Ein sich von Jahr zu Jahr verdunkelnder Schleier war das untrügliche Zeichen eines sich entwickelnden grauen Stars. Die Gefahr, zu erblinden, war furchtbar. Der anstrengende Fronteinsatz hatte eine massive Verschlechterung zur Folge. Vergleicht man das Bild seiner Handschrift, so zeigt sich deutlich die Verschlimmerung des Zustandes.

Im Jahre 1920 schrieb Munthe seinem Bruder: „Leider Gottes kann ich nicht mehr als ein paar Zeilen lesen und oft nicht einmal das. Bald werde ich überhaupt nicht mehr lesen können."

Er hoffte lange, durch eine medikamentöse Behandlung sein Befinden zu verbessern, doch ungezählte Konsultationen blieben ohne Erfolg. Als er sich schließlich nur noch mit fremder Hilfe und großer Mühe in seiner Umgebung zurechtfinden konnte, mußte er sich schweren Herzens doch zu der lange hinausgezögerten Operation entschließen. Zunächst wurden ihm in London zur Minderung einer Infektionsgefahr eine Anzahl Zähne gezogen. Als er in Freiburg eintraf, wo Walter Löhlein (geb. 1882) im Herbst 1934 den Eingriff vornehmen sollte, war dieser kurzfristig nach Berlin berufen worden.

Munthe wollte in tiefer Depression nach Italien zurückkehren. Da riet man ihm, in der Schweiz den Augenchirurgen Alfred Vogt (geb. 1879) aufzusuchen, der sich sofort – nicht zuletzt auch aus psychischen Gründen – zur Operation entschloß. Axel Munthe wurde unverzüglich in der Züricher Klinik untergebracht, mochte er auch noch so sehr gegen die „Freiheitsbeschränkungen" protestieren. Ein bequemer Patient war er wahrlich nicht. Damit er nicht etwa das frisch operierte Auge berührte, mußten ihm sogar die Hände festgebunden werden.

Die Ungewißheit über den Ausgang des Eingriffs bereitete schreckliche Ängste: „Die Nacht nach meiner Operation war voller Qual. Freilich war es die Hand eines Meisters, die mich operiert hatte. Doch war mein Schicksal noch ungewiß. Mein Kopf war durch Schlaflosigkeit erschöpft, und mein Mut begann zu sinken, denn den Mut gewinnt der Mensch in den Stunden seines Schlafes. Meine Gedanken waren so dunkel, wie die Nacht um mich her, jene Nacht, von der ich nur allzugut wußte, daß sie vielleicht nimmer enden würde."

Bald wich die starke psychische Belastung. Der Operation war ein voller Erfolg; etwa 60 % der Sehkraft waren wiederhergestellt. Zum ersten Mal war Axel Munthe in der Lage, sein eigenes Buch selbst zu lesen.

Materita – Kloster und Festung zugleich

Nach der ersten Augenoperation war Axel Munthe in seine Wahlheimat Capri zurückgekehrt. Ein neues Lebensgefühl bestimmte sein Denken und Handeln: „Mir scheint, als betrachte ich nun mit dem einen mir gebliebenen Auge die Welt aus einem anderen Gesichtswinkel als früher. Häßliches und Gemeines ist meinem Blick entrückt, ich kann nur noch sehen, was schön, hold und rein ist. Selbst die Menschen um mich her erscheinen mir anders als früher. Durch eine seltsame optische Täuschung sehe ich sie nicht mehr, wie sie wirklich sind, sondern wie sie eigentlich sein sollten, wie sie gern sein möchten, wenn das Schicksal es erlaubt hätte ... Mein Wandern durch die Welt auf der Suche nach dem Glück ist vorüber, mein Leben als vielgesuchter Arzt ist vorbei, mein Leben zur See ist beendet. Ich werde endgültig bleiben, wo ich bin, und versuchen, das Beste daraus zu machen. Aber wird es mir vergönnt sein, hier in San Michele zu bleiben? Der ganze Golf von Neapel liegt wie ein glänzender Spiegel zu meinen Füßen, die Säulen der Pergola, die Loggien und die Kapelle sind von Licht durchflutet. Was soll aus mir werden, wenn ich den Glanz nicht mehr ertragen kann?"

Die Befürchtungen sollten sich nur allzubald bestätigen. Zum Glück hatte er, etwa eine halbe Stunde Fußweg von San Michele entfernt, einen alten mittelalterlichen Turm, „Torre di Materita", erworben, den er nun zu seinem Alterssitz ausbauen ließ. Das Anwesen war an einem Abhang mit dem Blick aufs offene Meer gelegen. Aber nicht wie in San Michele in die glitzernden Strahlen der Morgensonne, die im Golf von Neapel widergespiegelt wurden, sondern nach Westen.

Hinter dem Haus lag ein großer Olivenhain, eine lange, etwas traurig anmutende Allee führte zu der Einsiedelei, Kenner bestätigten: „In diesem Winkel offenbart sich die Schönheit, die nackteste und vollkommenste mittelmeerische Schönheit. Exotische und romantische Lichter und Schatten lösen sich hier in ihr Nichts auf vor dieser ruhigen, plastischen Klarheit der Linien und Farben."

Für Axel Munthe war der erzwungene Umzug mehr als nur ein Ortswechsel, es war der Beginn einer neuen Lebensphase, der Anfang vom Ende. Resignierend sagte er: „Für mich ist der Kampf vorüber – und verloren. Ich bin vertrieben worden aus San Michele, dem Werke meines Lebens. Ich hatte es Stein auf Stein erbaut mit meinen eigenen Händen, im Schweiße meines Angesichts."

Sein Platz war nun nicht mehr in der geliebten Sonne, sondern im Schatten: „Ich habe mich in meinen alten Turm zurückgezogen, um dort den letzten Widerstand zu leisten."

Nachdem er den Anfangsschock überwunden hatte, begann er sich in sein Schicksal zu fügen. An San Michele hing noch immer seine Liebe. Doch: „Mit Freude und nicht mit Schmerz gehen meine Gedanken zurück nach San Michele, wo ich die glücklichsten Jahre meines Lebens verbrachte. Wahr ist, daß ich selbst nicht gerne mehr hingehe, mir ist es wie ein Eindringen an heiliger Stätte, geweiht der Vergangenheit, die nie wiederkehren kann, als die Welt noch jung war und die Sonne mein Freund."

Zuweilen, wenn abends die Sonne untergegangen war, machte er sich auf den Weg, um in San Michele Neuigkeiten zu erfahren, hier, „wo tapfere Verwundete geheilt wurden, von derselben Sonne", die ihn aus seinem „geliebten Heim vertrieben hatte".

Mit dem alten Turm als Mittelpunkt begann er, sich ein neues, wohnliches Heim einzurichten. Zu ebener Erde lag sein mit schweren Renaissancemöbeln ausgestattetes Arbeitszimmer. Hier brachte er all die vielen schönen Sachen unter, an denen sein Herz hing. Kunstgegenstände ferner Tage, aus der Gegenwart nur ein Bild seiner Schwester Anna. Das Porträt ihres Vorfahren Bürgermeister Munthe.

Das im 2. Stock gelegene Schlafzimmer war nur durch eine schmale Wendeltreppe zu erreichen. Bald hatte er sich seine neue, kleinere Welt erobert und fand an ihr Gefallen: „Es ist gut, im sanften Licht unter den Oliven von Materita zu wandeln, es ist gut, im alten Turm zu sitzen und zu träumen; das ist ungefähr alles, was ich noch tun kann. Der Turm liegt nach Westen, wo die Sonne untergeht. Bald wird die Sonne im Meer versinken, dann kommt die Dämmerung, dann kommt die Nacht. Es war ein schöner Tag!"

Zum Glück lag Materita auf einem von Touristen schwer zu findenden Teil der Insel. Der steile Pfad war zu beschwerlich, um sie auf die Hochfläche zu locken. Doch wie auf einer einsamen Insel lebte Munthe trotzdem nicht. Eingeweihte und auch willkommene Besucher kannten den Weg. Munthes Neffe schreibt: „Hätte es in Materita ein Gästebuch gegeben, so würde man staunen über die Verschiedenartigkeit der Menschen, die im Laufe der Jahre dort kamen und gingen. Es wäre eine lange Liste geworden, von den Großen dieser Welt bis zu denen, die nicht einmal ihren Namen schreiben konnten."

Es waren vor allem Künstler und Schriftsteller aus aller Welt, die von dem Einsiedler in seine klösterliche Festung eingelassen wurden und an dem großen Refektoriumstische Platz fanden. Wehe, wenn ihn jemand über seine Kontakte mit gekrönten Häuptern auszufragen versuchte. Sie interessierten ihn nicht. Sofort lenkte er das Gespräch auf die Tiere. Sie waren ihm viel wichtiger!

Baronin von Uexküll ermöglicht uns einen Blick in das Heiligtum: „Materita war wohl für jeden ein Erlebnis. Besonders wurde es das für den, der mit dem Signore zusammen nach einem Spaziergang dort ankam. Schon wenn das eiserne Pförtchen am Eingang des feierlichen Eichenhains ins Schloß gefallen ist, atmet man freier. Hast, Lärm und Staub der Straße sind draußen geblieben. Nun pfeift der Doktor seinen Hunden, und schon stürmt Gorm mit großen Freudensprüngen auf uns zu. Seine Begrüßung findet immer neue Formen gebändigter Hingebung, während wir auf den verschlungenen Wegen weitergehen ...

Ein zweites Tor mit schön geschmiedetem Gitter bildet den Eingang zu der Terrassse, die den Ausblick auf die stille Weite des Meeres freigibt, das hinter der Brüstung aufleuchtet. Alte Amphoren lehnen am Gemäuer, Blumen ranken aus formenschönen Tonkrügen und klimmen an Säulen empor. Hier stehen wir auf dem besonnten Vorhof zum innersten Heiligtum von Materita. Stolz, wuchtig und zinnengekrönt, blickt der mittelalterliche Turm etwas abweisend aus schießschartenartigen Fenstern auf uns herab, Kloster und Festung zugleich."

Schlecht erging es weniger willkommenen Besuchern, auch wenn sie angemeldet waren: „Während der langen Aufenthalte des Doktor Munthe in Anacapri war es schwer, Zugang zum Turm der Materita zu erlangen, besonders wenn man zeigte, daß einem viel daran lag. Wer es verlangte, wurde abgewiesen; wer eingeladen war, mußte sofort entschieden ablehnen. Dann erfolgte eine genaue Abmachung für die und die Stunde, die er im letzten Augenblick in eine Einladung zum Tee umwandelte. Wehe dem, der pünktlich war: er fand das Eingangsgitter verschlossen und von zwei riesigen Doggen bewacht. Zu schellen wäre überflüssig gewesen, niemand hätte geöffnet.

Wer so vorsichtig war, zu spät zu kommen, dem öffnete sich das Tor wie durch Zauberei, die Doggen wedelten freundlichst, und irgendwo erschien der Doktor, im Begriff, einen Spaziergang zu machen, der, sehr erstaunt, einen Besuch vorzufinden, mehrmals versicherte, von einer Abmachung nichts zu wissen, jedoch sofort bereitwillig umkehrte, um seine Gäste zu empfangen."

Auch die Kunstsammlerleidenschaft war wieder geweckt. Die erlesenen Stücke seiner Sammlungen – ein kleines Kunstkabinett aus der Römerzeit – weisen Axel Munthe nicht nur als begeisterten, sondern auch als kenntnisreichen Sammler aus. Nie hatte er es bei „Dienstreisen" als Leibarzt versäumt, Museen und Kunstsammlungen zu besuchen. In der ägyptischen Abteilung der Berliner Museen fesselte ihn eine Horusdarstellung so sehr, daß er nicht ruhte, bis er einen Bronzeabguß des Falkengottes in seinen Fundus aufnehmen konnte.

In London war er mit Lord Carnavon als begeistertem Kunstsammler, Sportsmann und Weltreisenden bekannt geworden, der sich seit 1906 in Ägypten archäologischen Forschungen widmete. Selbst nicht Fachmann genug, war ihm Howard Carter als umfassend gebildeter Spezialist zum Mitarbeiter empfohlen worden. Beide hatten 1914 die Konzession für Ausgrabungen im „Tal der Könige" erhalten und damit die Geschichte der bedeutendsten ägyptischen Gräberfunde eingeleitet.

Am Nachmittag des 5. November 1922 geschah die Sensation: der Eingang zum Grab des Tut-ench-Amun war gefunden. In langwieriger, mehrjähriger Arbeit wurden die Schätze freigelegt. Ende des Jahres 1923 brachte Axel Munthe einen Monat bei dem inzwischen mit ihm befreundeten Carter in Luxor zu. Er zählte auch zu den prominenten Besuchern, die am 3. Februar 1927 der Eröffnung des Sarkophages beiwohnten. C. W. Ceram hat sie in seinem weltbekannten Buch „Götter, Gräber und Gelehrte" beschrieben: Nachdem die Winden die Platte des monumentalen Blockes aus edelstem gelbem Quarzit gehoben hatten, war der erste Anblick enttäuschend: „... eine Unzahl verhüllender Leinentücher. Um so bezaubernder war der zweite Blick, der, als die Tücher nacheinander entfernt worden waren, auf den König selber fiel. Schon auf seinen Leib? Nein, auf ein goldenes Abbild des noch knabenhaften Herrschers. Der Goldstuck strahlte, als sei er soeben aus der Werkstatt gekommen. Kopf und Hände waren plastisch vollendet ausgeformt, der Körper dagegen in flachem Relief gearbeitet. In den gekreuzten Händen hielt er die königlichen Insignien: Krummstab und Wedel, ausgelegt mit blauer Fayence. Das Gesicht war pures Gold, die Augen waren aus Arragonit und Obsidian, Brauen und Lider aus lapislazulifarbenem Glas. Das bunte Gesicht wirkte starr, maskenhaft und doch lebendig zugleich." Für Axel Munthe ein unvergeßliches Erlebnis.

Auf Materita pflegte er noch immer engen Kontakt mit den Inselbewohnern. Jeden Sonntag hatte die arme alte, vom harten

Leben gezeichnete Maddalena ihren Mittagstisch auf der Terrasse. Auch als Arzt, den noch immer große diagnostische Erfahrungen, vor allem aber ein klarer psychologischer Blick auszeichneten, versuchte Munthe noch nach Kräften zu helfen. Allerdings nur noch den ganz einfachen Leuten. Er half ihnen nicht nur bei Krankheit, sondern auch bei der Bewältigung vielfältiger Probleme. Nicht allein die materielle, sondern zunehmend auch die geistige Fürsorge sah er als Aufgabenbereich ärztlicher Ethik an. Diese menschlichen Kontakte, aber auch die Arbeit an seinem „Buch von San Michele" ließen ihn die anfängliche Niedergeschlagenheit überwinden.

Um seine Gedanken trotz nachlassender Sehkraft festhalten zu können, begann er, Maschine zu schreiben, „ein nützlicher und angenehmer Zeitvertreib für einen einsamen einäugigen Mann".

Die alte „Corona" erwies sich als recht unruhiger, schwer zu bewältigender Pegasus. Munthes Freund W. Andrews, ein in Capri lebender Schriftsteller, wies ihn in die Geheimnisse des Maschinenschreibens ein.

Die Plagen der Schlaflosigkeit waren vorbei: „Es gibt nichts besseres für einen Menschen, der nicht schlafen kann, der seinem eigenen Elend entfliehen will, als ein Buch zu schreiben", war sein Rezept, „alle milderen Mittel hatten versagt."

Schriftsteller Munthe

Zu seinen ersten literarischen Versuchen, die ihm aus mancher finanziellen Kalamität herausgeholfen hatten (das traf auch auf seine Korrespondententätigkeit zu), schrieb Axel Munthe 1887, als er bereits einige Jahre in seiner Pariser Praxis tätig war: „Glücklicherweise kann ich jetzt meine englischen Schreibereien anbringen, und sie werden so gut bezahlt, daß ich hoffen kann, mich damit über Wasser zu halten, bis es mir besser geht."

Nun war ihm mit dem „Buch von San Michele" als 72jährigem, mehr als vier Jahrzehnte später, ein literarischer Welterfolg gelungen. Es wurde von seinem Verleger John Murray in London herausgegeben, der schon 1887 sein ins Englische übersetztes Erstlingswerk „Letters from a Mourning City" (schwedisch 1885 in Stockholm bei Norstedt unter dem Titel „Från Napoli. Resebref" erschienen) druckte.

Blackwood's Magazine hatte damals eine vorzügliche, Munthe zum Weiterschreiben ermunternde Rezension gebracht: „Wir legen das Buch aus der Hand mit dem Gefühl, daß wir ihm nahegekommen sind, und wir wünschen uns, ihn noch näher kennenzulernen. Er ist ein skandinavischer Stern."

Als schließlich 1898 als nächste Buchpublikation die „Kleinen Skizzen" (Sma skizzer, Stockholm 1888) ebenfalls bei John Murray erschienen („Vagaries", bei späteren Auflagen „Memories and Vagaries" genannt), war auch die „Times" des Lobes voll. Sie würdigte vor allem das vorzügliche Englisch des jungen ausländischen Autors, das manchem Briten als Vorbild dienen könnte.

Schon in seinen frühen Werken hatte sich Munthe als feinfühliger Beobachter, vortrefflicher Stilist und hervorragender Menschenschilderer ausgewiesen. Sein Hauptthema war das Leben der Armen, besonders der Armen in Italien, wie er sie bei seiner Hilfsaktion in Neapel kennengelernt hatte, „mit ihrem schlichten Heldentum, mit ihren Gebrechen und Fehlern, ihren Sorgen und Schmerzen". Dieses kennt er, „wie vielleicht nur ein Arzt es kennenlernen kann, ein Arzt, der mutig ist, klug und gütig. – Er ist leidenschaftlicher Tierfreund, doch ohne Sentimentalität. Alles, was leidet, krank oder traurig ist, findet in ihm einen Freund ... Fügen wir seine Liebe zur Sonne, zum Meer und zu den Bergen hinzu, sowie seinen reichen Sinn für Humor, so sehen wir eine Persönlichkeit vor uns, die ebenso stark ist wie zart, einen Menschen, den zu betrachten einem von Herzen wohltut, der uns in diesem bescheidenen, ehrlichen und hinreißenden Buch entgegentritt." (Times)

Nach den 1909 wiederum von Norstedt, Stockholm, veröffentlichten „Bref och skizzer" (Briefe und Skizzen, Altes und Neues) erschien dann 1917 in englisch „Red Cross and Iron Cross", das in Deutschland für so große Aufregung sorgte (siehe S. 150).

Nach der durch die Augenkrankheit erzwungenen Pause legte Munthe 1929 bei Murray die „Story of San Michele" vor, die ein solcher Erfolg wurde, daß noch im gleichen Jahr zwei weitere Auflagen folgten. 1931 wurde nach der bereits 26. englischen Auflage, übersetzt von Gudrun von Uexküll-Schwerin, die erste deutsche Ausgabe im Paul List Verlag vorgelegt. Übersetzungen in weitere 36 Sprachen schlossen sich an und sorgten für eine weltweite Verbreitung. Munthe, der vier Fremdsprachen (englisch, deutsch, italienisch und französisch) fließend beherrschte, prüfte sehr kritisch alle Übersetzungen.

Neben Selma Lagerlöff wurde er der am meisten übersetzte und auflagenstärkste schwedische Autor. Die Zauberkraft seines zutiefst menschlich anrührenden Buches fesselte die Leser, verführte sie aber auch dazu, alles für authentisch zu halten.

Dazu belehrt uns der Neffe Gustav Munthe: „Wenn er jedoch zuweilen fand, daß der Stoff allein nicht fruchtbar genug war, so hat er keinen Augenblick gezögert, seine Phantasie spielen zu lassen und das Fehlende mit schimmernden Mosaiksteinen aus der Werkstatt seines eigenen Geistes zu ergänzen. Für ihn gibt es keine unverrückbare Grenze zwischen Phantasie und Wirklichkeit. San Micheles eigenartiger Zauber liegt gerade in der ständigen Wechselwirkung von höchst realistischer, zuweilen burlesker Wirklichkeitsbeschreibung und Phantasie."

Wo wir Axel Munthe aus seinem Werk zitieren, sind die Angaben durch Zeitgenossen bestätigt oder von ihm selbst durch frühere Darstellungen während seiner Korrespondententätigkeit in der schwedischen Presse objektiviert worden (siehe Literaturverzeichnis). Die zahllosen aufgebauschten, meist von Munthe selbst zurückgewiesenen „sensationellen" Interviews fanden keine Berücksichtigung.

Axel Munthe freute sich über die zahlreichen Leserzuschriften, besonders über spontane Meinungsäußerungen. Der Kritiker und Times-Mitarbeiter E. J. Dillon schrieb: „Sie bringen es fertig, fast alles, was Sie berühren, menschlicher werden zu lassen, denn Sie machen etwas daraus, was der Betrachtung wert ist, was ein frisches vitales Antlitz trägt unter all den grauen toten Dingen, die uns rings umgeben."

Beim Erscheinen der illustrierten Ausgabe seines Buches (der wir mit freundlicher Genehmigung des Paul List Verlages Leipzig einige Bilder von der Inneneinrichtung von San Michele und Materita entnehmen) erklärte Axel Munthe 1937: „Ich möchte, daß irgendein wohlwollender Leser dieses Buches mir erklären würde, weshalb das ‚Buch von San Michele' ein ‚Bestseller' in 28 Sprachen ist. Ich habe vielen Lesern und Kritikern diese Frage vorgelegt, aber bisher vergebens. Niemand scheint mehr darüber zu wissen als ich, das Rätsel bleibt bis auf weiteres ungelöst."

Bescheiden räumte er, dessen bisherige Schreibarbeit sich vor allem „auf das Schreiben von Rezepten" konzentriert hatte, ein: „Ich bin kein Bücherschreiber und hoffe, nie einer zu werden. ‚Das Buch von San Michele' war das Ergebnis eines unvorhergesehenen Zwischenfalls, während ich mich im zunehmenden Dunkel unter Hämmern und Zahnrädern zurechttastete, um in harter Arbeit das Maschineschreiben zu lernen; man hatte mich ermahnt, es sei die höchste Zeit. Ich war viel zu emsig beim Überwachen der Akrobatik meiner zehn täppischen Finger, um auf das launische Versteckspiel zwischen Wort und Gedanken dort hinten in meinem Kopfe viel zu achten."

Auch er bestätigt: „Ich bin mir klar darüber, einige Szenen dieses Buches liegen in dem schwer definierbaren Grenzgebiet, dem gefahrvollen Niemandsland – zwischen Tatsache und Phantasie."

Als er das Buch nach der zweiten Augenoperation 1934 zum ersten Mal mit eigenen kritischen Augen las, schreibt Munthe, „überkam mich das unbehagliche Gefühl, daß ich in diesem Buch als ein viel besserer Mensch erscheine, als ich es im Leben gewesen bin".

Er warnt deshalb den Leser, „daß er nicht all die schönen Dinge glauben soll, die ich da über mich selbst mit sehr unenglischem Wortschwall vorgetragen habe. Ich bin mir nicht bewußt, meinen Lesern glatte Lügen erzählt zu haben. Wo ich sie getäuscht habe, bin ich selbst getäuscht worden von dem besseren Menschen, der ich hätte sein können."

In einem aber versichert er unbedingte Wahrhaftigkeit, in seiner geradezu abgöttischen Liebe zu den Tieren: „Ich habe sie geliebt und mit ihnen gelitten, mein Leben lang."

Große Furcht hatte er davor, nach dem sensationellen Bucherfolg von Journalisten, Photographen, Agenten von Filmgesellschaften und diversen „Heldenverehrern" belästigt zu werden. Doch er wußte sich zu schützen. –

Das Buch einzuordnen fiel den Kritikern schwer. Es ist zweifellos eine Selbstdarstellung, aber keine Autobiographie, es sind auch keine Memoiren. Eine Widerspiegelung von Zeitereignissen ist zu vermissen. Und doch bieten die scheinbar lose aneinander gefügten Skizzen und auch Augenblickseindrücke, die von subjektiven Gefühlen getragen sind, ein ungemein aufschlußreiches Bild des Menschen Axel Munthe und seines Wesens. Die eindringliche Unmittelbarkeit der Atmosphäre zieht jeden Leser in ihren Bann, wohl jeder findet in den Sentenzen Beherzigenswertes, wie zum Beispiel: „Die Menschen von heute verschwenden zuviel Zeit, auf Reden und Gedanken anderer Menschen zu horchen. Es wäre viel besser, wenn sie sich mehr Ruhe gönnten, ihren eigenen Gedanken zu lauschen, Wissen können wir von anderen lernen, Weisheit müssen wir uns selber lehren."

Verschwiegen werden darf auch nicht eine im Gegensatz zu den enthusiastischen Zustimmungen distanzierter erscheinende Auffassung des italienischen Historikers Cerio: „Lassen wir der Phantasie eines bedeutenden und menschlichen Schriftstellers die Freude, in den angsterfüllten Stunden seiner Blindheit in den Mauern der Torre di Materita die sonnigen Stunden seiner Ankunft auf Capri und seiner Entdeckung von Capri noch einmal zu erleben, und beurteilen wir mit Nachsicht das, was für uns Lateiner in seiner mythischen Traumschöpfung an Künstlichem und Abstraktem zu spüren ist; und das, was aus den lebendigen Blättern eines Buches sich wie in der Luft eines leeren und verlassenen und gleichsam verwunschenen Hauses und in der Zerstückelung eines kleinen Provinzmuseums sozusagen entmenschlicht krystallisiert hat."

Die Frage, ob er noch ein Buch schreiben werde, beantwortete Axel Munthe: „Ja, wenn der Verleger garantiert, daß das neue Buch kein Bestseller wird. Ein Bestseller ist ein zweischneidiges Schwert in den Händen eines alten Menschen, der in Frieden sterben will. Nun, seit ich wieder sehen kann, wird es mir schwer, das Rampenlicht zu ertragen. Ich habe ja schon meinen kleinen Spruch gesagt in der langweiligen Komödie. Besser in den Kulissen verschwinden, ehe man ausgepfiffen wird ..."

Die Lebensführung Axel Munthes war denkbar einfach. Er bevorzugte anspruchslose Speisen. Nur einmal in der Woche gab es Fisch oder Fleisch, häufig Makkaroni oder Bauernfrühstück. Stets aber mußten Obst und Gemüse gereicht werden. Den einzigen Luxus bildete ein Glas Wein.

Die Tageseinteilung war streng geregelt. Von seinen Hunden begleitet, ging er, in Gedanken versunken, möglichst einsame Wege. Auch stürmischer Regen war kein Hinderungsgrund für stundenlange Spaziergänge. Infolge seines Augenleidens zuletzt nur noch auf den Terrassen von Materita, während er früher gern manche Klettertour unternommen hatte. Abends las ihm seine Sekretärin Natasha etwa eine Stunde lang vor, aus Büchern und der „Times", dann zog er sich in seine eigene Welt zurück, in der die Musik – besonders liebte er Schubert und Mozart, auch Wagner schätzte er sehr – einen hohen Stellenwert hatte.

Auf seinen Rundgängen trug er meist eine feste Lodenjacke, möglichst bequeme – das hieß für ihn ausgetretene – Schuhe und einen alten Hut. Kaufte er wirklich einmal, was selten genug vorkam, etwas Neues, ging er nicht in Luxusläden, sondern ausschließlich in Fachgeschäfte für Arbeitsbekleidung.

Ehrungen oder gar Orden waren ihm zuwider. Er erklärte: „Das einzige, was über mich in der Zeitung stehen soll, ist meine Todesanzeige."

In den 20er Jahren hatte Axel Munthe die während des 1. Weltkrieges und der Nachkriegszeit ausgesetzte Leibarztfunktion wieder aufgenommen. Seine Opposition gegen die deutschlandfreundliche Haltung Viktorias zeigte sich noch deutlich in einem Brief vom 14. September 1929 zur Frage seiner Bezahlung: „Ich nehme dankbar, obschon nach vielen Bedenken, das Gehalt entgegen, aber unter der Bedingung, daß dies Geld nicht der Schatulle der Königin entnommen wird."

1925 hatte sich nach einer Finnlandreise der Zustand der schwer lungenkranken Königin erheblich verschlechtert, was bei einem Englandbesuch zu einer akuten Krise führte, so daß der König Munthe dringend zu der Patientin rief. Offiziell wurde bereits mit dem Schlimmsten gerechnet, doch Axel Munthe veranlaßte nach Konsultation des Heidelberger Lungenspezialisten Krehl ihren Aufenthalt in Italien, in dessen für sie wohltuendem Klima Königin Viktoria überwiegend die letzten Jahre ihres Lebens weilte. Durch Vermittlung Munthes hatte sie in Rom die Villa Svezia erworben. Ob sie seit 1927 nun hier oder auf Capri, in der Casa Caprile Quartier bezog, stets mußte Axel Munthe in ihrer Nähe sein. Eine erhebliche zusätzliche Inanspruchnahme des ebenfalls leidenden Arztes. Ein Brief vom 18. März 1929 bringt das deutlich zum Ausdruck: „Die ganze Last liegt ungemindert auf mir, der ich selber krank bin, aber natürlich muß ich auf dem sinkenden Schiff ausharren ... Ich habe die Kranke seit Jahresfrist kaum für einen Tag verlassen und bin selber so müde und schlaflos, daß ich darauf gedrungen habe, daß Dr. Krieg aus Baden herkommt, damit ich etwas ausruhen kann. Mein Augenlicht schwindet mehr und mehr."

Es war deshalb eine große Erleichterung für ihn, als sie sich von Juni bis Oktober 1929 nach Schloß Mainau am Bodensee begab, das sie von ihren Eltern erhalten hatte. Im November aber erreichten Munthe neue Alarmmeldungen. Die beiden behandelnden Ärzte kamen mit der äußerst schwierigen Patientin nicht zurecht. Munthe kommentierte den Sachverhalt: „Krehl wie Krieg sind machtlos, mit ihnen macht sie, was sie will. Sie sind zu deutsch, um ihr Widerstand zu leisten."

Munthe kannte nur allzu gut die Problematik. Doch er war resolut genug, sich durchzusetzen. Noch schlimmer war es für ihn, wenn sich ihre Mutter, eine Hohenzollern, kraft ihrer herzoglichen Macht, keinerlei Widerspruch duldend, in die Behandlung einzumischen versuchte. Auch sie war bei ihm an der falschen Adresse. Der höfischen Etikette ohnehin abgeneigt, mutete der Spitzweg-Stil am Badener Hofe Axel Munthe wie eine Groteske an. Je kleiner der Hof, um so strenger achtete man auf Wahrung der Rangordnung. In Karlsruhe waren z. B. bei Festlichkeiten acht Kategorien der Tischordnung vorgeschrieben – für Axel Munthe mußten sie außer Kraft gesetzt werden.

Die kleine Badener Residenz hatte wahrlich keine großen Traditionen. Napoleon wußte es bekanntlich seinen Satelliten zu lohnen, wenn sie sich seinem Machtstreben nicht entgegenstellten. So war Markgraf Karl Friedrich von Baden zum Kurfürsten (1803) und schließlich zum Großherzog (1806) „befördert" worden.

Die Stabilität der Allianz wurde 1806 noch durch die Heirat des Erbprinzen Karl mit der Nichte und Adoptivtochter Napoleons, Stephanie de Beauharnais, gefestigt. Die Zeche für all die „Großzügigkeiten" hatte freilich das Volk durch materielle und personelle Leistungen zu zahlen, so daß das Land, als die Größe des Bündnispartners verblaßte, vor dem wirtschaftlichen Ruin stand.

Nach der Reichsgründung engte sich der ohnehin nicht gerade große „machtpolitische" Spielraum des Großherzogs weiter ein, so daß der seit 1907 amtierende Großherzog Friedrich II., der Vater Königin Viktorias, als er am 13. November 1918 auf die Regierungsgewalt und wenige Tage später auch auf den Thron „verzichtete", nicht mehr allzuviel „einbüßte". Die Verzichtserklärung schloß auch seinen potentiellen Nachfolger, seinen Neffen Prinz Max von Baden ein, der bekanntlich am 3. Oktober 1918 zum deutschen Reichskanzler ernannt worden war. Wenige Tage zuvor hatte Kaiser Wilhelm an Großherzog Friedrich II. telegraphiert: „In der schwersten Schicksalsstunde des Vaterlandes, in der wir durch das Hinschwinden unserer militärischen Reserven und unseres Ersatzes gezwungen sein werden, einen Frieden zu schließen, der nicht den Siegen, die wir erfochten haben, entspricht, bitte ich Dich, dem Prinzen Max die Genehmigung zu geben, den Posten des Reichskanzlers zu übernehmen", und die Antwort erhalten: „Ich kann nicht verstehen, daß es gerade Max sein muß, der solch Angebot mit seinem Namen decken soll", doch wollte er ihm nichts in den Weg legen.

Mit dem als „Mann der Mitte" geltenden Cousin der Königin Viktoria verband Axel Munthe im Gegensatz zu der Aversion gegen die herrschsüchtige Großherzogin eine gute persönliche Freundschaft, oft war er „inkognito" mit seiner Jacht bei ihm in Capri zu Gast. Der Monarchist von Geburt und trotz gemäßigt liberaler Gesinnung wohl auch aus Überzeugung konnte die von der Reaktion an ihn gestellte Erwartung, die bankrotte Monarchie in letzter Minute zu retten, nicht erfüllen. Auch seine eigene Zielstellung, eine „ethische Fundierung des deutschen Imperialismus", so daß die „ungeheure Kraftentfaltung von den anderen Völkern ertragen werden könne", hatte allzu geringe Erfolgsaussichten.

Rückzug in die Einsamkeit

Eremit im Schloß

Wenn auch die Zeit in Axel Munthes Materita scheinbar still zu stehen schien, um die Insel Capri machte sie keinen Bogen, wenngleich sich hier manches etwas gemildert gegenüber dem italienischen Festland zeigte. Die nach dem ersten Weltkrieg aufgelöste Künstlerkolonie „Kleindeutschland" hatte sich nie wieder gebildet. Der große Stammtisch im Kater Hiddigeigei blieb verwaist. Statt dessen kamen vereinzelt ganz andere Gäste aus „Großdeutschland", von den Nazis vertriebene, meist jüdische Schriftsteller, wie Stefan Zweig und Franz Werfel (1890–1945), die hier auf dem Weg ins Exil Station machten.

In Italien hatte die im November 1921 gegründete National-Faschistische Partei mit ihrer „Sommeroffensive" Mussolini bereits am 31. 10. 1922 an die Macht gebracht. Ende 1926 mußte die zunächst noch parlamentarische Phase des Faschismus, in der ein Teil der bürgerlich-demokratischen Freiheiten beibehalten wurde, nach der Stabilisierung des Regimes der totalitären Diktatur weichen.

Nach gründlicher Vorbereitung überfiel Italien mit Duldung der imperialistischen Großmächte Äthiopien.

Die bis dahin wegen der großdeutschen Österreich-Ambitionen Hitlers gestörten Beziehungen zum faschistischen Deutschland wurden 1936 während der gemeinsamen heimtückischen Aggression gegen das republikanische Spanien gefestigt. Schließlich trat Italien am 6. November 1937 dem gegen die UdSSR gerichteten Antikomintern-Pakt bei, den Deutschland und Japan 1936 geschlossen hatten. Als dann Italien im Juni 1940 an der Seite Deutschlands in den 2. Weltkrieg eintrat, konnte es für den Humanisten Munthe in einem solchen Lande keinen Platz mehr geben. Wie bereits bei Ausbruch des 1. Weltkrieges beabsichtigte er, nach England zu gehen, wo seine zwei Söhne als britische Staatsbürger lebten.

Älteren Lesern werden möglicherweise noch Gerüchte über vermeintliche „Kontakte" zwischen Axel Munthe und Hermann Göring (1893–1946) bekannt sein. Wie verhielt es sich damit?

Munthes Haltung zu den Nazis war, wie sein Neffe Gustav Munthe erklärt, eindeutig: „Ich möchte zunächst ausdrücklich feststellen, daß nichts Axel Munthe fremder sein konnte als das geringste Verständnis oder Wohlwollen für Nazitum oder was sich dahinter verbergen mag. Sein ganzes Leben und all seine Arbeit war ein langer ununterbrochener Kampf für die Kranken, die Schwachen und die Hilflosen. Jede Form von Gewalt war ihm verhaßt."

Den sensationssüchtigen Naziführer hatte die legendenumwobene Villa schon lange gereizt. Hier wäre der rechte Ort, um die von ihm zusammengerafften Kunstwerke zur Schau zu stellen. Er bekundete deshalb sein Interesse an einem Kauf von San Michele. „Axel Munthe weigerte sich lange, Göring zu empfangen, bis er schließlich sogar Gefahr lief, sich in fühlbare Schwierigkeiten zu verwickeln. Er behandelte ihn dann aber ebenso wie jeden anderen fremden Besucher. Munthe erzählte mir mehrmals von seinen Begegnungen mit Göring. Er machte keinen Hehl daraus, daß er den deutschen Reichsmarschall als eine Art komische Figur betrachtete."

Trotz seiner hervorragenden Deutschkenntnisse führte Axel Munthe seine Korrespondenz nur in englischer Sprache. Göring erkannte schließlich, daß er mit Munthe nicht „ins Geschäft kommen konnte", und da die Villa für die beabsichtigte Prahlerei doch nicht die geeignete Kulisse bot, verlief sich das Ganze.

Bevor sich Axel Munthe auf die britische Insel begab, wollte er die alte Heimat aufsuchen. König Gustav hatte ihn freundlich eingeladen, sein Gast zu sein. Doch aus dem „kurzen Besuch" wurde ein sechsjähriger Aufenthalt für die letzte Wegstrecke seines Lebens.

Munthe stand in der Mitte seines 9. Lebensjahrzehnts. Neben dem ihn am stärksten belastenden Asthma, einem damit verbundenen allergischen Schnupfen, Atemnot und starker Sehschwäche, stellten sich altersbedingt noch weitere Beschwerden ein.

Die ihm im 1. Stock im Südflügel des Schlosses zur Verfügung stehenden zwei kleinen Zimmer boten Sicht auf die Schloßzufahrt. Das ständige Kommen und Gehen war für ihn jedoch wenig von Interesse, viel schöner war es, wenn er während der Sommermonate sein Domizil in zwei andere Zimmer des gleichen Flügels verlegen konnte, von denen er in den Schloßgarten blickte.

Munthe war seit seiner Abreise von Capri stark gealtert: „Seine Erscheinung war groß und hager, der Spitzbart ergraut und das Haar zerzaust. Er trug eine Brille, an der das Glas vor dem blinden Auge etwas geschwärzt war. Sein Äußeres vernachlässigte er vollständig. Vielleicht lag es daran, daß er so wenig sah, vielleicht aber auch mehr oder weniger bewußt an einer Art Koketterie: man sollte ihn nehmen, wie er war."

Bequem war er jedenfalls nicht, das bekamen vor allem sein Arzt, der ihm nichts recht machen konnte, und Vittorio Massimio, der Sohn seiner Wirtschafterin von Capri, den er als Beistand mitgenommen hatte, zu spüren.

Verglich er sein Altersdasein mit dem Leben in Capri, kam er sich „wie ein Gefangener im Käfig" vor. Während der ersten Jahre konnte er noch viel spazierengehen, wobei ihn der Weg in die Altstadt Stockholms führte, wo er mit Menschen und Tieren manche Bekanntschaft knüpfte. Schlimm wurde es, als er sich seit dem Sommer 1947 bei seinen „Ausflügen" auf die nähere Umgebung des Schlosses und bald auf den Schloßhof selbst beschränken mußte. Schließlich konnte er sich nur noch in der Galerie ein wenig die Beine vertreten.

Die zunehmende körperliche Hinfälligkeit erforderte eine sachkundige Pflege, die von der Rot-Kreuz-Schwester Brita Elmgren übernommen wurde, die mit dem alten Brummbär erstaunlich gut zurecht kam. Was niemand für möglich gehalten hätte, Axel Munthe trennte sich – allerdings nur sehr zögernd, nach und nach – auch von seinen alten abgetragenen Kleidungsstücken, so daß jetzt auch sein Äußeres wieder ansehnlich wirkte. Sogar den Bart ließ er sich pflegen.

Sein letzter Sommer bot ihm nochmals ein schönes Naturerlebnis. Da das Schloß für einige Wochen renoviert wurde, fand er in herrlicher Umgebung in einem Kurhotel Unterkunft mit weitem Ausblick auf die herrliche schwedische Landschaft.

Hier war der Ort, von Capri zu träumen, „dort waren die Menschen und Tiere, die seinem Herzen nahestanden". Sein

Besitz wurde von Vittorio, der zurückgekehrt war, und dessen Familie in Ordnung gehalten, Baronin Uexküll sah nach dem Rechten, so daß er sich keine Sorge machen mußte.

Bis zuletzt hofften die Capresen, „ihren Doktor" wiedersehen zu können, und Axel Munthe trug sich mit Reiseabsichten. Er informierte sich über Reiserouten, Flugpläne, entschloß sich schließlich für eine Chartermaschine, um dann doch mehr zur See- oder Autoreise zu neigen. Sein Neffe, leitender Mitarbeiter einer Reiseagentur, schreibt: „Er war der Schrecken der Reisebüros, er verfolgte sie mit ständigen Anfragen, oft schickte er mehrere Personen, um sich nach denselben Dingen zu erkundigen. Er bestellte Fahrkarten und ließ Plätze reservieren, und immer endete es mit einer Abbestellung."

Einmal wöchentlich war er zu Gast bei König Gustav, der ihm die Reisepläne auszureden versuchte. Noch immer hatte sich Axel Munthe seine Unabhängigkeit bewahrt und scheute sich nicht, dem König manch offenes Wort zu sagen. Er schätzte ihn sehr, wie seine letzte Publikation, ein Beitrag zur Festschrift anläßlich des 75. Geburtstages von König Gustav, beweist: „Keine zeremoniellen Schranken, keine erzwungenen Formen standen zwischen ihm und dem Volk. Hoch und niedrig, reich und arm begegnete er mit gleich offener Hand. Sein Leben ist ein Blatt in Schwedens Geschichte, ein offenes Buch, allen zugänglich. Jedermann kann im starken Licht der Öffentlichkeit darin lesen, Tag für Tag seine ehrliche pflichtbewußte Arbeit für das Beste seines Volkes verfolgen, seine kluge und besonnene Leitung der Geschicke seines Landes in Freud und Leid und seine unerschrockenen Mahnungsworte in unruhevollen Zeiten."

Munthes Urteil war wohl für die Gesamtzeit der Jahre 1907–1950, in denen Gustav V. König von Schweden war, zu positiv. Doch wer schreibt schon in einer Laudatio Kritikwürdiges? „Unruhig" aber war die Regierungszeit, die über die Auseinandersetzungen nach Norwegens Aufkündigung der Union mit Schweden sowie den 1. und 2. Weltkrieg reichte, in der Tat.

Nach dem Tode Viktorias verfolgte König Gustav seit 1930 zweifellos einen neutraleren Kurs, der dank der antifaschistischen Haltung der schwedischen Arbeiterklasse dazu führte, daß sich Schweden aus dem 2. Weltkrieg heraushalten konnte und Antifaschisten aus Deutschland und den okkupierten skandinavischen Staaten Schutz bot. Auch nach dem Krieg verfolgte Schweden konsequent eine Politik der Bündnisfreiheit und unterstützte eine Anzahl Maßnahmen, die der internationalen Sicherheit dienten.

Trotz körperlichen Verfalls war Axel Munthe noch immer geistig äußerst rege. Philosophische und weltanschauliche Fragen beschäftigten ihn. Seit seiner Jugend hatte er immer wieder in aktiver Auseinandersetzung mit großen Denkern und eigenen Lebenserfahrungen versucht, „zu einer Weltanschauung durchzudringen". Gustav Munthe ist der Auffassung: „Seine Anläufe, sich ein christliches Weltbild anzueignen, erfolgten ohne letzten und bedingungslosen Einsatz des Herzens und endeten stets mit erneutem Zweifel."

Ähnlich urteilt G. von Uexküll: „Munthe fühlte und handelte als Christ, wenn auch sein scharfer Verstand ihm verbieten mochte, sich die überlieferte Heilslehre der Kirche anzueignen."

Sie vergleicht ihn mit dem Arzt Barnad Pieux, einer der Hauptpersonen in Camus' weltbekanntem Roman „Die Pest": „Warum dieser Mensch sich aufopfert und den Menschen hilft, weiß er selbst nicht zu sagen. An eine göttliche Ordnung des Daseins glaubt er nicht, handelt aber so, als ob es sie gäbe, im Gegensatz zu so vielen Gläubigen, die es umgekehrt machen."

Sein Freund, der Biologe Thure von Uexküll, bestätigt die naturwissenschaftlich-materialistische Grundposition Axel Munthes: „Im Grunde seines Herzens war er fest davon überzeugt, daß Seele und Leben nur Ausdruck körperlicher Funktionen sind. Die Lehren seiner medizinischen Semester in dem Zeitalter des Materialismus haben ihn zu fest geprägt, als daß er sich hätte von ihnen befreien können."

Von den Philosophen beeindruckte Axel Munthe Arthur Schopenhauers (1788–1860) auf Mitleid basierende Morallehre, hingegen lehnte er dessen Auffassung vom Menschen und von der menschlichen Gesellschaft als zu pessimistisch ab.

Munthe hielt auch nichts von den „Sängern des Todes" und des Weltschmerzes wie dem Neapolitaner Giacomo Leopardi (1798–1837), der „in köstlichen Reimen den Tod ersehnte", aber der erste war, „der in kläglicher Angst aus dem von Cholera heimgesuchten Neapel floh". Munthe hielt es für sinnvoller, Tod und Krankheit zu bekämpfen, als sie zu besingen.

Aufschlußreich sind seine, von G. von Uexküll überlieferten Antworten, die Axel Munthe auf eine Reihe Fragen gab, die ihm von Freunden gestellt wurden:

„1. Welche Eigenschaften stellen Sie am höchsten beim Menschen?

– Mut.

2. Welche Fehler verzeihen Sie am leichtesten?

– Alle.

3. Welche Eigenschaft nützt Ihrer Meinung nach am meisten zum Fortkommen im Leben?

– Unverfrorenheit.

4. Was wäre für Sie das denkbar höchste Glück?

– Ein plötzlicher Tod, ohne ärztliche Hilfe.

5. Was wäre für Sie das tiefste Unglück?

– Mangel an Humor.

6. Was halten Sie von der Zukunft der abendländischen Kultur?

– Wenn das Glück der Menschheit ihr Ziel sein sollte, so wären wir auf falscher Spur.

7. Welche Erfindung halten Sie für die wichtigste in der Geschichte der Menschheit?

– Den Wein, den ‚divino liquore‘ Leonardo da Vincis.

8. Vertreten Sie einen religiösen Standpunkt, und wenn ja, welchen?

– Ich glaube an Gott, bin aber unsicher, ob es eine Unsterblichkeit gibt.

9. Was ist Ihrer Meinung nach die Vorbedingung einer glücklichen Ehe?

– Vergeben zu können.

10. Welche historische Gestalt steht Ihnen am höchsten und weshalb?

– Der heilige Franz von Assisi.

11. Welches Kunstwerk hat Ihnen den tiefsten Eindruck gemacht?

– Der Parthenon-Fries.

12. Nennen Sie fünf Ihrer Lieblingsbücher.

– Die Bibel, Dante, Shakespeare, Cervantes und Goethe.

13. Welches ist Ihre Lieblingsblume?

– Das Maiglöckchen.

14. Welches ist Ihre Lieblingsfarbe?

- Himmelsblau.
15. Welches ist Ihr Lieblingstier?
- Mein alter Hund.
16. Welches ist Ihr Lieblingssport?
- Zu gehen.
17. Welches Wetter und welche Jahreszeit gefällt Ihnen am besten?
- Der Frühling.
18. Welches ist Ihre Lieblingsspeise und welches Ihr Lieblingsgetränk?
- Äpfel, Kronsbeeren und Wein aus meinem Weingarten.
19. Was ist Ihr ‚hobby‘?
- Schubert vor mich hinzusummen.
20. Ihr Wahlspruch?
- Lebe furchtlos, vertraue dem Leben."

Mors certa hora incerta

Zwei Bücher wollte Axel Munthe noch schreiben. Eins über Königin Viktoria und eins über Probleme des Alterns aus medizinischer und menschlicher Sicht, was naturgemäß auch Fragen des Sterbens und des Todes einschloß.

Munthes ärztliche Grundorientierung war die Erhaltung und Bewahrung des Lebens. Die Gewißheit, daß Leben als höchstes menschliches Gut begrenzt sei, verpflichte umso mehr dazu, es bewußt und lebenswert zu gestalten.

Seine Hinwendung zu Fragen des Todes war kein zentrales Anliegen, sondern in die vielschichtige Problematik von Leben – Krankheit – Tod eingebettet. Sterben war für ihn letzter Lebensvollzug. Die Aufgabe des Arztes sah er auch darin, Leiden und Sterben zu erleichtern. Die Betreuung Sterbender war für ihn ein hoher ethischer Anspruch für alle Ärzte.

„Hatte wirklich meine Arbeit [als Arzt – W. G.] aufgehört, wenn die Seine [des Todes – W. G.] begann? War ich nur ein untätiger Zuschauer des letzten ungleichen Kampfes, hilflos und fühllos dastehend, während Er sein Zerstörungswerk vollführte? Sollte ich mein Gesicht abwenden von jenen Augen, die meine Hilfe erflehten, wenn die Kraft zum Reden längst geschwunden war? Sollte ich meine Hand lösen von den zuk-

kenden Fingern, die meine umklammerten, wie die des Ertrin-
kenden einen Strohhalm? Ich war besiegt, aber nicht entwaff-
net, meinen Händen blieb eine mächtige Waffe. Er hatte den
Kelch des ewigen Schlafes – aber auch ich hatte den meinen,
mir anvertraut von der gütigen Mutter Natur. Wenn Er seinen
Trank zu langsam austeilte, warum sollte ich nicht den meinen
spenden, der erlösend Qual in Frieden, Marter in Schlaf wandeln konnte? War es nicht meine Mission, sterben zu helfen,
wo zu leben ich nicht helfen konnte?"

Sich diesen Fragen zu widmen, hieß nicht zuletzt auch angesichts der eigenen Lage, sich mit dem eigenen Tod zu beschäf-
tigen. Axel Munthe hatte keine Angst vor dem Tod, wohl aber
vor dem Sterben: „Erst wenn ich tot bin, werde ich aufhören, zu
sterben, denn das Leben ist nur noch ein Sterben für mich. Ich
sterbe in den schlaflosen Nächten, von Atemnot gequält, und
an den dunklen Tagen, von düsteren Visionen umgeben. Sobald ein Freund mich verläßt, der auf kurze Zeit meine Gedanken abgelenkt hat, sehe ich, wie der Tod, der lautlos dabei
stand, mir nun schweigend wieder gegenüber sitzt. Durch das
Fenster kommt der Tod herein, durch die Türe geht er nicht.

Er ist es, der schon immer meinen Schritten folgte, ja, der
mich bei all meinem Tun leise mahnte, die Stunde wahrzunehmen und den Tag zu nützen, solange er noch mein war. So ist
er seit vielen Jahren mein Gefährte und ständiger Begleiter.
Wohl erscheint er mir heute weniger schrecklich als in jungen
Jahren. Schrecklich ist nur das Sterben und die Angst vor immer neuen Tagen und Nächten immer neuen Leidens."

Sollte seine Stunde nahen, war er bereit und bedurfte keines
geistlichen Beistandes: „Es nutzt nichts, einen Priester zu holen, der mir nur sagen wird, daß ich in Sünden geboren, daß
mein Denken und Handeln von Sünde befleckt war, daß ich alles bereuen, alles widerrufen muß. Ich bereue wenig, ich wider-
rufe nichts. Ich habe gelebt nach meinem Instinkt, und ich
glaube, mein Instinkt war gesund. Ich habe mich oft genug
zum Narren gemacht, wenn ich versuchte, mich von meiner
Vernunft leiten zu lassen, denn meine Vernunft irrte, und dafür bin ich schon bestraft. Ich möchte denen danken, die gut zu
mir waren. Feinde hatte ich wenige, es waren meist Ärzte, sie
taten mir nur wenig zuleide, und ich ging meinen Weg unbe-
irrt.

Ich möchte die um Verzeihung bitten, denen ich weh getan habe. Das ist alles, das übrige betrifft nur Gott und Mich, nicht den Priester, den ich als meinen Richter nicht anerkenne."

Mahnung und Verpflichtung für die vom Krieg bedrohte Menschheit ist die Traumvision am Ende seines „Buches von San Michele": „Mit satanischem Geschick schmiedeten sie neue Waffen, einander zu morden. Sie spannten den Tod ins Geschirr, damit er sogar aus dem Himmel herabstieße auf ihre Wohnstätten, sie vergifteten die lebensspendende Luft mit den Dünsten der Hölle. Das donnernde Brüllen ihrer Schlachten erschüttert ihre ganze Erde."

Schrecklich waren die letzten Wochen, in denen sich Axel Munthe nur noch in seinem Zimmer aufhalten konnte. Zu seinem 91. Geburtstage, am 30. Oktober 1948, erreichten ihn in der Einsamkeit Grüße aus aller Welt. Über seinen Besitz hatte er bereits letzte Verfügungen getroffen. Einer Anregung von Professor Boethius folgend, war er sehr einverstanden, durch eine Schenkung San Michele als Heimstätte für Studenten, Wissenschaftler und Künstler im Dienste der Völkerfreundschaft zu nutzen. Das Testament vom 16. November 1948 lautet: „Hiermit erkläre ich als meinen letzten Willen, daß mein Besitz, San Michele auf Capri mit dazugehörigen Gebäuden und Anlagen sowie alle dort befindlichen Kunstwerke, Bücher, Inventarien und andere bewegliche Habe, bei meinem Tode dem schwedischen Staat zufallen soll, zu Nutz und Frommen der kulturellen Beziehungen zwischen Schweden und Italien."

San Michele sollte Heim für junge Menschen werden, „von denen man voraussetzen kann, daß sie meine Gefühle für Italien und die Kultur des klassischen Altertums sowie die humanistische Wissenschaft teilen".

Als Axel Munthe nicht mehr aufstehen konnte, erlosch auch sein Lebenswille. Neujahr 1949 leitete eine Lungenentzündung den Tod ein. Der Zustand der Bewußtlosigkeit erleichterte ihm das Sterben. Ruhig ist Axel Munthe am 11. Februar 1949 gegen 15 Uhr verschieden.

Fünf Jahre nach seinem Tod ließ die Stadt Anacapri ihrem Ehrenbürger am Hauptportal von San Michele eine Marmortafel anbringen:

Axel Munthe
(1857–1949)
Arzt – Schriftsteller – Humanist
Helfer der Geringen
Beschützer der Tiere
Mit diesem Hause
Das er erträumt und geschaffen
Gab der aus Schweden gebürtige
Ausdruck seinem Schönheitssehnen.
Durch
„Das Buch von San Michele"
Brachte er der Menschheit seine
Botschaft vom Ewigkeitswert der Kunst.

Das dankbare Anacapri

Literaturauswahl

Schriften von Axel Munthe
(Auswahl in chronologischer Folge)

Prophylaxie et traitement des hémorrhagies post-partum. Thèse pour le doctorat en médicine. Paris 1880.

Bref från Napoli (Från Stockholm Dagblads correspondent) 1884.

Qvargloma bref från Napoli. Gofo di Napoli. Stockholm Dagblad 1885

Från Napoli. Resebref. Stockholm 1885.

Freycinets Kabinett. Aftonbladet 1886.

Théâtre français. Aftonbladet 1886.

Mont Blanc, bestiget af en Svensk. Aftonbladet 1886.

Menageri. Aftonbladet 1886.

Hur man tillverkar doctor i Paris. Aftonbladet 1887.

Den skandinaviska musiken i Paris. Aftonbladet 1887.

Letters from a mourning city. London 1887.

Smaskizzer. Stockholm 1888.

Diary of an Idle doctor

1. Political agitations in Capri, Paris toys and Menagerie. Blackwood's Magazine, Nov. 1889.

2. Italy in Paris. Blackwood's Magazine, Sept. 1890.

3. La Madonna del Buon Cammino. Blackwood's Magazine, Mai 1893.

4. Italy in Paris-Zoology. Blackwood's Magazine, Nov. 1893.

Vagaries. London 1898.

Svar på förtal. Stockholms Dagblad 1900.

Bref och skizzer. Gammal och nytt. Stockholm 1903.

La città dolente, lettere da Napoli (autumno 1884) ebozetti di vita Italiana. Firenze 1910.

Red cross. London 1917.

The story of San Michele. London 1929.

Huchla meren ranalla. Porvor 1930.

En gammal bok om människor och djur. Stockholm 1931.

Das Buch von San Michele. Leipzig 1931.

Ein altes Buch von Tieren und Menschen. Leipzig 1934.

Seltsame Freunde. München 1951.

En sluten bok. Minnesorg vid Konung Gustaf vis 75-årsdag. Stockholm 1951.

Bücher über Axel Munthe

Andren, Arvid: The story of Axel Munthe. Capri and San Michele. Malmö 1959.
Boken om Axel Munthe. Capri och San Michele. En minnesbok under medv. av Arvid Andren. Malmö 1957.
Bonde, Knut C.: I skuggan av San Michele. Stockholm 1946.
Munthe, Gustav, und Gudrun Uexküll-Schwerin: Das Buch von Axel Munthe. München 1951.
Olsson, Bror: Axel Munthes Skrifter. Malmö 1957.
Oliv, Josef: Axel Munthes San Michele. Malmö 1954.
Tjernfeld, Staffan: Den mystiske dr. Munthe. En biografi om herren till San Michele. Stockholm 1973.

Weiterführende und zitierte Literatur

Arnaszus, Ingeborg: Geschichte der Hypnose in Frankreich. Dissertation. Göttingen 1970.
Badische Geschichte vom Großherzogtum bis zur Gegenwart. Stuttgart 1979.
Benz, Ernst: Franz Anton Mesmer und seine Ausstrahlung in Europa und Amerika. München 1976.
Brettschneider, Hubert: Der Streit um die Vivisektion im 19. Jahrhundert. Stuttgart 1962.
Cerio, Edwin: Capri. Ein kleines Welttheater im Mittelmeer. München 1954.
Crottet, R.: Lappland. München 1981.
Droste, Hein: Die Bedeutung Jean Martin Charcot's für die Heilkunde. Dissertation. Düsseldorf 1940.
Der erste Weltkrieg. Dokumente. Ausgew. u. eingel. von Helmut Otto und Karl Schmiedel. Berlin 1977.
Fischer-Homberger, Esther: Hypochondrie. Bern, Stuttgart, Wien 1970.
Fischer-Homberger, Esther: Krankheit Frau. Bern, Stuttgart, Wien 1979.
Gregorovius, Ferdinand: Die Insel Capri. Dresden 1952.
Grossheim, Gabriele: Hypnosetheorien. Dissertation. Göttingen 1979.
Haas, Hippolyt: Neapel, seine Umgebung und Sizilien. Bielefeld, Leipzig 1911.

Häyrinen, U.: Lappland. Luzern 1976.

Israel, Lucien: Die unerhörte Botschaft der Hysterie. München, Basel 1983.

Jetter, Dieter: Zur Typologie des Irrenhauses in Frankreich und Deutschland (1780–1840). Wiesbaden 1976.

Kan, A. S.: Geschichte der skandinavischen Länder. Berlin 1978.

Klumbies, Gerhard: Hypnosetherapie. Leipzig 1981.

Klumbies, Gerhard: Psychotherapie in der Inneren und Allgemeinmedizin. Leipzig 1986.

Körner, Uwe: Vom Sinn und Wert menschlichen Lebens. Berlin 1986.

Lenin, W.I.: Der Krieg und die russische Sozialdemokratie. In: Werke, Bd. 21, Berlin 1968.

Maiuri, Amedo: Capri, Mythos und Wirklichkeit. Napoli 1939.

Marsen, W.: Lappland. Amsterdam 1977.

Max von Baden: Erinnerungen und Dokumente. Berlin, Leipzig 1927.

Meyer, Max, und Maxim Gorki: Im zerstörten Messina. Berlin 1909.

Morser, Georges de: Jean Martin Charcot. In: Große Nervenärzte. Hrsg. von Kurt Kolle. Bd. 1, 2. Aufl. Stuttgart 1970. S. 39–56.

Noack, Friedrich: Deutsches Leben in Rom 1700 bis 1900. Stuttgart, Berlin 1907.

Otto, Helmut, Karl Schmiedel und Helmut Schnitter: Der erste Weltkrieg. Berlin 1964.

Peters, Jan: Branting und die schwedische Sozialdemokratie. Berlin 1975.

Peters, Jan: Exilland Schweden. Berlin 1984.

Proelss, Johannes: Deutsch Capri in Kunst, Dichtung, Leben. Oldenburg 1901.

Ruff, P. W.: Die naturwissenschaftliche Medizin – Entstehung, Wesen, Kritik und Aufhebung. Dissertation B. Berlin 1979.

Schaps, Regina: Hysterie und Weiblichkeit. Frankfurt, New York 1982.

Schoener, Reinhold: Capri, Natur, Volkstum, Geschichte. Wien, Pest, Leipzig. o. J.

Schubert, Inger: Schweden und das Deutsche Reich im ersten Weltkrieg. Die Aktivistenbewegung 1914–1918. Bonn 1981.

Stübler, Dietmar: Italien. 1789 bis zur Gegenwart. Berlin 1987.

Thom, Achim: Die Entwicklung der Psychiatrie zur eigenständigen medizinischen Disziplin. In: Der Ursprung der modernen Wissenschaft. Hrsg. von M. Günther u. H. Laitko. Berlin 1987.

Tourette, Gilles de la: Die Hysterie nach den Lehren der Salpêtrière. Leipzig, Wien 1894.

Wilhelmus, Wolfgang: Das faschistische Deutschland und Schweden im Zweiten Weltkrieg. Dissertation B. Greifswald 1975.

Zur Geschichte der Psychiatrie im 19. Jahrhundert. Hrsg. von Achim Thom. Berlin 1984.

Interessenten an Zitatnachweisen können entsprechende Anfragen an den Verlag richten. Zitate von Axel Munthe sowie zeitgenössische Berichte über sein Leben und Wirken wurden vor allem folgenden Werken entnommen:
- Munthe, Axel: Das Buch von San Michele. Leipzig 1931.
- Munthe, Axel: Ein altes Buch von Tieren und Menschen. Leipzig 1934.
- Munthe, Gustav, und Gudrun von Uexküll-Schwerin: Das Buch von Axel Munthe. München 1951.

Bildquellennachweis

Personenregister

Ährling, Ewald 60
Allers, Christian Wilhelm 131
Allmers, Hermann 134
Anders, Lars 63
Andersen, Hans Christian 129
Anderson, Sofie 138
Andrejew, Leonid Nikolajewitsch 135
Andrews, W. 158
Arcucci, Domenico 127
Aretaios von Kappadokien 47
Assisi, Franz von 92, 171
Augustus, römischer Kaiser 105, 107
Azam, Eduard 27

Babington, Anna Maria 112
Babinsky, Joseph 59
Balmat, Jacques 78
Beaunis 28
Behring, Emil von 83, 100, 115, 134
Bernadotte, Jean Baptiste 9
Bernays, Martha 18
Bernheim, Hypolyte 28, 38, 39, 40, 57, 58
Berzelius, Jöns Jakob von 9
Birger, Hugo 17
Birger, Mathilde 17
Bloch, I. 45
Boethius 173
Bogdanow, A. 136
Bois-Reymond, Emil du 94
Bonaparte, Joseph 109

Bouchard, Jean Jacques 130
Boulanger, Georges 76, 77
Bourgeois, Joseph 139
Braid, James 27, 33
Breitenbach, Carl 131
Breuer, Josef 56–58
Brissaut 55
Broca, Paul 27
Brodie 54
Brodski, Isaak Israilewitsch 135
Buch, Leopold von 61
Bunin, Ivan Alexejewitsch 135
Burton, Robert 50
Byron, George Noel Gordon 112

Caligula 106
Campbell 114
Carnavon 157
Carrel, Jean-Antoine 78
Carter, Howard 157
Cassius Dio Cocceianus 106
Cederlund, Mathilde 69
Celsus, Aulus Cornelius 47
Ceram, C. W. 157
Cerio, Edwin 162
Cerio, Ignazio 139
Cervantes Saavedra 171
Chambord, Henri-Charles-Ferdinand-Marie 74
Charcot, Jean Martin 18, 28, 30–40, 43, 46, 53, 54, 55, 56, 81, 113
Clemenceau, Benjamin 75

Clemenceau, Georges Benjamin 74, 76
Commodus, römischer Kaiser 107
Conrad, Joseph 138
Coue, Emile 40
Courty 11

Dante Alighieri 171
Darwin, Charles 95, 100
Demokrit 47
Diefenbach, Karl Wilhelm 132
Dillon, E. J. 160
Dohrn, Anton 134
Douglas, George 138
Dubruel, Alphonse 11
Dufferin 105, 130
Dumas, Alexander 129
Duse, Eleonora 124
Dzierzynski, Felix Edmundowitsch 135

Ehrhard 115
Ehrlich, Paul 100
Elliotson, John 24
Elmgren, Brita 168
Erskine 93
Esquirol, Jean-Etienne-Dominique 19, 30
Estler, Georg 131
Eulenburg, Philipp zu 142

Feola, Giuseppe 139
Ferdinand IV., König von Neapel 108
Ferraro, Angelo 129
Flaubert, Gustave 36
Forsberg, Nils 17
Freud, Sigmund 18, 31, 33, 56–58
Friedrich II., Großherzog von Baden 165
Fries, Ernst 128, 129

Galenos von Pergamon 48
Galsworthy, John 138
Gambetta, Leon 74
Gamboni, Nicola Saverio 108
Georget 52
Giraldi, Luigi 108, 139
Göring, Hermann 167
Goethe, Johann Wolfgang 171
Golding, Louis 138
Gorki, Maxim 119, 121, 122, 127, 135, 136
Gossler, Gustav von 98, 99
Gregorovius, Ferdinand 132
Groener, Wilhelm 145
Grysanowski, Ernst 97
Gustav III., König von Schweden 8
Gustav IV., König von Schweden 9
Gustav V., König von Schweden 141, 142, 143, 167

Hadrawa, Norbert 108, 109
Haeckel, Ernst 134
Haller, Albrecht von 93, 94
Hamilton, William 108
Hauptmann, Carl 133
Hauptmann, Gerhart 132, 133
Hedin, Sven 143
Heidenhain, Rudolf 97
Hell 22
Hitler, Adolf 151, 166
Hoffmeister, Heinz 131
Hufeland, Christoph Wilhelm 24, 25, 26, 53, 56–58
Hugo, Victor 96
Huxley, Thomas Henry 95

James, Henry 138, 144
Jorden, Edward 49, 50
Josephson, Ernst 17
Juvenal 106

Kant, Immanuel 51

Karl XIII., König von Schweden
 9
Karl-August von Holstein-Augu-
 stenburg 9
Karl Friedrich, Großherzog von
 Baden 164
Katz 152
Keats, John 110, 112
Key, Ellen 137
Kieser, Dietrich Georg 24
Klumbies, Gerhard 40, 41
Knapp, A. 93
Koch, Georg 131
Koch, Robert 13, 68, 69, 100
Kopisch, August 128, 129
Kozjubinski, Michail Michailo-
 witsch 135
Kraepelin, Emil 52
Krafft-Ebing 116
Krehl 164
Krieg 164
Krupp, Friedrich 133, 134

Lafontaine 27
Lamarque, Maximilian 109
Larsson, Carl 17
Lavoisier, Antoine Laurent 29
Lawrence, David Herbert 138
Lenin, Wladimir Iljitsch 135,
 144
Leo XIII., Papst 111
Leopardi, Giacomo 170
Lepois, Charles 50
Liébeault, Ambroise Augustin
 28, 40, 57
Liégeois 28
Lind, Jenny 16
Linné, Carl von 60
Lister, Joseph 13, 95
Liszt, Franz 98
Lo Bianco, Salvatore 134
Löhlein, Walter 152
Lowe, Hudson 108
Lucius, Hellmuth von 143

Ludwig XVI., König von Frank-
 reich 24
Ludwig, Carl 97
Lunatscharski, Anatoli 135, 136

Mac-Mahon, Edme-Patrice Mau-
 rice de 74
Magendie, Francois 94
Mann, Thomas 59
Manning, Henry Edward 95
Marie, P. 56
Marie Antoinette, Königin von
 Frankreich 22
Massimio, Vittorio 168, 169
Maupassant, Guy de 36, 37, 38
Maupertuis, Pierre-Louis Moreau
 de 60
Max von Baden 165
McKowen, I. C. 139
Meister, Joseph 87
Mendelssohn-Bartholdy, Felix
 129
Mereshkowski, Dmitri Sergeje-
 witsch 135
Mesmer, Franz Anton 21, 22,
 23, 24, 25, 26, 33
Metschnikow, Ilja Iljitsch 85
Mette, Alexander 22
Michel, Louise 75
Michelangelo Buonarotti 112
Moebius, Paul Julius 52
Monson 150
Mozart, Wolfgang Amadeus 163
Munthe, Anna 10, 16, 155
Munthe, Arnold 10
Munthe, Aurora geb. Ugarph 10,
 11, 12, 16
Munthe, Carl Henrik 16
Munthe, Carl Magnus 16
Munthe, Gustav 15, 122, 124,
 128, 141, 159, 170
Munthe, Hilda geb. Pennington-
 Mellar 142
Munthe, Jakob Ludwig 9

Munthe, Ludwig 8
Munthe, Martin Arnold Friedrich 9, 10
Munthe, Sven Wilhelm 16
Munthe, Ultima geb. Hornberg 15
Murat, Joachim 109
Murray, John 158, 159
Mussolini, Benito 166
Mussy, Gueneau de 33

Napoleon Bonaparte 108, 109, 164
Nernst, Walther Hermann 147
Nerstedt, Reinhold 16
Nissl, Franz 20
Norstedt 159
Norström 70, 73, 77, 103

Oken, Lorenz 25
Oskar II., König von Schweden 140

Paccard, Michel Gabriel 78
Pagano, Giuseppe 128
Pagano, Michele 131
Pagenstecher, Hermann 152
Paget, James 95
Paracelsus, Theophrastus Bombastus von Hohenheim 49
Pasternak, Leonid 137
Pasteur, Louis 85–88, 100, 115
Pauli, Hans 139
Pettenkofer, Max von 68
Philon von Alexandria 106
Pilkington 114
Pinel, Philippe 19, 29, 30
Pius VII., Papst 108
Pius IX., Papst 111
Pjatnizki, Konstantin Petrowitsch 135
Platen, August von 132
Platon 47

Plechanow, Georgi Walentinowitsch 135
Plinius, d. Ä. 106
Plutarch 106
Potain, Pierre-Charles 32, 33
Preller, Friedrich 132
Prochaska, Jiri 94
Purkinje, Johann Evangelista 94

Reichenau, Franz von 142, 143
Reil, Johann Christian 25, 26
Repin, Ilja Jefimowitsch 135
Rettich, Karl Lorenz 131
Rilke, Rainer Maria 137
Rolland, Romain 59
Rouget, Charles 11
Rudbeck, Olof 60
Rush, Benjamin 51

Sauvage, François Baissier de 52
Scanzoni, Friedrich Wilhelm 12
Schaffer, Karl 39
Schaljapin, Fjodor Iwanowitsch 135
Scheffel, Viktor von 132
Schiff, Moritz 95
Schopenhauer, Arthur 170
Schubert, Franz 163, 172
Schweitzer, Albert 91, 100
Seneca, d. J. 106
Skånberg, Carl Emmerik 17
Smith, Sidney 108
Soranos von Ephesos 47
Spallanzani, Lazzaro 94
Spiegelberg 12
Stanislawski, Konstantin 135
Streifenfeld, Ludwig 131
Strindberg, August 17, 112
Sueton 105, 106
Swenson, Agata 70, 71
Sydenham, Thomas 50, 51

Tacitus 105, 106, 107

Tenon, Jacques René 29
Thiers, Adolphe 73
Thomas, Giovanni 109
Thorod, Nathaniel 131
Tiberius, römischer Kaiser 105, 107, 123, 128, 129
Tillaux 32, 33, 88
Tourette, Gilles de la 56
Turi 61, 62

Uexküll, Gudrun von 127, 155, 159, 169, 170, 171
Uexküll, Jakob von 137
Uexküll, Thure von 170

Velpeau, Louis Marie 27
Victor Emanuel II., König von Italien 111
Victoria, Königin von England 95
Viel, François 29
Viktoria, Königin von Schweden 141, 142, 143, 163, 164, 169
Virchow, Rudolf 51, 98, 100
Vogt, Carl 96
Vulpian, Edme Felix Alfred 87

Wagner, Richard 98, 112, 163
Waiblinger, Wilhelm Friedrich 132

Wantoch-Rekowski, F. von 133, 134
Weber, August 139
Weber, Ernst von 96, 97
Wechsler, J. S. 18
Weekley, Frieda 138
Weichardt, Karl 131, 132
Weir-Mitchel, Selas 114, 115
Werfel, Franz 166
Whymper, Edward 78
Whytt, Robert 51
Wier, Johann 49
Wilde, Oscar 138
Wilhelm I., Kaiser von Deutschland 140, 141
Wilhelm II., Kaiser von Deutschland 143, 165
Willewalde, Alexander 131
Willis, Thomas 50
Wilonow, Michail 136
Windhorst, Ludwig 98
Wolfart, Karl Christian 26
Wreford, Henry 139

Yeats, William Butler 138

Zugenbühler 25
Zweig, Arnold 59
Zweig, Stefan 20, 21, 24, 59, 166